Chinese Finance

中国财政学

基于风险逻辑的分析

刘尚希　等著

商务印书馆
创于1897 The Commercial Press

图书在版编目（CIP）数据

中国财政学：基于风险逻辑的分析 / 刘尚希等著 .
—北京：商务印书馆，2024
ISBN 978-7-100-23302-6

Ⅰ. ①中… Ⅱ. ①刘 Ⅲ. ①财政管理—风险管理—
研究—中国 Ⅳ. ① F812.2

中国国家版本馆 CIP 数据核字（2024）第 003801号

中国财政学
基于风险逻辑的分析
刘尚希 等著

商 务 印 书 馆 出 版
（北京王府井大街 36 号 邮政编码 100710）
商 务 印 书 馆 发 行
北京市白帆印务有限公司印刷
ISBN 978 - 7 - 100 - 23302 - 6

2024 年 9 月第 1 版　　开本 880 × 1230　1/32
2024 年 9 月北京第 1 次印刷　　印张 $10^{7}/_{8}$

定价：68.00 元

参与本书撰写人员

刘尚希　中国财政科学研究院研究员

程　瑜　中国财政科学研究院研究员

李成威　中国财政科学研究院研究员

陈　龙　中国财政科学研究院研究员

武靖州　中国财政科学研究院研究员

代序
防范化解重大风险的财政范式

推动哲学社会科学理论创新是当下中国的共识。作为哲学社会科学体系中的重要内容和国家治理的基础，财政的理论创新更是迫在眉睫。把财政定位为国家治理的基础和重要支柱，相对于只是作为社会再生产分配环节的传统财政理论，这本身就是一个创新。财政是国家治理的基础，已经成为社会各界的新共识。问题是如何沿着这个新共识来深化财政理论创新呢？毫无疑问，这要从中国的实际出发，并借鉴世界财政研究成果，将财政理论创新置于数字文明、生态文明新时代的历史方位之中。财政理论创新和财政学科建设紧密关联，涉及财政学科定位问题。基于此，要以时代之问、中国之问和世界之问为思考路径，超越传统学科定位，推动财政理论顺应人类文明新趋势创新性发展。

时代是思想之母，实践是理论之源。推动财政理论创新，首先必须分析我们处于一个什么样的时代，在从事什么样的实践。只有这样，才能超越传统、突破局限。理论创新不是简单地否定传统理论，而是要超越传统，在扬弃传统理论的基础上重构适应人类文明时代的新思维和新认知。站在人类文明发展的高度来看问题，视野才能变得更为开阔，观察包括中国在内的世界各国才能看得更清楚。人类文明新时代的基本问题是不确定性及风险的公共化、全球化。风险的公共化、全球化是人类进入风险社会的一个基本标志。这意味着传统财政理论中的“公共性”内涵发生了根本性变化，以市场失灵为参照系的公共领域、公共产品等概念已经无法成为解释现实、前瞻未来的逻辑起点。超越经济学的学科定位，从广义社会来观察财政问题就成为财政理论创新的第一步。以广义社会为观察视角，并非简单回归到欧洲传统的财政社会学，而是要基于当下的以数字文明为基础的风险社会来考量。风险社会中的公共性不由自主地就导入了“公共风险”这个核心，成为风险社会财政理论的逻辑新起点，并以此来观照中国当下的现实。以未来观照当下，风险是最佳的视角。

强调财政理论创新，特别是基础理论的创新，应当要强调学科体系的重构。在一些局部的、边边角角的问题上进行创新并非不可以，但是基础理论的创新应当有一个更宏大的视野，即基于人类文明和中国所处的时代和历史方位。中国在发展实践中还面临着许多重大的难题，比如城乡二元结构的问题、社会转型慢于经济转型的问题等。按人口结构来看，在社会身份意义上，至今农民群体占53%，表明中国依然是一个以农民为主体的社会。这个时代和社会背景给我们提出了许多需要深入思考和着力解决的历史性课题。市场化、工业化、社会化和农民市民化等问题和现代社会的数字化、金融化趋势的复合，构成了中国独特的问题谱系。解决这些问题恰恰要发挥财政在国家治理中的牵引、形塑作用。局限于经济学视角的财政学科定位，不仅会限制财政理论创新，而且会妨碍国家治理基础的构建。只有把这些基本问题纳入到我们的研究视野，才能跳出基于经济学的财政学科定位。财政学是治国安邦的学问，本来不应局限于经济学。“经济财政学”是经济学帝国主义时代的产物。

思考财政问题，应该首先从回答治国安邦的时代之问入手，然后再考虑财政学是一个什么样的学科。应该是先有孩子再取名，而不是根据取的名字再决定生什么样的孩子，这个顺序不能错。财政理论创新与学科建设都需要超越，超越传统理论、超越传统学科定位，真正基于人类发展中的重大问题，基于时代之问。

当今时代最为突出的变化就是进入了风险社会。在风险社会，各种经济关系、金融关系、社会利益关系转变为“风险关系”，风险关系超越了我们习惯了的“实体现实”而进入到陌生的“虚拟现实”之中；财富分配、收入分配、消费分配也与“风险分配”成为一种镜像关系，以未来为参照系的风险分配，日渐凸显其主导性地位。利益分配是基于实体现实的成果分配，风险分配是基于虚拟现实的预期分配；利益分配是过去时，风险分配是将来时。契约是分配风险的产物。人类活动日渐深化和复杂的分工协作体系，使契约、契约精神变得越来越重要。但契约的不完全性在不确定的世界中无法避免。契约不完全导致风险外部化，这是公共风险生成的初始条件，也是公共危机产生的“青萍之末”。风险外部化是一个不断演化的过程，包括风险社会化、风险系统化和风险公共化三个环节。放在全球来看，还应包括风险全球化，这是基于人类共同体的风险公共化，形成全球公共风险。如果应对措施与风险演化不匹配，就会形成威胁社会共同体（包括国家共同体、人类共同体）的公共风险，产生重大危机。遏制风险公共化应从风险分配的契约化开始，按照“风险人”假设，国家治理的核心在于增强契约的完全性，降低契约履行的不确定性，消除社会不平等契约。因此，治理转型应转向“风险-利益”模式，把以问题为导向转换为以风险为导向，以风险分配为基础，协同个体风险与公共风险，平衡个体利益和公共利益，按照治理矩阵，优化治理路径，提升治理效能。

一、主动防范化解风险成为人类生存发展的前提条件

“主动防范化解风险”是中共二十大报告提出的一个重大命题。在报告中，直接使用“风险”16次，与风险相关的概念，如“安全”一词使用了91次、“挑战”一词使用了11次。“我们必须增强忧患意识，坚持底线思维，做到居安思危、未雨绸缪，准备经受风高浪急甚至惊涛骇浪的重大考验。”这是包括中国在内的世界大变局给中国执政党带来的警觉和认知。在当前全球大变革、大调整的背景下，不确定性已成为全球热词，谁主动认识和把控了风险，谁就掌握了世界。风险的力量在隐性主导着全球发展格局，深化风险认识刻不容缓。防范化解重大风险本身已经成为人类的“诺亚方舟”。

从经济学的角度观察，风险意味着成本负担和未来收益的折损。伴随风险的上升，无论是从个体还是从行业和社会共同体来看，其成本负担都会上升，从而导致经济增长放缓和大众生活幸福感降低，加大各个国家、整个世界可持续发展的风险。面对巨变，我们在理念上、实践中高度重视防范化解重大风险，但从理论方面看，系统化的风险理论仍显欠缺，学界对风险的演化关系、公共风险的形成和放大机制研究较少，防范化解重大风险的理论储备不足，防范化解重大风险的实际操作缺乏有力的学理支撑，跟着感觉走的经验操作仍是世界各国的主流。德国社会学家乌尔里希·贝克在《风险社会》一书中提出了风险社会的概念，描绘了风险社会的特征，但并没有对人类风险演化机理和风险防范机制展开分析。当

今，人类进入了一个全新的时代，即以工业化为基础的数字文明时代，万物互联、无人工厂、人工智能、自动驾驶、数字货币、数字支付，等等，数字革命正在快速重构人类社会的存在和发展方式。在数字化时代，人－机关系、人－人关系、人－自然关系在重塑，形成虚拟现实与实体现实的叠加。所以说，风险社会并不是一个具体的历史阶段，而是当今人类所处时代特征的一种描绘。

数字化使人类的分工合作向深度和广度拓展，人与人之间相互依赖超出以往任何时候。风险不断社会化，人与人之间互为风险源，任意个体的风险都可能系统化、公共化，演化为系统风险和公共风险。例如，一个头部企业可导致一个行业产生系统性风险。工业化推动社会分工细化，从劳动分工、生产分工转向知识分工、信息分工；而数字化使经济社会的联系扩展到一个历史上从未有过的紧密程度，越来越“迂回生产”的经济运行过程使产业链、供应链、价值链、资金链越来越长，每个环节面对的不确定性都在扩大，任何一个环节的风险都可快速传递到上下游，以至于整个社会。这使风险社会的各种经济关系、金融关系、社会利益关系转变为风险关系。与此同时，财富分配、收入分配、消费分配也与风险分配成为一种镜像关系，风险分配日渐成为主导人类社会的隐性力量。人们关注的贫富差距其实只是风险分配土壤中长出来的“韭菜”，不断地被割掉一部分，但又不断地生长出来。

分配问题始终是经济学和社会学关注的核心命题。古典经济学家曾把分配理论视为经济理论的核心部分，亚当·斯密、大卫·李嘉图和让·巴蒂斯特·萨伊等古典经济学家都对经济学的分配理论有着奠基性的研究。社会学的三大奠基人卡尔·马克思、马克斯·韦伯和埃米尔·涂尔干也都从不同角度研究了分配问题。在分配理论中，常用概念为“收入分配”和“财富分配”，收入分配是关于流量的分配，财富分配是关于存量的分配，两者互相影响。从经济与社会结合的角度看，消费分配是更为重要的一个概念，以教育、卫生、社保等方面的公共消费为基础和前提的私人消费，决定着人的能力发展，影响着社会的公平。然而，不管是财富分配、收入分配，还是消费分配，实质上都是利益的分配，属于实体分配范畴。如果说利益分配是相关主体参与确定性的共同成果的分配，那么风险分配就是相关主体参与不确定性的预期成果的分配。未来预期成果的分配，虽然是虚拟性的，但却直接影响当下结果的分配，既影响当下可分配规模，也影响当下分配结构。可以说，从时间的维度看，风险分配日渐成为利益分配的主导，或者说，基于预期的风险分配已经成为当下现实生活中利益分配的核心要义。分配正义也需要超越传统的物质财富分配的“结果正义”，转向基于风险境遇中的每个人、每个阶层、每个群体、每个区域发展机会的“能力正义”。这是风险分配更深层的人本目标。

纵观相关文献，目前对风险分配问题的研究主要聚焦于以下两方面：一是关于风险分配的正义问题，特别是如何基于责任进行风险分配；二是关于风险分配对社会结构的形塑。从约翰·罗尔斯开始，经济学家和社会学家关注财富分配的正义有着悠久的传统。当风险分配概念提出之后，关注风险分配的正义问题也成为讨论的焦点。如徐钝认为，风险分配是风险成本、风险责任、风险损失在主体间的承担，[①]由此，张晒指出，和财富分配一样，风险分配也必须

① 徐钝：“社会风险分配失衡的社会资本矫正——以法理型社会资本培育为中心”，《学术论坛》2013年第7期。

用正义来审思和衡量。[①]如果风险分配失去正义，风险就会蔓延。特别地，一些学者关心洪水风险管理、环境危害与破坏风险的分配正义问题，或者从收入水平、种族差异等方面探讨影响风险分配正义缺失的核心因素。一些社会学研究更多地关注风险分配对社会结构的影响和形塑。然而，关于风险分配对社会结构究竟造成怎样的影响，却有着不同的观点。上述观点的共同之处都停留在表象，忽略了主体的风险境遇及对其发展机会的影响。在以财富分配为底层逻辑的工业社会形成了一个等级化的社会结构，而在一个以风险分配为核心的社会形成了一个去阶层化、去中心化的风险社会，因为“覆巢之下，安有完卵”。经历一场公共危机能生存下来的决定性因素，不是物质财富本身，而是不同主体发展起来的能力。

总之，风险分配问题的提出在经济学、社会学乃至整个社会科学的研究当中都具有重大意义，因为风险分配突破了实体的分配范畴，构建了虚拟的预期分配概念，并将实体分配和虚拟分配融为一体。风险分配问题的提出犹如数学中非欧几何的构建，习以为常的理论和概念被超越之后，将会产生全新的理论，这是对原有理论和逻辑的超越。超越并非对立，新理论包容但不限于旧理论，从而得以发展。

需要指出的是，依据现有文献分析，虽然对风险分配的研究在增多，但还没有深入到原理的层次，因而对个体风险与公共风险的内在逻辑缺乏深刻的阐释。所以，现有的文献更多的是从与利益（财富）分配比较的角度来分析风险分配机制。这一路径有很大局限性，稍不小心就会落入原有窠臼之中，仅仅换一个说法而已。利

① 张晒：“风险分配何以公正？——基于新冠肺炎疫情的哲学审思”，《北京理工大学学报（社会科学版）》2020年第3期。

益（财富）分配的对象——生产成果，是实体的、确定性的；而风险分配的对象——可能的损失，是虚拟的、不确定性的。这很类似于股票市值的“浮亏”，在股票没有卖出之前，不能视为实际的损失，只是一种可能性，因为股票涨落是不确定的，且难以预测。在风险社会的高度不确定中，物质利益（财富）都像股票一样处于“浮亏”“浮盈”的风险状态，随时都有可能在风险中蒸发（贬值）或产生虚拟的财富效应，这就是风险主导的虚拟分配。货币、金融和数字化的深化使风险社会的特征更为鲜明，不确定性的逻辑日益凸显，风险分配已经在主导经济社会的运行，这意味着所有人、所有财富处于一个社会的“大股市”当中，利益的“浮亏”“浮盈”是常态，并成为风险分配的基本表现形式，落袋为安的那种成果分配的确定性已经日渐远离我们。在风险社会中，资产的“浮亏”“浮盈”、收入的“期权”性质越加突出。货币收入是广义上的“期权”，在没有花出去进入消费过程之前，也都是处于“贬值”“升值”的叠加态。在这个意义上，收入分配、财富分配、消费分配在风险分配的牵引下，无时无刻不在交互循环中进行再分配，“可支配收入”“可支配财产”并非分配的最终状态。亿万富翁也可能在一夜之间变成穷人——经济意义上的穷人（估值缩水），或社会意义上的穷人（财富失效）。破产、违约、价格波动、金融危机、社会动荡、交易管制、战争等可以预料和难以预料的风险，都会改变不同主体的风险境遇，从而改变不同主体之间的收入、财富、消费分配。

进一步拓展来看，权力与责任、权利与义务，在风险社会也难以有固定不变的独立的确定性边界，因为它们都处于一个相互关联的链条之中，权力链、责任链以及权利链、义务链相互交织而不确定。处于现实世界的基本性质以风险形态来表征，这迫切需要我们深入研究风险分配以及公共风险的生成机制，这是我们把握战略主动，有效防范化解重大风险的认识论基础。不言而喻，新时代财政的使命要聚焦到风险上来，即为社会共同体构建可持续的确定性而发挥基础性的枢纽作用。

二、风险分配的契约化是遏制风险公共化的前提

在走向未来的道路上，我们面临的风险只会越来越复杂，甚至会遇到难以想象的惊涛骇浪。风险社会的运行逻辑是与以往完全不同的。适用于工业社会的资源配置及其利益分配规则将会被适用于风险社会的风险分配规则所替代，即虚拟分配规则将会越来越起支配作用，而实体分配规则日渐居于从属地位。主体目标也会发生转换，从当期利益最大化转向未来风险最小化，并日渐成为一种普遍的现象。利益分配逻辑与风险分配逻辑将会发生层次转换，后者将成为风险社会的底层逻辑。

（一）把握经济社会运行的底层逻辑：风险分配逻辑

风险的性质决定了风险分配的性质，也决定了风险分配与利益分配的区别。利益分配是基于实体现实的成果分配，风险分配是基于虚拟现实的预期分配；利益分配是确定性的，风险分配是不确定性的。风险分配是依靠不同层次的各类契约来实现的，这也是契约产生的本源。无风险，无契约。

在经济学中有多对“完全”和“不完全”的概念，例如完全竞

争和不完全竞争，完全信息和不完全信息，以及完全契约与不完全契约。在实际的经济活动当中，完全竞争是理想化的状态，不完全竞争是常态。类似地，完全契约是理想化的状态，不完全契约是现实的常态。不完全契约条件下的风险分配导致风险外部化。风险外部化是一个不断发展的过程，根据风险外部化的演变可以分为风险社会化、风险系统化和风险公共化这几个阶段。如果在这个演化过程中没有得到遏制，风险外部化就会逐步演变为公共风险，甚至是公共危机。

遏制风险公共化有几个关口，风险分配的契约化是风险内部化的前置条件，是最前端的关口，守住这个关口可以避免风险外部化和社会化。如果风险外部化和由此导致的社会化不可避免，第二个关口就是遏制风险系统化，避免风险扩散为系统化、进而公共化。最后一个关口就是公共风险生成之后，通过有效的方式来化解公共风险，这是成本最高、代价最大的方式。所以说，风险分配契约化是遏制风险公共化的前提。可契约化的风险分配与公共契约直接相关，即社会成员参与的集体契约，这种契约是隐性的，表现为“群众路线”。例如公共安全，坚持群众观点和群众路线，拓展社会大众参与公共安全治理的有效途径。公共安全教育、公共安全公益宣传、公共安全社会心理干预等等，都是动员全社会的力量来避免风险的聚集，维护公共安全。

传统经济学将经济生活中的个体人格化为自身利益最大化的“经济人”。每个“经济人”在专业化的分工协作中既实现了自身利益，又创造出社会财富。“经济人”假设关注到利益及利益分配问题，而忽略了风险及风险分配在其背后所起到的决定性作用。在经济生活中，我们不能否定“经济人”假设，因为“经济人”假设是利益激励原则的基础，让每个人追求自身利益，整个社会的物质利益才能实现。但是，“经济人”假设有很大的局限性，忽略了风险，容易造成隐匿的风险外部化，这也是生成公共风险的根源。在确立契约规则的过程中，“风险人”假设越来越重要。所谓“风险人”假设，是指在经济生活中，每个人在追求自身利益最大化的同时，也在追求自身风险最小化，存在着一种本能，即不由自主地把本应承担的风险外部化。如果“风险人”是以利益和风险对称的原则追求风险最小化，即所有的风险由“风险人”自身承担，则没有产生风险外部化。在这种情况下，社会个体追求自身的最大利益和最小风险，不会造成风险外溢。否则，本应由“风险人”自身承担的风险转嫁给他人或社会，风险的外部化就会衍生系统性风险，甚至引发公共风险。

（二）降低公共契约的不确定性

遏制风险公共化，要以契约化的风险分配稳定风险预期和行为选择。良好的社会预期，是经济社会健康运行的基石。在一个可预期的市场和社会环境中，人们更有动力、有耐心去从事创新创造活动和长期投资。这就需要公共契约为个体契约的履行提供宏观确定性，避免使个体契约人承担不应该承担的风险。

公共契约的不确定性，如制度、政策的不完善及其执行的随意性以及政府监管的不可预见性、部门之间的不协调性，都会改变个体契约的风险分配，使企业、个人等个体契约人的履约能力下降而导致个体风险外部化。无论是主动转移风险，如违约，还是被动转移风险，如“躺平”，对于整个社会来说都是公共风险的扩散。

在经济社会生活中，政府是公共契约的重要履行者，关系到个体契约的稳定性、可预见性。政府的不履约行为不只是损害政府的形象，降低对政府的信任度，而且会降低整个公共契约的权威性和遵从度，导致违规的风险事件增多。这将会使整个社会环境变得不确定，宏观确定性下降，个体风险上升。这一方面造成市场动荡，经济社会运行风险上升；另一方面造成社会活力下降，经济动力减弱，可持续发展的风险上升。

公共契约执行过程中产生的“分解谬误”与“合成谬误”，是公共契约不确定性的重要来源。“分解谬误”与“合成谬误”源于工程思维，即把社会的运行理解为工程建设，假设社会运行各方面、各环节都可以事先设计并确定下来，并假设参与其中的各个主体都像机器一样得到全面控制，主体行为都被各种规则所全面约束。工程思维的特点是基于确定性，而社会运行却每时每刻都在衍生各种不确定性和风险，且难以预料。社会运行的特点是不确定性，无法找到像力学规律一样的确定性来预测和管理。因此，政府按照工程思维来履行公共契约，往往会引发不可预见的风险，叠加到个体契约的履行过程，从而造成个体契约人行为变异，并产生各种机会主义行为，如搭便车的行为，借机转嫁风险，从而使社会成员风险外部化行为强化。例如，在数字经济监管方面，涉及政府部门众多，各部门站在不同角度强化对数字平台企业的监管，往往无意识地造成合成谬误，导致数字平台企业的风险扩大。在这种情况下，平台企业就会产生各种违约行为，如偿债、裁员、不再投资，等等，致使风险外部化、公共化，最终由国家来承担失业增加、增长放缓、国际竞争力下降的风险。

可见，降低公共契约的不确定性，是遏制公共风险水平上升的重要途径，尤其是对作为公共契约重要履行者的政府来说，其行为的规范化、法治化是至关重要的。

（三）扩大公共契约的包容性

公共契约是所有人的契约。从公共契约与个体契约的关系角度看，公共契约为个体契约的履行提供宏观确定性，因而要降低公共契约的不确定性。而从公共契约作为社会的风险分配规则来看，最重要的是体现包容性，即为每个社会成员提供平等的机会，为社会成员平等地“遮风挡雨”，提供基本的确定性。“一旦人群这样地结成一个共同体之后，侵犯其中的任何一个成员就不能不是在攻击整个的共同体；而侵犯共同体就更不能不使它的成员同仇敌忾。”[①]在一个共同体当中，如果公共契约的包容性不足，造成机会不平等，或者没有为社会成员平等地遮风挡雨，这样的公共契约就产生了社会排斥，实际是在侵犯共同体中的成员，在对共同体成员产生损害的时候，实际也是在损害共同体本身，并直接引发共同体的公共风险，导致共同体的凝聚力下降，甚至解体。总之，从群体或共同体的角度来看，基于公共契约的风险分配不能厚此薄彼，制度安排上应该给每个人平等的机会，体现在基本权利上的平等。这需要靠国家的财政制度来落实和保障。

在一个风险社会，如果制度安排导致社会个体承受的风险不一样，这就意味着机会不平等。比如，由于城乡二元结构等原因，农民获得的公共服务较少，承受的生活风险（如教育、医疗、就业等）相对更大，对他们来说就是发展的机会不平等。这就需要完善

① 中共中央党史和文献研究院：《习近平关于防范风险挑战、应对突发事件论述摘编》，中央文献出版社2020年版，第13页。

公共契约，扩大其包容性，使风险分配尽量不产生厚此薄彼的排斥性。经济方面的包容性强调公平竞争，消除市场排斥，通过市场机制促进经济发展；社会方面的包容性强调社会平等，消除社会排斥，实现基本权利公平和机会平等。把经济和社会联结在一起的是人力资本投资。强化全社会的人力资本投资是公共契约包容性的重要体现。一方面，人力资本投资对于个人来说，意味着消除社会排斥，能获得更多的发展机会；另一方面，人力资本投资对社会共同体来说，意味着经济增长和发展的潜力。在数字经济的背景下，数字化改变了经济社会发展的基本方式，资本和产权等都需要重新定义，这对公共契约的包容性提出了更高的要求。在新的发展趋势下，相应的制度安排要有新的思维和新的范式，避免在风险分配中产生新的排斥现象，要让社会成员的风险境遇大致相同。

三、治理转型：从利益分配模式转向“风险－利益”模式

从风险分配原理和公共风险的生成机制来观察，在风险的社会化过程中遏制风险的系统化和公共化，避免公共风险生成，或者在公共风险生成之后及时有效地化解公共风险，是治理转型的核心要义。

（一）以风险为导向，形成治理矩阵

传统的治理模式以利益为核心，协调个人利益和公共利益。传统经济学中的生产、分配、交换和消费等都是建立在利益分配逻辑基础之上的概念；政策体系中谈到的分配公平、共同富裕等也是基

于利益分配逻辑。在传统的财政理论中，涉及的收支问题、体制问题和政策问题，也都是从利益分配的角度考量财政制度和政策。例如，关于共同富裕问题，流行的看法认为，只要对收入分配进行干预，就可以实现共同富裕，因此，建议把干预收入分配当作促进共同富裕的主要路径。这实际上是只从利益分配的角度看待共同富裕问题，而没有从风险分配的角度思考。

从静态来看，利益分配的观察角度似乎有道理，只要把差距缩小，在一个时间截面确实可以实现名义上的“共同富裕”。但从动态来看，左右共同富裕的是风险分配，因为社会成员的风险境遇不同，在经济循环过程中才导致了收入分配的差距，也阻碍了共同富裕的实现。只要风险分配的契约规则不变，暂时缩小了的收入差距也会再次扩大。例如，基本权利不平等导致社会身份差异，就使得社会成员的风险境遇大相径庭。城乡之间农民与市民之间的身份差别反映出来的社会鸿沟，其实就是社会成员风险境遇的差别，在这个不确定性的世界，农民处于更大的风险之中。这就如疫情风险来临，老年人处于更大的风险之中。

治理转型要以利益为核心转向以风险为核心，并非不考虑利益问题，而是要将利益和风险协同考虑，把利益分配嵌入到风险分配中来，形成以风险为导向的“风险–利益”治理模式。提高预测预警预防各类风险的能力，增强社会治理的预见性、精准性、高效性，就必须转换治理模式，通过风险治理，实现利益协调。以个体风险与公共风险的分层契约来平衡公共利益和个体利益，形成治理矩阵。

纯粹从共同体的角度出发，即从公共风险和公共利益结合的角度看，治理的目标是促进包容性发展，实现机会平等。纯粹从个体的角度出发，即从个体风险和个体利益结合的角度看，治理的目标是通过有效的风险分配契约化机制，实现利益与风险的对称。从群体与个体关系的协同出发，有两个方面：一是处理公共风险与个体利益的关系，治理的目标是通过有效的方式防范和化解公共风险，实现公共风险最小化，最大限度减少因为公共风险对个体利益造成的损害；二是处理个体风险与公共利益的关系，治理的目标是通过有效的风险分配契约化机制，实现风险内部化，遏制风险外部化，避免风险系统化和公共化，从而损害公共利益。所有与治理有关的规则，如显性、隐性制度以及各种政策等契约规则，都能在这个矩阵中找到定位。

基于“风险－利益”治理模式，政府首先要避免财政上的大包大揽，走群众路线，通过公共契约实行分权分层治理，尤其是不要把微观领域的风险揽到手中，微观领域的风险要尽可能内部化。政府要做的是观察各个主体、各个领域的风险是如何关联的，并预判这些关联风险是否会引发系统性风险乃至公共风险。如果发现苗头，就要完善相关契约规则，通过相应的契约规则遏制风险的系统化和公共化。政府尤其要避免通过政策来替代市场，而是真正让市场在风险分配中发挥决定性作用，减少市场风险的外溢。在这种新型治理模式中，财政的作用是保障风险分配契约的履行。这种保障是通过可预期的公共契约和集体行动持续为社会共同体构建生存发展的确定性，也是为所有人平等地提供一份公共保险，让大众安居乐业，为每一个人自由全面发展创造条件。

（二）通过改变虚拟现实来改变实体现实，优化治理路径

风险治理不能只看表面，而是“要强化风险意识，常观大势、常思大局，科学预见形势发展走势和隐藏其中的风险挑战，做到未

雨绸缪”。[①]从静态的角度看，世界是虚拟现实和实体现实的叠加态。从动态的角度看，虚拟现实和实体现实不仅是一种叠加态，更是一种循环态，虚拟现实和实体现实可以形成一种良性循环。在历史演进过程中，虚拟现实和实体现实在不断地转换。在动态演进的过程中，虚拟现实对实体现实具有牵引性，即合理的预期会产生合意的结果。所以，优化治理转型的路径，需要更多地通过虚拟现实的改变来调整实体现实，即通过合理的预期，风险分配契约的调整，实现实体结果的改进。就如人有一个好的心理状态，就会使人的气血运行更顺畅，从而有利于身体健康。当然，实体现实也会影响虚拟现实，事实和结果都会影响和改变预期，从改变行为和风险分配契约。所以，虚拟现实和实体现实是相互影响和制约的，是一种循环状态。例如，调整实体的分配差距，需要一个较长的复杂过程，即需要通过虚拟现实和实体现实的多次循环转换才能看到明显的改变，因为链接虚拟现实和实体现实的是风险分配契约，而风险分配契约的全面调整不是一蹴而就的，等不得，也急不得。

在治理问题上，处理实体现实与虚拟现实的关系，就是如何看待“问题导向”和“风险导向”的关系，“问题导向”一般来说都是指“已然的”问题、确定性的问题，解决当前问题并不等于可以防范风险，以确定性的思维思考问题，等到问题发生了才解决问题，这种治理路径是高成本、低效率的。而“风险导向”是着眼于“未然的”问题，防范化解风险，具有前瞻性。如果只看到实体现实中存在的问题，而没有看到虚拟现实（未来场景）中存在的缺陷，就会治标不治本，会让我们一直落在风险的后面，就会导致治

① 卢梭：《社会契约论》，何兆武译，商务印书馆1980年版，第22—23页。

理失灵。对于国家治理来说，着眼于实体现实来解决问题是必要的，就像有病必须治疗。但治理的重心不能放在事后的处置上，而是应该放在预防上，预防就要基于未来的场景，即虚拟现实，针对虚拟现实来调整优化风险分配契约，这样的治理方式成本低、效率高。不言而喻，调整风险分配契约的成本是由财政这个公共账户来支付的。作为公共账户的财政本身就是与所有人签订的公共风险契约，是权力让渡契约的基础和前提，即一切权力来自于人民的先天逻辑。

（三）从制度主义到行为主义，提升治理效能

谈到制度主义，学界通常把制度主义与制度经济学关联起来。制度经济学有新旧之分，但它们在起源上几乎是同时的，不过在方法论上却是完全对立的。凡勃伦–康芒斯传统的制度经济学是为了替代新古典经济学，而科斯以后的制度经济学是为了给新古典经济学提供补充。①即便是新制度经济学，也有不同的学派，经济学家根据其核心观点冠以不同的制度主义，例如，历史制度主义、理性选择制度主义和社会学制度主义等等。②这里所说的制度主义，与制度经济学中的制度主义有一定关联，但又有差别。这里所指的制度主义是指在行为约束中，将制度上升为至高无上的主张，认为制度与行为之间有确定性的对应关系，否定行为的主动性和自主性，制度一旦确定，对应的行为也就相应确定。这种以确定性为基础的制度主义与现实是相脱节的。从契约角度来看，制度属于公共契约，不可能是完全的，对行为的约束是有限的，不存在确定性的关联。

---

① 秦海："企业并购中的产权问题"，《经济研究》1995年第3期。

② 彼得·豪尔、罗斯玛丽·泰勒："政治科学与三个新制度主义"，《经济社会体制比较》2003年第5期。

对世界的认知决定我们的行为方式。基于确定性的世界观，现实犹如剧本，剧情按照设计好的方向演绎。未来在过去的延长线上，只要遵循既定的制度规则，就能按照既定的路线，达到预期的目标。在这种情况下，只要把制度写成文本，并按照制度文本行事，就万事大吉。所以在确定性的世界观中，强调任何事没有制度不可为，制度也就成为一种主义。

基于不确定性的世界观，未来是一种叠加态，风险具有量子化特征。在这种情况下，风险分配的逻辑不同于利益分配的逻辑，其契约化过程更为复杂，出现契约不完全的可能性也更大。基于此，治理过程中的行为方式要遵循“边干边学、边学边改”，在“干中学”和“学中改”中逐步构建确定性，这是一种“摸着石头过河”的行为方式。行为主义并非排除制度，而是不将制度作为“主义”。行为主义下的制度指向未来，在虚拟理性的指引下，着眼于防范风险，并在实践中根据对风险的认识变化不断调整制度安排（公共契约），避免“刻舟求剑”，这也是治理的要义，只有这样，才能从根本上提升治理的效能。

在治理的过程中，基于行为的风险分配契约化是关键。以不确定性思维来履行公共契约，避免政府与市场关系、政府与社会关系以及央地关系中的“界域观念”，以行为合作的共同目标来替代固化的界域职责。对财政来说，不再存在固化的“公共领域”和“私人领域”，财政行为目标只有一个：通过风险分配契约的动态调整，控制公共风险生成，实现公共风险的最小化。

刘尚希

2023年8月

目　　录

第一章　风险社会的财政学

我们现在读到的是一本财政学，但它从风险社会谈起，读者不免觉得有些奇怪，这两者之间有什么关联？一般理解，财政无非是政府的收支，而它与风险之间有什么关系？

世界处于百年未有之大变局，“主动防范化解风险”，这是当今和未来面临的重大问题。财政与风险如影随形。俗话说，“覆巢之下，安有完卵”，社会共同体若有了风险和危机，每个人都可能遭受灾害。时代的一粒灰，落到个人头上就是一座山。从这个角度讲，财政与风险的关系确实非常密切。财政作为政府的收支，“取之于民，用之于民”，一收一支，一取一予，“拿人钱财，替人消灾”，拿的是大家的财政收入，“消”的是社会共同体的风险和危机。所以说，“无风险，不财政”。风险社会呼唤风险财政学。

一、构建中国财政自主知识体系的时代背景：风险社会

现代社会是一个到处充满风险的社会。个人、企业、政府，乃至整个人类，每一天都面临着各种各样的风险。除了来自自然界的风险（如地震、干旱、洪涝、台风、传染病等等）以外，社会经济

运行过程中产生的风险日益成为我们生存与发展的最大威胁。这些年世界各地接二连三爆发的各种危机，不断地提醒我们，人类社会的演进已经进入一个新的历史阶段——风险社会。

（一）对风险的认知由来已久

虽然风险是一个现代性的概念，并构成现代社会的本质特征之一。但人们对风险的认识却自古有之。风险与人类相伴，人类在与风险为伍的过程中形成了诸多关于风险的思想。比较权威的说法，“风险”一词来源于意大利语的“risque”一词。在早期，风险常常与航海中的风暴和礁石等联系在一起。后期多与保险事件关联。

在中国古代思想当中，有着强烈的“风险”意识，并经历了“幾—危—灾”风险范畴的演化链。最初“幾”是指细微的事物，常用于不好结果的细微预兆。如《周易·系辞上传》提到，“夫《易》，圣人之所以极深而研幾也”。而后延展到“危”，主要表达“危险”的含义。如《周易·乾卦·象传》提到，“故乾乾因其时而惕，虽危无咎矣”。进而更大的风险则用“灾”来表示并常与“天”连用，常用于表示自然灾害。如《周礼·春官·大祝》提到，“国有大故、天灾，弥祀社稷，祷祠”。

中国先民明确意识到风险的本质特征在于不确定性、随机性和不可预测性。如古语所言“天有不测风云”；再如《古今韵会举要》所言“险，深陷不可测也”。“居安思危”和“风起于青萍之末”等都是风险意识的表达。这些都局部表达了风险的本质特征。中国古代哲学的核心都是在阐述世界的不确定性。例如，先秦哲学巨著《易经》的本意即“生生之谓易”，表明不断变化即不确定性是世界基本属性；而宋明理学则更是如此，周敦颐《太极图说》言，“万物生生，而变化无穷焉”“动而无动，静而无静，神也”，其认为宇宙是一个巨大的蕴藏无数的可能态，可能态的实现包含着无数不确定性，不可事先预测或计算，“不可以情识计度据之为常”。其后继起的程朱理学、陆王心学，“变易”思维也皆贯穿始终。

古语言，“未雨绸缪”“有备无患”等等，也如《礼记·中庸》所言，“凡事预则立，不预则废”，都表明古代中国人的风险防范意识。在此基础上，中国古代先民在历史上也初步形成了风险防范和治理的一些思想。据刘宝霞和彭宗超考证，首先是见微知著、积极防患于未然。[①] 如《庄子·至乐》提到，“万物皆出于幾，皆入于幾”，即认为万事万物都存在于风险之中。而《周易·系辞下传》提到，“君子见幾而作，不俟终日”，则说明了对细微风险察觉和防范的必要性。其次则是当风险演化到“危机”阶段时则需要把握时机来积极救扶。如《周易·系辞上传》提到，“待时而动，何不利之有?”而在转危为安之时应常怀居安思危之心。如《周易·系辞下传》提到，“安而不忘危，存而不忘亡”，也是防止风险演化为危机的重要手段。

（二）现代社会风险无处不在

人类社会发展到今天，在各个不同的历史时期面临的风险是不同的。不难想象，自然经济社会和市场经济社会面临的风险，无论是内容还是形式，必然会有很大差别。随着技术的改进和社会的进

① 刘宝霞、彭宗超：“风险、危机、灾害的语义溯源——兼论中国古代链式风险治理流程思路”，《清华大学学报（哲学社会科学版）》2016年第2期。

步，人类防范风险的能力大大提高，许多风险降低到最低限度，甚至不再是风险。例如过去长期危害社会的麻风、天花、霍乱，在医疗技术很低的情况下，是很可怕的一种“风险”，但现代医疗技术已经完全控制了这种风险。再如战争，现在已经不是随时都可能爆发的风险了。但与此同时，历史演进也带来了许多新的风险。当汽车还是奢侈品的时候，尽管时有交通事故发生，但属于私人事务；而在汽车日益普及化的今天，交通混乱所带来的风险很大，故世界各国的交通管理都由政府来承担。在当前背景下，不确定性成为全球的热词，风险越来越主导着经济社会的发展。从经济学的角度观察，风险意味着成本。风险的上升，无论对于个体还是对于行业和社会共同体来说，都会带来成本的上升，会降低经济效率和大众生活幸福感，加大一个国家可持续发展的风险。

德国社会学家乌尔里希·贝克在《风险社会》一书中较早提出了风险社会概念。“在现代化的进程中，生产力的指数式增长，使危险和潜在威胁的释放达到了一个我们前所未知的程度。”[①]贝克并非危言耸听，实际上，“风险社会作为一个概念并不是历史分期意义上的，也不是某个具体社会和国家发展的历史阶段，而是对目前人类所处时代特征的形象描绘”[②]。所以说，风险社会是一个抽象的概念，是对我们当前所处时代的抽象，并没有严格意义上的历史分界线。在风险社会，不管是政府，还是企业与个人，对风险的管理已经成为管理的核心，如一些企业里专门设置了首席风险官（CRO），将风险管理摆在极其重要的地位。

---

① 〔德〕乌尔里希·贝克：《风险社会》，张文杰、何博闻译，译林出版社2018年版，第3页。

② 杨雪冬：“风险社会理论述评”，《国家行政学院学报》2005年第1期。

【专栏】首席风险官（CRO）

首席风险官，Chief Risk Officer，简称CRO。CEO所代表的职位许多人已经耳熟能详，在发达国家CRO已与CEO一样有名，而在我国还鲜为人知。这个职位随着企业风险管理意识的加强已逐渐变得热门。全球第一个CRO诞生于1993年。一份调查显示，2002年，美国只有20%的大型企业设有CRO职位，到2004年，美国已有40%的大型企业设有CRO职位。80%以上的世界性金融机构已设定了CRO工作职位。在美国，首席风险官年薪一般在30万美元以上，有些甚至已逾百万美元。

首席风险官的主要职责是：负责拟定集团风险管理战略、规划，提出风险管理的政策和程序；监督风险管理政策和程序的实施、建立风险管理评价标准和组织；组织落实风险管理与内控体系建设相关措施，组织对风险总监的考核和风险管理队伍建设；评估集团外部环境，以及企业宏观风险；就企业环境、战略、运营过程中所存在的风险提出建议，并定期向董事会报告。有的企业把CRO和公司的内部审计合在一起，有的则是两者分开的。在中国企业中，专门的风险管理部门和职位的缺失是普遍现象。在国有大中型企业中，在国家有关部门的积极推动下，情况有所好转，不少企业已建立起风险管理组织体系，并任命了首席风险官。

资料来源：https://baike.baidu.com/item/%E9%A6%96%E5%B8%AD%E9%A3%8E%E9%99%A9%E5%AE%98/5761414?fr=aladdin。

不仅是企业需要设立首席风险官，实际上各级政府部门都需要风险管理的专门机制或机构，因为我们需要正视风险社会的时代特征。在风险社会，风险已经由一种偶然现象变为一种经常发生的普遍现象，各种各样的风险无处不在、无时不有，风险已经藏于人们经济社会生活的各个角落，任何经济和社会活动主体，包括个人、企业、政府，都无法回避；在风险社会，经济社会运行过程中的风险对人类社会生存与发展的威胁已经大大超过来自自然界的风险，越来越频繁发生的经济危机、金融危机、债务危机、社会危机和国际关系危机，对世界经济的影响和对一些国家的社会冲击，是任何一种自然灾害所无法比拟的；在风险社会，分工的日益细化，使社会再生产过程中的产业链条越来越长，每一个环节面对的不确定性都在增加，风险局部累积的速度在加快，传染性增大，局部性风险演化为全局性风险的速度在加快，某一个环节的问题，足可以导致整个系统的瘫痪，使社会经济运行的稳定性大大降低。

总结而言，在当今时代，人类的分工合作向深度和广度拓展，人与人之间的相互依赖超出任何时候。风险不断社会化，人与人之间互为风险源，任意个体的风险都可能系统化、公共化，演化为系统风险和公共风险。例如，一个新冠感染者可引发一座城市封闭，一个头部企业可导致一个行业产生系统性风险。社会分工不断细化，从劳动分工、生产分工转向知识分工、数字分工，经济运行过程中的产业链、供应链、价值链、资金链越来越长，每个环节面对的不确定性都在扩大，任何一个环节的风险都可快速传递到上下游，以至于整个社会。这使风险社会的各种经济关系、金融关系、社会利益关系转变为风险关系。

（三）世界变化越来越快

当今时代，人类文明加速演进，世界变化越来越快。以技术革命为标志的人类社会大体经历了三种形态：第一种形态是农业社会，其核心是通过农业技术革命使食物供给有了一定自控能力，人类由此摆脱了游牧狩猎、完全靠天吃饭的状态；第二种形态是工业社会，其核心是通过工业革命解决动力与能源问题，依托工业化，人类的各方面能力得以不断扩展延伸，主要是四肢体能的拓展；第三种形态是当前正在构建的数字社会，其核心是通过互联网、大数据和云计算等通信方式算法，构建人工智能系统，最终实现人-机互联的高度智能化社会。数字社会的核心是人类智能的拓展和延伸，但同时也在重构人类生存发展的状态，人与自然的关系、人与人的关系、人与自己的关系都在进行重构，形成虚拟与实体相叠加的“量子社会”。[1]火爆的“元宇宙”概念描述了这一“量子状态”：它在时间上是真实的，在空间上是虚拟的，在时空两个维度都和真实世界处于平行状态。人类则以某种意识“映射”的方式进入、存在和生活于元宇宙之中。在数字革命浪潮之中，人类对世界的认识与思考将会呈现颠覆性的变化，各种规则渐渐失效而需要重构，这也就意味着人类进入一个高度不确定的社会阶段。

数字革命不能被简单归结为第四次工业革命，不能仅仅从技术角度去理解它，要从文明革命的高度去认识它。农业经济，用千年跨度看待才能见到其变化。工业经济，用百年跨度就能观察到显著变化。数字经济，十年跨度即发生重大变化。传统经济运行模式都是实体化的，机构是实体化的，人员是在场的，产品和价值都是当下的，存在于实体的物理时间空间当中。然而，随着实体与虚拟的

① 刘尚希：“新经济数字化金融化趋势与财税体制改革”，《地方财政研究》2021年第4期。

融合，传统经济运行的实体逻辑已经被打破，而是按照一种新的逻辑在虚拟空间中运行。譬如以互联网、大数据和云计算为基础的系统集成为交易搭建了虚拟的数字平台，这就打破了传统交易对时间和空间的限制，供给与需求之间的匹配超越了实体的时空，原来需要实体机构的销售活动可以转移到虚拟空间进行，这就是经济运行模式的虚拟化。尤其是经济的金融化、财富的金融化和定价的风险化，基于实体逻辑的经济理论也变得难以解释现实和指导实践，如负利率、负价格。

存在于实体时空中的经济是有界的，但存在于虚拟时空中的经济是无界的。这为风险传播提供了新的条件，使得人类在风险社会面临严峻的挑战。一是风险全球化。在信息时代，互联网、智能手机等新媒体的广泛应用导致风险一旦产生，便会以前所未有的速度在全球扩散，并在传播过程中被不断放大。因此，风险的网络化和公共化使得风险可以超越国界交叉蔓延，一个国家的风险可以引发全球的风险，换句话说，风险社会就意味着风险全球化，2007年爆发的美国次贷危机就是个很好的例子。二是风险公共化、宏观化、长期化。传统理论与实践更多关注市场风险、微观风险、局部风险。但现在这些风险越来越公共化、宏观化、长期化，形成了公共风险。世界本来就是不确定的，且既定的规则在迅速地被打破，而新的规则又难以快速构建起来，所以宏观确定性也在不断下降。风险社会就是既体现在微观，也体现在宏观，既体现在眼前，也体现在长远。三是风险无界、无形、无感。风险无处不在，但又很难讲清具体在哪里、是什么。风险已经超出实体的逻辑，它不是真与假的问题，也不是是与非的问题。譬如金融领域出现风险，会迅速蔓延到财政领域，乃至扩散到整个社会。在风险社会中，财政承受的压力会越来越大，越来越被动，因此更要提高对风险的分析判断能力。

在风险社会，各种危机发生的频率不断加快，尤其是我们可以观察到，全球范围内的经济危机和金融危机频率不断加快。

【专栏】全球经济危机和金融危机频率加快

从第一次世界大战结束开始，到2018年中美贸易战，一共发生了6次全球性的经济危机和金融危机。

1. 1929—1939年：大萧条。随着1929年10月美国华尔街股市崩盘，一场毁灭性的经济大萧条席卷了几乎所有工业化国家，并在一些国家持续十年之久。大萧条期间，美国最高失业率达到25%，德国、澳大利亚和加拿大的失业率一度接近30%。美国经济在1933年陷入谷底，工业产出下降到衰退前的65%。

2. 1973—1975年：石油危机引发的经济危机。1973年10月，第四次中东战争爆发。为打击以色列及其支持者，阿拉伯石油输出国组织宣布对美国等国实行石油禁运，同时联合其他产油国提高石油价格，从而导致石油危机爆发。这场危机在主要工业国引发了二战以来最严重的经济危机。美国的工业生产下降了14%，日本的工业生产下降超过20%。

3. 20世纪80年代：拉丁美洲债务危机。自20世纪60代起，拉美国家大举外债发展国内工业，外债总额在80年代初超过3000亿美元。1982年，墨西哥宣布无力偿还外债，触发了震动全球的“债务危机”。债务问题严重阻碍了拉美地区的经济发展，拉美国家1988年的人均国内生产总值只有1800美元，退回到70年代的水平。

4. 20世纪90年代：日本泡沫经济崩溃。1990年，日本的房地产和股票市场在持续数年的过度上涨后，开始出现灾难性下跌。由于资产全面缩水，日本在10年中经历了漫长的通货紧缩和经济衰退。90年代中期，日本经济增长停滞，进入“零增长阶段”。

5. 1997—1998年：亚洲金融危机。在美国提高利率、美元增值的背景下，货币与美元挂钩的亚洲国家出口不断下降。1997年7月，随着泰国宣布泰铢实行浮动汇率制，亚洲国家普遍出现货币贬值，爆发金融危机。此次危机中，印尼、泰国和韩国是遭受损失最为严重的国家。三国GDP在两年内分别缩水83.4%、40%和34.2%。

6. 2007—2011年：美国次贷危机及全球金融危机。长期以来，美国金融机构盲目地向次级信用购房者发放抵押贷款。随着利率上涨和房价下降，次贷违约率不断上升，最终导致2007年夏季次贷危机的爆发。这场危机导致过度投资次贷金融衍生品的公司和机构纷纷倒闭，并在全球范围引发了严重的信贷紧缩。美国次贷危机最终引发了波及全球的金融危机。2008年9月，雷曼兄弟破产和美林公司被收购标志着金融危机的全面爆发。随着虚拟经济的灾难向实体经济扩散，世界各国经济增速放缓，失业率激增，一些国家开始出现严重的经济衰退。

2018年之后随着中美贸易战、全球范围的新冠疫情以及俄乌冲突的影响，全球经济陷入危机的表现，从某种程度上说，不亚于上述6次危机。

人类文明呈现加速发展态势，然而人类并没有适应这种加速发展的态势，旧的规则已经不适应形势，但新的规则并没有建立起来，规则“破”的速度快于“立”的速度。一般而言，我们是靠各种规则来构建确定性。然而，越来越多的风险逐渐由个体风险转为网络化、公共化，其深层次原因在于风险社会下各种确定性的规则变得不相适应而被迅速打破，既有的规则边际失效，而新规则体系尚未形成，也就是规则“破”的速度快于“立”的速度，就会出现不确定性。例如，与传统就业形态相比，新型就业形态在工作时间、工作场所和工作内容上打破了物理时空限制和固定的工作内容，出现了质的变化，传统的劳动法规已无法适用。从历史的角度看，人类社会呈加速发展的趋势。农业文明、工业文明、数字文明，并非匀速变化，而是加速变化。进入数字文明时代，解构速度进一步加快，解构的层次也发生了变化。过去是部分解构、边缘解构，现在是整体解构、核心解构。解构带来新的东西的同时，也带来风险，当构建确定性的速度跟不上解构的速度时，风险就会生成并蔓延。

二、不确定性是风险社会的总特征

世界观是关于世界的基本看法。世界观有很多维度，包括自然观、社会观、人生观、价值观、历史观、物质观、运动观和时空观。世为时间、界为空间，可以说时空观是世界观中最核心和最基本的部分，其他的部分实际都是从时空观中衍生出来的。时空观角度的世界观，通常是指处在什么样的位置、用什么样的时间段的眼光去看待与分析事物。任何事物，都处于一定的时空之中，都有现在、过去和未来。但问题是，现在、过去和未来之间是什么关系，不同的人有不同的看法。不确定性是世界的本质。我们过去把不确定性当成偶然性去对待，这种理解是有问题的。牛顿告诉我们世界的本质是确定的，但量子力学证明了世界的本质是不确定的。自然领域具有不确定性，社会领域更具有不确定性。在一个高风险的社会，经济和社会的行为逻辑发生了根本性变化，过去偶然发生的风险事件，在风险社会成为一种新常态。例如，把风险事件比作下雨，在非雨季下雨是一种偶然现象，而在雨季则是一种常态。进入雨季，人们必须适应雨季中的生活方式。在风险社会，经济社会运行过程中的风险对人类社会生存与发展的威胁已经大大超过来自自然界的风险，越来越频繁发生的经济危机、金融危机、债务危机、社会危机和国际关系危机，对世界经济的影响和对一些国家的社会冲击，是任何一种自然灾害所无法比拟的。在风险社会，随着经济和社会分工的细化，以及节奏的加快，人类经济社会生活中的每个环节的不确定性都呈现增长趋势，任何一个环节出了问题，都足可以导致整个系统的瘫痪，使社会经济运行的稳定性大大降低。但是人需要一个确定的生存环境，为了生存，人要追求确定性，所以需要在不确定性中构建确定性。①

爱因斯坦曾经说过，一种理论前提越为简练，涉及的内容越为复杂，使用的领域越为广泛，这种理论就越为伟大。当今时代，不确定性观念已不再被自然科学的意识所驱逐，而是被广泛接受，且日益成为广泛普适性理论的世界观基础。不确定性虽然脱胎于自然科学研究，但如今已横扫自然与社会科学领域。

（一）不确定性是世界的本质

在20世纪前，由牛顿创立，拉普拉斯等进一步开拓的经典力

① 刘尚希、李成威、杨德威：“财政与国家治理：基于不确定性与风险社会的逻辑”，《财政研究》2018年第1期。

学被认为是整个自然科学的基础，自然科学的规律最终会归纳到力学定律中几乎成为共识。从认识论上看，经典力学将各种现象描述为一个复杂的钟表机构，拥有对过去和未来的完整、客观的描述。这种世界观对人类的影响是巨大的，人们往往将科学思维与经典力学思维等同起来。然而，现代科学的发展已经证明了牛顿确定论的破产。“我们将表明，我们现在能把概率包括到物理学基本定律的表述之中。只要能做到这一点，牛顿确定论就破产了：未来不再由过去所确定，过去与未来之间的对称性被打破了。”①

在社会领域，经典力学思维世界观认为社会发展进程是线性、连续性的，它的每个发展阶段有迹可循、一环扣着一环，可以轻易地判断逻辑因果。在确定的规律下，社会的发展、演变、前景是精心编排的戏剧，按既定剧本向前演绎，犹如经典物理运动一般有序、简明，符合我们现有的思维逻辑。但是现实却总是有“剧本”以外的“黑天鹅”事件发生。例如，疯牛病、金融危机、恐怖袭击等突发事件让我们措手不及，自认为早已掌握的社会规律一再被打破，客观的、独立于观察者的和决定论的经典力学思维在科学研究中乃至日常生活中已不再适用。量子力学中不确定性原理，非线性动力学的混沌概念，混沌学科的奇异吸引子等证据表明，世界本质上是不确定性的。

自然科学研究中较早体现不确定性概念的是量子力学，1925—1926年，德国物理学家海森伯和奥地利物理学家薛定谔分别从不同的方向建立了量子力学的基本方程，海森伯提出的不确定性原理成

① 〔比〕伊利亚·普里戈金：《确定性的终结——时间、混沌与新自然法则》，湛敏译，上海科技教育出版社2018年版，第4页。

为量子力学的基本定理。不确定性思想体现比较充分的另一个重要领域是复杂性科学。作为20世纪后半叶系统科学的新兴学科和前沿领域，复杂性科学揭示了复杂系统中存在的不确定性，其分支学科耗散结构理论和混沌学对不确定性研究尤为深入。耗散结构理论创立者普里高津认为，以经典物理学根本特征的确定性为基础的自然法则已经走到尽头，新的自然法则将为可能性、不确定性和概率留下空间。混沌学科更是对经典力学决定论观点的根本颠覆，认为“确定性的随机性”思想是真实世界运动体系的反映，为我们更加完全地反映世界的本质提供了一个新的基础。美国气象学家兼数学家洛伦兹于1963年发表的经典文献“确定性的非周期流”为混沌学科树立了崭新的标志，也是我们熟知的“蝴蝶效应”的理论来源。

【专栏】“蝴蝶效应”与洛伦兹吸引子

洛伦兹将关于大气热对流问题冗杂的偏微分方程组简化为三元常微分方程组，即洛伦兹方程（Lorenz，2004）。洛伦兹方程的参数决定系统的行为和运动轨道。当参数不同时，方程组所代表的系统行为变动飘忽不定。在一定参数值下，方程组出现奇怪的输出，输出数据描绘的是一条怪异的连续的光滑曲线——它在三维空间里似乎无序地左右回转，而又并不自我相交，呈现莫比乌斯环状，又像拍动翅膀的蝴蝶。这种现象被称为“洛伦兹吸引子”。洛伦兹在进行计算机数值计算时，曾经发现了这样一种情况：当把上一次的输出结果作为下一次的输入时，如果输入数据因四舍五入等原因出现微小的误差，那么，计算机的连续运算将会使最终的输出结果迥然不同，这和“近似准确的输入导致近似准确的输出”的经典科学

“近似假定”根本对立（Gleick等，2014），出现了“差之毫厘，谬以千里”的结局。

长久以来，哲学社会科学的世界观与自然科学的世界观是一样的，认为人类社会实践是客观的，人虽然有主观能动性，可以有目的地去影响人类社会实践，但社会发展与自然界一样，是有规律可循的。这点在经济学领域表现尤为突出。经典力学确定性世界观一度支配经济理论的发展，李嘉图之后的绝大多数经济学理论总是有一个确定的前提，而经济分析只有排除不确定性和变动才能进行。直到奈特在1921年出版的《风险、不确定性和利润》中引入不确定性后经济学界才开始正视不确定性，就此开启不确定性在经济学中的理论拓展。奈特就不确定性和风险做出明确的界定，并讨论了人们就不确定性可能产生的反应及处理方式，推动了1950年以后对不确定性的经济学研究。凯恩斯则在奈特之后系统研究了不确定性，并认为经济行为是受不确定性和非决定性支配的。凯恩斯在《就业、利息和货币通论》中对新古典经济理论进行批判时强调指出：“人类行为影响着未来，不管是个人行为、经济行为还是政治行为。但是，人类行为不可能依赖于严格的数学预期，因为这种计算的基础并不存在。”（凯恩斯，2015）过去的半个世纪里，不确定性对经济学影响尤为强烈，不确定性世界观比确定性的假设更加符合经济现实。

过去几十年中自然学科中的不确定性思想一直在向社会科学领域渗透。爱因斯坦提出的随机游走概念直接推动投机市场期权定价模型诞生；马约拉纳发表关于物理和社会科学统计法的基本类比的论文后，大量与经济学相关的论文在物理、数学期刊上发表；混沌学作为一门新兴科学甚至进入了音乐、美术等艺术领域，取得了一些价值很高的应用成果。在这里，不确定性思想不仅是描述微观世界的一种方式，而且成为替代人类直觉、能够洞察世界的理论工具。正如埃德加•莫兰所言，“没有思想的变革就没有其他的变革。思想的变革是发生于思想结构本身中的革命”（Morin，2001）。不确定性世界观不仅可以使许多复杂的自然科学现象得到合理解释，同样也使人们加强对社会问题的认识。

社会是极为复杂的系统，包含着潜在的巨大数目分支。以在地球上相对短的人类史中演变的各种文化为例证，我们知道这样的系统对涨落高度敏感，这既引出希望，也引出风险。说希望，是因为哪怕是小的涨落也可能增长并改变整个结构。结果，个别活动不是注定不重要的。另一方面，这也是一种风险，因为在我们的宇宙中，稳定的、永恒的规则的安全性似乎一去不复返了。我们正生活在一个危险的和不确定的世界中。[①]

在不确定性世界观中，对过去、现在和未来关系的认识发生了根本性的变化，过去、现在和未来不是线性关系了，未来也不是在过去和现在的延长线上。“在只是一个假设的意义上来讲，任何物理理论总是临时性的——你永远不可能证明它。不管多少回实验的结果和某个理论相一致，你永远不可能断定下一次结果不和它矛盾。”[②]未来是不确定性的，意味着未来有无数种可能。例如，在传统的理论中，价格是由供给和需求所决定的，根本无法理解为何会

① 〔比〕伊利亚·普里戈金、〔法〕斯唐热：《从混沌到有序：人与自然的新度化》，陈禹译，上海译文出版社1987年版，第373页。

② 〔英〕斯蒂芬·霍金：《时间简史》，许明贤、吴忠超译，湖南科学技术出版社2007年版，第17页。

出现“负油价”“负利率”这样的事情。而在不确定性的风险世界里，这恰恰是符合风险逻辑的。2020年，国际油价创下一项新纪录，美国5月份轻质原油期货WTI价格暴跌创下历史新低，历史首次跌至负值。之所以出现“负油价”“负利率”，是因为价格从实体的供需定价“相变”为虚拟的风险定价。在这里，“虚拟”是另一种现实，并非不存在，是未来投影到当下的一种现实。

【专栏】“负油价”震惊全球

2020年4月20日，受美国石油市场供应严重过剩、合约即将到期以及得克萨斯州将决定是否减产等因素影响，纽约原油期货价格20日早盘低开，盘中持续走低，尾盘加速下跌。截至当天收盘，即将于21日到期的纽约商品交易所5月交货的轻质原油期货价格下跌55.90美元，收于每桶−37.63美元，跌幅为305.97%。油价跌入负值，这是纽约商品交易所1983年开设轻质原油期货交易以来从未出现过的现象。而纽约商品交易所6月交货的轻质原油期货价格也大幅下跌18.37%，收于每桶20.43美元。6月交货的伦敦布伦特原油期货价格下跌2.51美元，收于每桶25.57美元，跌幅为8.94%。

世界是不确定性的，这是世界的本质，在每一个时期都是如此。在文明转轨和时代巨变的背景下，世界不确定性的本质更为突显。历史上发生的数次工业革命，给人类带来更大力量的同时，引致的不确定性和新风险剧增，使人类社会面临的未来变得更加不确定。而当前，人类又来到了一个新的十字路口，数字革命和低碳绿色革命带来更为巨大的不确定性，并由此引发了各种危机。

（二）在不确定性的风险社会中构建确定性

在不确定性的风险社会中，未来不会再由过去和现在所确定。“在风险社会里，‘过去’丧失了她决定‘现在’的权力，取而代之的是‘未来’。”[①]实际上，不仅在风险社会如此，在人类所经历的一切时期都是这样的，只是在风险社会更加突显了这一点。“未来”决定“现在”意味着，为适应“未来”的不确定性，现在就要加强学习，并准备随时改变原有的结构，以不断构建新的确定性。为应对未来由于随机涨落引起的不确定性环境，现在就必须采取学习、适应和改变结构的措施。

在不确定性世界观中，主体的行为方式与在确定性世界观中的行为方式是大不同的。在确定性世界观中，未来有规律可循，事情的发展沿着既定的定律，结果是可以预见的，只要遵守既定的规则、规律和定律，就能确保达到既定目标，因此只要制定严格的制度，按照制度办事即可。所以，在确定性世界观中，行为方式遵循的是制度主义的路径，各种各样的制度会叠床架屋般衍生出来，最后，制度可能会变异为“茧房”，使所有人都迷失在制度当中。但是在不确定性的世界观中，制度主义就不能不靠边了。因为未来是不确定性的，也没有放之四海而皆准的永恒规律可循。人们的行为方式不再是以主观见之于客观来“发现”确定性，而是以新的认知来“构建”自己需要的确定性，采取“摸着石头过河”的方式来学习、适用和改变结构的方式，遵循行为主义的路径。行为主义的路径是：干中学、学中改、改中构建确定性。确定性就是真理本身，

① 〔德〕乌尔里希·贝克：《风险社会》，张文杰、何博闻译，译林出版社2018年版，第24页。

除此之外的都是接近真理的方式、路径和手段。

实际上，物种的进化和人类文明的演进遵守的都是行为主义的路径。例如，通过在南非等地的观察，达尔文深深震惊于物种之间的巨大差异，以及不同物种对于环境的适应性。达尔文发现燕雀的不同种群之间虽然很相似，但它们的喙的大小和形状差别很大。达尔文认为各岛之间距离遥远，加上环境差距很大，导致共同的祖先进化成了不同的物种。[①]从行为主义路径来看，鸟的喙之所以不同，就是因为不确定性环境在不同的岛屿之间不同，鸟的学习、适应和改变结构导致喙呈现出差异。这说明，通过某种行为刺激建立起来的结构，可以使集体在不确定性的世界中构建起自身的独特确定性。不同地域的文化就是这样的产物。从人类文明进步的过程和整体来看，所谓人类的学习过程，无一不是风险引导的结果。这正是"通过学习和进化过程进行适应，即改变自身行为以增加生存或成功的机会"。[②]可以说，通过行为产生的结构适应性，是集体在不确定的世界中构建确定性、在充满风险的世界中生存和成功的基础。

【专栏】改变结构以构建确定性——来自蚁群的证据

一群由简单蚂蚁个体组成的复杂系统，从单只蚂蚁看，几乎没有什么视力，也没有多少智能，但这些蚂蚁组成的复杂系统却能形成"集体智能"的"超生物"。在一个不确定性的世界里，由一个个单只蚂蚁组成的一个复杂结构，为蚁群的生存和繁衍构建了巨大

---

① 〔美〕梅拉妮·米歇尔：《复杂》，唐璐译，湖南科学技术出版社2018年版，第97页。

② 同上书，第13—14页。

的确定性，这群蚂蚁能够吞噬所途经森林里面的一切食物，能够构建保护幼蚁和蚁后的工事。单只蚂蚁非常渺小，行为也很简单，但渺小的蚂蚁和简单的行为，能组成一个复杂的结构，这是蚁群适应环境的结果。从生物学角度看，适应是生物体调整自己以适合环境的过程。粗略地说，生物体结构的变化是风险引导的结果。因此随着时间的推移，生物体将会更好地利用环境达到自己的目的。

资料来源：梅拉妮·米歇尔：《复杂》，湖南科学技术出版社2018年版，第40页。约翰·H.霍兰：《隐秩序——适应性造就复杂性》，上海科技教育出版社2019年版，第9页。

三、风险分配与公共风险的生成

在传统的经济学教科书中，资源配置及其相关的利益分配问题是其关注的核心问题。究其原因，传统经济学教科书大多是基于工业社会的背景，而利益分配的逻辑是工业社会经济社会运行的主导逻辑。然而，在风险社会背景下，经济社会运行的主导逻辑发生了根本性变化，由利益分配逻辑转变为风险分配逻辑。

（一）重新认识风险

风险与人类相伴，人类在与风险为伍的过程中形成了丰富的关于风险的思想。在中国的语汇中并没有“风险”一词，但忧患意识实为风险意识。中华民族忧患意识源远流长，“居安思危”成为中华民族的重要精神之一。《周易》中就可以找到关于忧患的表述：

“作《易》者，其有忧患乎。”在早期的风险认知中，风险也被理解为来自于大自然的危险，体现为自然现象或者航海遇到礁石、风暴等事件。大约到了19世纪，在英文的使用中，“风险”一词常常用法文拼写，主要是用于与保险有关的事情上。关于风险问题的理论研究，社会科学领域关注的历史并不长。1921年弗兰克·H.奈特出版的《风险、不确定性与利润》一书就对不确定性与风险问题进行了系统研究，他将不确定性分为可量度的不确定性（风险）和不可量度的不确定性。[①]在很长一段时间，学界关于风险的研究非常之多，有客观风险、主观风险和可度量风险、不可度量风险等分法，但基本都是从实体的角度来认识风险，“客观风险论”成为主流。

贝克对风险有着独到的观察视角，他将风险定义为以系统的方式应对由现代化自身引发的危险和不安，并由此推导出关于风险的五个命题：第一，风险在本质上不同于财富；第二，随着风险的增多，同时也由于风险的分配，社会的风险境遇形成了；第三，尽管如此，风险的传播和市场化并没有完全摒弃资本主义的发展逻辑；第四，人们可以占有财富，却只能忍受风险；第五，得到社会承认的风险具备其特有的政治爆炸力。[②]在贝克的论述当中，实际已意识到需要从虚拟的角度认识风险。

重新认识风险，我们可以看到风险是指向未来的，与时间直接相关。在经济金融学中，时间价值是一个不可或缺的基准，投资、融资以及资产、负债和成本、收益的决策、确认和计量，都依赖于

---

① 〔美〕弗兰克·H.奈特：《风险、不确定性与利润》，安佳译，商务印书馆2012年版，第46页。

② 〔德〕乌尔里希·贝克：《风险社会》，张文杰、何博闻译，译林出版社2018年版，第7—10页。

这个基准。放在时间维度上观察，任何一项资产的现时价值都是未来价值的折现，风险演化起着“定价”的作用，在一个高度不确定的风险社会，尤其如此。这意味着是未来的风险，在给“当下”的行为、财富定价，而把未来和当下关联起来的是预期的风险分配，这种关联使未来的风险投影到当下，成为区别于实体现实的虚拟现实，并呈现为叠加态：当未观察时，风险是未来的；在观察时，风险则是当下的。当然，风险也与空间维度相关，空间的异质性使风险的呈现方式根本不同。如人们持有的财富在不同空间面临的风险是不同的，从而才有了财富通过资本化在不同空间不断流动。除了财富时间价值之外，金融的发展还与这种风险的空间异质性直接关联。

风险的不确定性、虚拟性，使风险成为不可证伪的命题，超越二值逻辑。这需要用区别于实体理性的“虚拟理性”[①]来认识风险的叠加状态，也就是说，不能用“是”与“非”来判断风险。就如量子力学的根基是建立在不确定性之上一样，社会是非线性、非因果决定论的，不可预料的风险是常态。至于我们感觉到的社会各种“突发”因素，其实只是“换了马甲”的风险未被我们认识到而已，并非真正“突发”。[②]风险无处不在，无时不有，只有运用虚拟理性，才能更好应对风险世界。

在风险社会和现代经济背景下，虚拟理性的价值越来越凸显。现有的经济体系已经高度金融化，这种金融化，不仅表现在企业资产形态的变化，也表现在个人、社会财富方面。在这种情况下，无

① 虚拟理性，是指超越二值逻辑的思维方式，“是”与“非”、“真”与“假”以叠加态方式统一于一体，对应于我们习惯了的形式逻辑（或二值逻辑），即实体理性。风险作为虚拟现实不能证伪的命题，就是如此。

② 刘尚希、李成威、杨德威：“财政与国家治理：基于不确定性与风险社会的逻辑”，《财政研究》2018年第1期。

论是资产，还是负债，都面临越来越大的不确定性，可能不可预料地成倍升值，也可能一夜之间蒸发、化为乌有。增值来自哪里？蒸发又去了哪里？我们难以通过实体理性逻辑来理解价值的增值和蒸发，通过虚拟理性把握的风险分配可以揭示其内在逻辑。

简单总结，风险是给相关主体带来损害的可能性。风险的属性包括：第一，风险与主体关联，离开主体谈风险是没有意义的；第二，风险是指向未来时空的；第三，风险是无界的；第四，风险是一种现实，属于虚拟现实、但又叠加在实体现实上，当虚拟现实转化为实体现实，就意味着损害已经发生；第五，风险是量子化的存在，呈现出量子的叠加态（既在又不在）、纠缠态（同步发生，不受时空影响）特征；第六，风险是不可证伪的命题，传统科学思维要用实验来证伪，而风险是不可证伪，只能做思想实验。

（二）从利益分配的逻辑到风险分配的逻辑

风险的性质决定了风险分配的性质，也决定了风险分配与利益分配的区别。利益分配是基于实体现实的分配，风险分配是基于虚拟现实的分配；利益分配是过去式，风险分配是将来时。

从历史来看，经济社会发展是一个契约化的过程。在利益逻辑之下，个体被人格化为自身利益最大化的“经济人”。每个“经济人”个体在分工中既实现了自身利益最大化，又创造出社会财富。分工既增加了生产的能力和工人的技艺，所以它成了社会精神和物质发展的必要条件，成了文明的源泉。[①]个体之间通过契约关系形

① 〔法〕埃米尔·涂尔干：《社会分工论》，渠敬东译，生活·读书·新知三联书店2000年版，第14页。

成相互之间的分工与合作关系。市场伴随着交换而产生，并随着分工逐渐发展，然而市场经济并未一开始就取得统治地位。市场经济是在分工的深化过程中逐渐形成的，分工的深化使生产、交换、分配、消费各个环节的联系更加紧密，并产生大量专门化的组织以及知识。[①]这些专业化组织正是通过契约形成相互合作的网络体系，所以说市场经济就是契约经济、信用经济。市场经济是一个复杂的体系，既包括商品或劳务交易行为，也包括法律和制度规定。“在狭义上，所有的商品或劳务交易都是一种契约关系；在广义上，所有的法律、制度都是一种契约关系。”[②]与市场经济相关的制度既包括显性的制度，也包括隐性的制度，社会诚信就是隐性的制度，所以说社会诚信也是一种契约关系。

从实体现实的角度看，契约化是利益分配的过程，通过契约明确各个行为主体的利益分配关系，形成利益激励相容机制；而从虚拟现实的角度看，契约化体现的是风险分配的过程，通过契约明确各个行为主体的风险分配关系，形成共同防范和化解风险的机制。无风险，则无契约。从深层逻辑来看，规避风险是第一位的，追逐利益是第二位的，安全是最基本的需要。当所有人陷入一种风险境遇之中时，风险关系与利益关系的主次地位反转，风险分配关系主导利益分配关系，利益激励相容机制从属于防范和化解风险的机制。契约化的风险分配，是风险内部化的过程。例如，投资办企业、雇佣契约、合作契约、金融保险契约，以及政府购买服务、PPP模式等等，实现了风险的明晰、转移、分散、

① 刘尚希：《公共风险论》，人民出版社2018年版，第81页。

② 聂辉华：“契约理论的起源、发展和分歧”，《经济社会体制比较》2017年第7期。

对冲和分担，都是分配风险的具体方式。在风险上升过程中，书面的显性契约渐渐取代了传统的隐性契约（如口头协议），并受到法律的保护。书面契约广泛使用，这本身就证明了风险境遇的形成以及风险的扩大。

与风险的属性相关联，契约化的风险分配呈现出以下特点：第一，由于风险与主体关联，所以形成契约的主体就是风险分配的主体；第二，由于风险指向未来，所以契约是未来的风险映射，一旦形成契约关系，契约中的各个主体就需要共同承担风险，并就风险分配原则做出约定；第三，由于风险是无界的，所以契约中的每个主体虽然就风险分配做出约定，但契约关系已经把各个主体融为一个整体，风险在这个整体中内部隐性关联；第四，由于风险是虚拟现实和实体现实的叠加，且虚拟现实和实体现实可以相互转化，所以契约的前置条件和底层逻辑在风险分配中起主导性作用，这些前置条件和底层逻辑通过改变虚拟现实中的分配格局来改变实体现实中的分配格局；第五，由于风险具有量子化特征，所以风险分配不同于利益分配的逻辑，其契约化过程更为复杂，风险分配既要考虑风险的叠加态特征，又要考虑风险的纠缠态特征；第六，由于风险是不可证伪的命题，所以契约化的风险分配及风险内部化程度取决于契约中各个主体及其共同体的风险理性水平，风险理性水平越高，风险的明晰、转移、分散、对冲和分担等风险分类机制就越优，风险内部化程度也就越高。

风险分配的契约化既包括个体契约，也包括公共契约。个体契约也称私人契约，是自然人、法人之间的契约；公共契约也称集体共同契约，法律、制度、政策以及乡规民约等属于公共契约范畴。公共契约是以共同力量来护卫和保障每个结合者的人身和财富，以应对不利于人类生存的种种障碍。[①]公共契约与组织密切关联，涉及不同层次，小到一个单位的契约，大到国家契约乃至全球契约。从主权国家的角度看，国家治理是最高层次的公共契约关系，国家治理涉及政府与市场、政府与社会、中央与地方的三维治理关系，这实际上是从政府与市场、政府与社会、中央与地方三个维度来分配风险。这三个维度综合起来看，全面深化改革实际上是国家治理的改革，目标就是构建一个适应新形势、新挑战的风险分配国家契约，形成一个现代化的国家治理体系或国家治理结构。[②]比如政府与社会的维度，社会诚信的培育是非常重要的内容。如果没有社会改革、缺少社会的自我管理和自我约束、没有自组织的能力，社会诚信就很难培育起来。如果社会诚信缺失，人们没有契约精神，交易成本就会很高。企业既是经济人，也是社会人，经济行为必须遵守基本的社会规则。用老百姓的话说，就是做事要讲良心。讲良心就是社会的自约束规则，如果这些底线都没有，经济发展的高质量就难以实现。这就是说，政府监管是一方面，社会自律、企业自律、个人自律属于社会发育的内容。只有社会发育良好，市场经济才可能健康成长。

趋利避害是人的本能，也是所有行为主体的一种本能。从这个角度看，风险外部化是个人、家庭、企业、地方、部门的一种本能。也就是说，行为主体的本能是风险外部化的内因。而契约的不完备则是风险外部化的外因。不完全契约理论对这种外因进行了分析，哈特提出了不完全契约理论的几个关键假设：第一，当事人至

---

① 〔法〕卢梭：《社会契约论》，何兆武译，商务印书馆1980年版，第22—23页。

② 刘尚希：《公共风险论》，人民出版社2018年版，第281页。

少具有一定程度的有限理性，无法预期到未来的各种或然情况；第二，当事人具有机会主义行为；第三，存在关系专用性投资。由于当事人无法预见到未来所有情况，或者即便预见到也无法用双方都同意的语言写进契约，或者一些变量存在“双方可观察但无法向第三方证实”的特征，因此契约通常是不完备的。[①]以上假设印证了风险分配的相关原理：首先，当事人的有限理性表明未来是不确定性的，所以无法预期未来的各种或然情况；其次，行为主体具有风险外部化的机会主义本能；最后，关系专用性投资表明契约本身的不完备，或者契约覆盖的不完备。契约不完备意味着：一是违约的可能性增大；二是存在契约（规则）外的风险分配。

随着风险社会的到来，数字化、金融化等趋势带来的不确定性加速放大，契约的不完全性也越来越显著。数字化是以数据作为新的生产要素，通过5G、云计算、区块链和人工智能等数字技术，不仅推动着新要素和旧要素的重新组合，而且还在不断颠覆现有的经济生产组织方式、社会的生活方式和政府运行方式。我们现在的整套法律制度、行政规定和政府监管，当然也包括我们的理念、理论，都是建立在工业化基础之上的，是工业革命的成果。在快速数字化的过程中，工业革命的成果逐渐在沉淀为数字文明的基础，在数字化渐渐成为主导的趋势面前，工业化的传统也逐渐变得不再完全适用。新经济、新业态、新模式和新就业形态等不断创新涌现。数字化背景下，工业化过程中建立起来的契约规则难以适应新的形势，当契约规则的构建滞后于风险的变化时，契约规则外的风险分配也越来越多。

---

① 聂辉华：“契约理论的起源、发展和分歧”，《经济社会体制比较》2017年第7期。

在经济金融化的背景下，我们的财富更多体现为金融资产，实物资产仅仅成为金融资产的载体，如作为抵押品。家庭、个人、企业和政府的资产都在金融化。资产的金融化（如可估值、可抵押、可转换）是可交易的前提，也是资本增值的基础。制造业也与金融化联系在一起，如研发创新，就需要风险资本的跟进。尤其是数字平台企业的金融化程度会更高，因为数字技术迭代更新快于工业技术，更需要金融化来吸引风险资本的加持。经济的金融化会改变原有的契约规则，在推动经济发展的同时，也会带来更多风险挑战。我们过去习惯于从实体的角度来观察和认识财富，而现在看到的更多是“虚拟”形态的财富，如股票、债券、期货、保险等金融产品和知识产权、品牌等无形资产，诸如此类。金融化和数字化叠加在一起，比如数字货币、数据产品、数字平台、虚拟空间等等，虚拟现实日渐超越实体现实，成为我们生活中越来越重要的内容。在经济金融化的趋势下，个体契约和公共契约的不完全性更加明显，违约风险增大，造成被迫违约或无法履约，风险外部化的频率由此加大、程度加重，个体风险系统化、公共化趋势加快。

综上所述，在风险社会，风险分配逻辑超越利益分配逻辑，越来越成为主导经济社会运行的决定性因素。基于风险分配的逻辑，原有规则需要重构，这是一个大的趋势。在这种情况下，经济社会运行过程中需要以创新思维去面对和适应这些变化，去识别、应变、求变，才能构建经济社会发展更大的确定性。

（三）公共风险生成机制

从虚拟现实的角度观察，劳动分工导致劳动的社会化、生产的社会化和人的社会化的过程中，也导致了风险的社会化。劳动分工在提高社会化生产力的同时，也带来了更大的不确定性，社会化生产将人们或各个主体联结成一个网络体系，风险也就在这个网络体系中传播放大。

在风险社会化的过程中，如果契约不能有效规制风险，形成的“风险大锅饭”就会进一步放大风险。放大的风险产生聚集效应，累积到一定程度变为系统性风险。习近平总书记对此有深刻阐述，他指出：“推进风险防控工作科学化、精细化，对各种可能的风险及其原因要心中有数、对症下药、综合施策，出手及时有力，力争把风险化解在源头，不让小风险演化为大风险，不让个别风险演化为综合风险，不让局部风险演化为区域性或系统性风险，不让经济风险演化为社会政治风险，不让国际风险演化为国内风险。”①

风险的系统化产生系统性风险（通常比作“灰犀牛”）。系统性风险就如“灰犀牛”一样，不是天然就存在的，而是逐渐“长”出来的。风险社会化过程中，由于不完全契约导致风险外部化，形成一个个的风险点。孤立的风险点是不会形成系统性风险这样的“灰犀牛”的，问题是经济社会是一个立体的分工交易网状结构，不同领域、不同类型、不同层次的风险相互关联。尤其是在高风险社会，风险之间的关联性更强。任意风险点可通过交织的风险链交叉传递，不断扩散累加放大，产生多米诺骨牌效应，汇聚成更大的风险。当风险放大到一定程度时，系统性风险“灰犀牛”就长出来了。所以说，风险系统化，不仅与风险点有关，更重要的是与风险链有关。

① 《习近平关于防范风险挑战、应对突发事件论述摘编》，中央文献出版社2020年版，第208页。

由于风险是量子化的存在，呈现出量子的叠加态（既在又不在）、纠缠态（同步发生，不受时空影响），因此风险链的基本特征是非线性关联。在数字化和金融化的背景下，经济和社会风险叠加态和量子态的特征更为突出，风险的传递更加迅速，风险量子纠缠带来的风险传递更为直接和普遍。例如，美国由于经济社会原因造成资本市场的动荡，全球其他地方的资本市场可能几乎会同时出现动荡，形成无实体媒介的跨时空传递。

风险公共化是风险外部化的最高形态。社会化的主体是个体，而公共化的主体则是群体，或社会共同体。群体虽然与个体有关，但不是个体的简单堆砌，而是个体形成的有机整体。群体的逻辑并非是个体逻辑的延伸和扩大，而是有自身的逻辑，即公共逻辑。马克思指出："人不仅仅是自然存在物，而且是人化了的自然存在物，也就是说，是为自身而存在着的存在物，因而是类存在物。"[①]正是风险公共化，或者说公共风险导致了人类群体的产生，也不断加深着人类群体的公共化程度。公共风险产生一种新的力量，它把分散的个体力量凝聚起来，公共意志和群体行动才会产生。人类社会的生产力和生产关系不断变迁，风险公共化或公共风险的内容也在不断变化，但风险公共化或公共风险始终是人类群体公共化的唯一动力。[②]

风险公共化是风险分配内生出来的结果。个体风险分配的不完全契约导致风险外部化，形成"风险大锅饭"，使得本应由个体承担的风险转移给社会。由于公共契约的不完全，即制度的缺陷或者

① 《马克思恩格斯全集》第42卷上，人民出版社1979年版，第169页。

② 刘尚希：《公共风险论》，人民出版社2018年版，第65页。

制度的滞后，社会化的风险不断聚集和积累，形成系统性风险；系统性风险进一步放大和扩散，就形成了社会共同体的公共风险。公共风险的生成机制与癌症疾病的生成和发展机制类似：细胞由于某种原因发生癌变，免疫系统（相当于风险分配中的契约）如果没有识别和杀死癌细胞，癌细胞就会在一定范围内扩散，形成某种癌症（相当于系统性风险），如果某种癌症没有得到及时治疗，就会进一步扩散，最终导致器官的衰竭和身体的死亡（相当于公共风险）。从癌症生成到身体的最终死亡，根本原因包括两个方面：免疫缺陷以及在这种缺陷背景下的应对和治疗措施跟不上。同样地，风险外部化导致风险公共化，形成公共风险，也有两个方面的根本原因：制度性缺陷和在这种制度下的政府干预失当。制度创新跟不上风险的变化，就像大坝年久失修难以抵挡百年不遇的大洪水，到处都是管涌，而采取的防洪措施又时常失误，洪水泛滥导致大坝溃堤是迟早的事情。

制度性缺陷和在这种制度下的政府干预失当导致的公共风险在数字经济的发展和监管中体现比较明显。数字经济是数字革命的成果，是未来经济的主导形态。数字社会、数字政府，也将成为未来社会和未来政府的主导形态。数字革命不能被简单归结为第四次工业革命，不能仅仅从技术角度去理解它，要从文明革命的高度去认识它。例如，对数字平台应该怎样去认识，不能简单套用传统工业企业、工业市场经济组织方式下的监管方式，尤其涉及不正当竞争、垄断这些问题，要有新的认识、新的规则和新的监管方式。数字化在重塑新的经济生态，一步赶不上，就可能步步赶不上，这与工业化时代是不同的。不言而喻，在数字革命浪潮中，发展放慢将是最大的国家安全风险。在数字经济发展的过程中，由于对数字化和数字经济的认识不到位，相应的制度与数字创新严重不匹配。加之，如果在这种背景下政府乱作为，就会出现发展放慢甚至停止、倒退的重大国家安全风险。实践中，我们对数字经济的治理依然存在条块分割的现象。从国际竞争力来看，我国数字经济的发展风险可能在上升，需要重新整体评估。辩证地看，安全寓于发展之中，只有不断发展，数字技术快速迭代升级，安全风险才能得以化解，在数字领域中的国家安全博弈才能"技高一筹"，安全风险才能持续得到有效防控。历史和现实教训都告诉我们：落后就要挨打。因此，发展慢了，落后于人，才是更高维度的公共风险。数字经济治理中的难题，涉及风险的识别、判断和权衡。要进一步提升数字经济的国际竞争力，必须强化风险整体观，把发展放在优先地位来全面权衡不同的风险和监管模式。

四、风险财政学应运而生

财政是治国安邦的学问，研究的问题都是集体性的问题、公共性的问题。如果用个人主义的方法去研究集体性问题、公共性问题，逻辑上是说不通的。对公共性、集体性问题的研究，在个人主义的传统下只好嫁接到其他学科上，或者说用个人主义的方法勉强去解释，它自身没有一个逻辑起点或源头，我们现在的财政学就是用经济学的方法来模拟公共问题的解决。

（一）传统经济财政学的局限

纵观社会科学的发展，"经济学帝国主义"的色彩非常明显。

从斯密到马歇尔，从凯恩斯到萨缪尔森，经济学一路攻城略地，横扫社会学、法学、政治学等领域。财政学更未能幸免，在现代学科分类中被直接置于经济学下，屈身为经济学的一个分支。在“经济学帝国主义”的“统治”下，财政学的研究对象、内容、方法等都只局限于经济学的范式当中，财政学也就成为经济财政学，或者被称为“公共经济学”。

传统经济财政学发展至今已经几百年了，细究每个时期每个学派的理论观点，几乎都是围绕政府与市场关系打转转。实际上，从柏拉图开始，哲学家已经开始讨论政府的职能，不过他们主要关注政府的政治职能而非经济职能。在古典经济学时期，就有了经济自由主义和国家干预的两种理论分歧及其不同的政策主张。18世纪中后期，亚当·斯密给出了政府和市场关系的经典表述，斯密对政府职能的定位是“守夜人”，具体职能被限定在三个领域：“第一，保护社会，使其不受其他独立社会的侵犯；第二，尽可能保护社会上每个人，使其不受社会上任何其他人的侵害或压迫；第三，建设并维持某些公共事业及某些公共设施。”其他领域均交由市场负责。在斯密的体系下，“看不见的手”的市场和“守夜人”的政府，是带来国家财富增长的完美组合。整个19世纪，自由放任的思想盛行，即便1929年大萧条爆发，各国政府也坚信市场能够自发调整，政府不需要采取措施应对大萧条。弗里德曼的研究表明，美联储没有及时充当最后贷款人是导致大萧条的根本原因。实践呼唤着新的理论的产生，凯恩斯的《就业、利息和货币通论》顺应了实践的需求。凯恩斯认为政府除了承担斯密所说的三大职能外，还需要承担促进就业、防止通货膨胀和实现经济稳定的职能。二战后的二十多年时间里，凯恩斯主义一直是传统经济财政学的主流，但是到了20

世纪60年代末，包括货币学派在内的一些观点重申自由放任，认为社会不稳定的原因是政府干预经济过多，而资本主义体系本身是稳定的。尤其到了20世纪70年代末，西方发达国家出现了滞胀现象，凯恩斯理论无法对此做出解释，在反对凯恩斯主义的思潮中，新自由主义的各个学派应运而生。凯恩斯主义受到了理性预期学派、供给学派、公共选择学派的挑战。理性预期学派认为，人们能够根据过去价格的变化，在进入市场之前就对价格做出预期，因此他们的决策是有根据的。由于与个人相比，政府对信息的反应与决策缺乏灵活性和及时性，政府的任何一项稳定经济的措施，都会被公众合理的预期所抵消。供给学派强调供给，认为政府应该刺激供给而非需求，并且政府应减少对经济的干预。公共选择理论也提出政府失效论，反对国家的过度干预。从公共风险的角度考虑，政府是否需要干预，需要看风险是否能被市场自身消化。政府和市场之间并非对立的关系，不是非此即彼，而是合作的关系。市场之所以能够化解风险是源于人们对确定性的追求，进而形成应对各种风险的行动能力，一旦人们将追求确定性的意愿付诸实践，市场便可以通过价格机制化解风险。然而，市场并非万能，在面对市场化解不了的风险时，政府应采取非市场的手段来应对风险。因此，政府与市场机制的实质功能都是化解风险，构建经济和社会的确定性。

在传统经济财政学当中，财政被视为经济活动中的政府经济活动的一部分，因此如何看待政府经济活动的规模、边界以及其所带来的影响，就成为传统经济财政学的重要内容，一部传统经济财政学说史，就是一部政府与市场关系观的变化史。从表现形式看，财政活动体现为政府的收支活动，政府的收支活动必然涉及政府与其他主体的关系，其中主要是政府与市场的关系。因此，观察经济财政学说史，主要观察这些经济学流派是如何看待政府与市场的。从亚当·斯密所倡导的“廉价政府”（即“小政府”）到凯恩斯及新古典综合学派所力推的“大政府”，再回归到新古典学派之后对政府作用局限性的重新认识。纵观几个世纪以来的流派演变，经济财政学始终围绕市场万能还是市场失灵问题打转转。在早期，市场通常代表了一种私人资本的力量，而政府代表的则是一种传统的阶级统治。掌握资本的新兴资产阶级力量在反抗传统阶级统治的过程中，理所当然就认为私人资本的力量是无所不能的，因此，在早期的经济财政学中，蕴含着市场万能的假设。

1929年，凯恩斯撰写了惊世之作《就业、利息和货币通论》。他改变了传统西方经济学对政府职能的看法，指出在明显的经济危机和萧条时期，政府干预经济活动十分合理且必要。凯恩斯之后，长期占据西方财政学说主流地位的是以萨缪尔森为代表的新古典综合学派。新古典综合学派认为，从宏观的角度来看，政府的财政政策能够自动逆经济风向进行适时调整。

新古典综合学派的有关政策主张自20世纪70年代起受到了巨大挑战，滞胀局面的出现就是对此的最好注解。正是由于新古典综合学派之政府干预观受到重大挫折，一些经济学流派纷纷向其发起挑战，这些挑战大致有两种情形：一是仍然从宏观视角探究政府应有的作用，如以弗里德曼为代表的货币主义、以卢卡斯和巴罗等为代表的理性预期学派等，这些学派的分析侧重点虽有所不同，但结论基本指向一个方向，即政府进行宏观干预的能力是非常有限的；二是深入到政府制度内部，探讨政府制度的局限性，主要包括以布坎南和阿罗为代表的公共选择学派、以科斯为代表的新制度经济学派，这些学派的侧重点也有所差异，但都提出了同一个问题，即

“政府失灵”。

在传统的经济财政学当中，确定性思维对经济学家的影响是根深蒂固的，虽然其学说中隐含了大量的不确定性要素，但传统经济学家不能给出合理的解释，最终都会陷入理论与现实脱节的僵局。构建在确定性思维基础上的传统经济财政学，是半拉子的经济财政学，无法真正地和有效地认识财政的作用和地位。

世界的本质是不确定性，由不确定性带来的风险难以预测。从古至今，没有人能够准确预测危机和灾难何时何地会发生。我们处于不确定性的世界之中，每个人都无法回避风险问题。这意味着，我们只能在不确定性中构建确定性，在风险中规避风险。经济学家也生活在一个不确定性的世界中，虽然他们没有意识到这个问题，但仔细研究会发现，经济财政学的理论和思想中隐含着诸多公共风险理念。也就是说，在不确定的世界中，传统经济财政学无法回避公共风险问题，即便经济学家没有认知不确定性，但是潜意识里已经在努力地构建现实的确定性。

透过表面的观点，传统经济财政学隐含着诸多不确定性元素和公共风险理念，如传统经济财政学讨论的政府与市场实质上都是化解公共风险的手段，传统经济财政学中的财富分配的背后实际是风险分配，传统经济财政学关注的制度实质上是防范化解公共风险的产物，甚至其中的行为经济学和现代货币理论等已经触摸到公共风险理论的边缘。然而，在传统的经济财政学当中，确定性思维的影响是根深蒂固的，虽然这些学说中隐含了大量的不确定性元素，但因其本身存在重大的理论与逻辑缺陷，对公共风险的认知也非常局限，最终都陷入理论与现实脱节的僵局。

近些年来，非主流经济学迅速发展。非主流经济学基于现实中的社会人，在研究经济现象时考虑了社会经济和政治等多方面的因素，使理论更加贴近现实。在非主流经济学迅速发展的过程中，一些经济理论已经触摸到公共风险理论的边缘，例如行为经济学和现代货币理论作为非主流经济学的一部分，隐含了风险权衡的理念。

总结而言，传统经济财政学在确定性世界中可以在一定程度上解释现实问题，但在不确定性的世界当中，传统经济财政学理论就出现了失灵，沿用老一套的确定性思维和分析方法，观察到的经济现象可能会失真，会忽视很多东西，尤其是对风险的观察。第一，基于确定性世界观的风险理论是基于过去，认为未来是在过去的延长线上。但是，基于过去的风险理论会忽视未来的多种可能性，一旦面临新的风险，可能毫无察觉，自动陷入风险之中。第二，基于确定性世界观的风险理论认为风险是有规律可循的，只要掌握过去防范和化解风险的方法，并将之形成制度，只要严格按照制度采取行动，就可以解决风险问题。然而，现实世界是不确定性的，完全遵循制度行事的制度主义已经失效，难以应对复杂的不确定性。第三，基于确定性世界观的风险理论下的风险思维并非彻底的风险思维，而是一定程度上的风险思维，它们没有认识到风险的本质在于不确定性。只有基于不确定性世界观的风险思维，才能更有效地解决风险问题。

（二）时代呼唤风险财政学

构建现代财政学，要以风险社会为背景，以公共风险作为逻辑起点，转向和坚持“以人为本”，基于行为主义构建公共风险的治理机制，这样才能构筑起不倒的财政学大厦。

传统经济财政学已经进入了死胡同，适应风险社会的要求，财政学要走向现代化之路，体现现代性，必须要以公共风险论为基础，构建公共风险财政学。从公共风险的视角看，财政是一种社会机制，它动员、集中和使用社会资源，调节各种利益关系，化解社会共同体面临的公共风险，构建社会共同体发展的确定性。公共风险视角的财政体现着思维的改变。

一是整体观。财政看问题要有全局视野，不只是财政的收收支支，不能局限于做一个“账房先生”，否则就不能充分发挥其作为国家治理基础的木桶“底板”作用。因为财政是经济社会风险的最后一道防线，所以要跳出财政看财政，不能有自己一亩三分地的观念。防范化解公共风险的过程中要有全局意识，学习淮海战役的战略部署，“吃一个、夹一个、看一个”，这才是从整体上考虑问题。

二是构建确定性的思维。财政要改革，制度要创新，都要基于公共风险导向，有什么样的公共风险，就要怎么去进行改革，以此对冲公共风险，构建新的确定性。目前财政预算编制、绩效评价、税收制度、收费制度等内容都是分散的，缺乏统一的理论将其系统梳理归纳，实际工作中很容易出现偏差，而这些问题都应当以公共风险为导向去考虑。比如预算编制，哪个领域的公共风险大，预算就应向哪方面倾斜，去年新冠疫情肆虐，资金迅速向疫情防控方面倾斜，实际上就是公共风险导向；从公共风险角度进行绩效评价也是如此，如果能够有效对冲风险，那么绩效就会显著。财政既作为国家治理的基础和重要支柱，就应通过财政收支调节去对冲风险，给整个社会注入更大的确定性，才能让社会的公共风险最小化。

三是以风险对冲风险的思维。财政政策制定的目的是对冲风险，实际上是以财政风险作为一种工具去对冲公共风险，比如对冲疫情的风险、外部风险。所以风险社会中政策的制定、调整，最基本的原理就是权衡风险，然后对风险进行排序，将首要风险摆在最重要的位置，最终在整个社会形成动态的“风险地图”，并根据风险地图去调整财政政策。

第二章　风险财政学的基本原理

在前一章，我们给出了风险的定义，并对风险的属性进行了描述。作为带来损害的可能性预期，风险的属性包括：

第一，风险与主体关联，离开主体谈风险是没有意义的；

第二，风险指向未来时空，但又具有当下行为的性质；

第三，风险是无界循环的，隔离一种风险，又会引发另一种风险；

第四，风险是虚拟现实，属于不确定的现实存在，叠加于确定的实体现实；

第五，风险是量子化的存在，呈现出量子的特性，同样具有叠加态（既在又不在）、纠缠态（超时空）特征；

第六，风险是不可证伪的命题，不同于传统科学逻辑，无法用实验来证伪，只能做思想实验。

基于对风险属性的上述认识，我们可以推导和演绎出关于风险和风险财政学的相关原理。

一、风险循环原理

风险循环原理可从风险的属性直接推导得出，是风险财政学最为基本的原理。风险如风也如水，而风和水均无定形，且具有循环特征。风险循环原理阐释风险相互转换、动态演化、循环往复的过程，揭示了财政的使命就是通过嵌入风险循环来防范化解风险，构建人们所需要的确定性。

（一）循环是风险的基本属性

风险与主体关联，表明风险在不同主体间循环。在风险面前，人人平等。因为风险对每个主体来说都是同样的，即便通过权力、财富暂时转移或对冲了风险，风险也会在另一个时间以另一种方式回归。“或早或晚，现代化的风险同样会冲击那些生产它们和得益于它们的人。它们包含着一种打破了阶级和民族社会模式的‘飞去来器效应’……即使是富裕和有权势的人也在所难免。”[①]风险是人类的基本生存环境，无论是作为共同体，还是作为个体，在风险面前一律平等。“飞去来器效应”表明，任何主体如果试图转移风险，风险都会以某种形式回归该主体。

风险指向未来时空，表明风险在不同时空中循环。财富是时空沉淀的产物，所以在财富积累的逻辑之下，过去决定现在。然而，一旦风险来临，财富有可能一夜之间化为乌有，例如，预期股市要下跌，往往意味着股市现在开始“踩踏”。所以，在风险的逻辑之下，过去丧失了决定现在的能力，取而代之的是未来。风险将未来与现在紧密联系在一起，未来与现在相生相克、相互循环。对未来时空的风险预期，影响现在的财富估值；而现在采取的行动，又影

① 〔德〕乌尔里希·贝克：《风险社会》，张文杰、何博闻译，译林出版社2018年版，第21页。

响着未来时空的风险情景。人们常说的“治未病”，实际上遵循的就是风险循环原理，对“病”的预期，决定“治未病”的行动，而是否采取“治未病”的行动，又影响着“未病”是否转变为“已病”。推而广之，一切决策，不管是国家的决策还是个人的决策，莫不如此。风险预期推动着决策，而决策又影响着风险的状态。此外，按照引发风险因素的性质不同，有短期风险和长期风险。短期风险具有损害的突发性、一次性，就像是一场感冒；而长期风险具有损害的迁延性、反复性，比如慢性病。短期风险与长期风险可相互转化，感冒可能引发慢性病而不知，慢性病导致体质变弱而可能经常感冒。短期风险是突变风险，其影响直接和可见，比较容易识别。长期风险是战略性风险，具有隐蔽性，难以识别，需要极高的风险思维意识才能揭示出风险。对长期风险的忽视，可能导致战略性偏差和战略性失败。

风险是无界的，表明风险在不同领域中循环。风险如风又如水，无界又无形。风险的无界性是风险在空间上的特性。从空间维度看，风险形态可以相互转化，例如外部风险转化为内部风险，单一风险转化为综合性风险。在我们的日常生活中，经常会谈到经济风险、社会风险、金融风险、债务风险、健康风险、洪灾风险等等，这实际上是用有界的思维给风险贴上标签。当一个社会整体风险放大的时候，各个方面、各个领域的风险都会放大，如果试图去控制某个方面、某个领域的风险，则其他方面、其他领域的风险就可能放大。例如，试图通过以城市静默的方式控制疫情传播风险，就可能放大经济和社会风险。风险虽然无界，但可以对风险在局部范围内进行短期隔离，就如加高加固堤坝可以短期阻挡洪水一样。然而，如果洪水不退，长期通过加高加固堤坝隔离洪水也是难以实现的。风险的无界性说明，对于共同体面临的风险状态，要有整体上的认识，对于风险的治理也需要从整体上入手，而不能只局限于某一个方面。

（二）风险循环具有量子特征

风险是叠加在实体现实上的虚拟现实，表明风险在“实”与“虚”之间循环。当虚拟现实的风险转化为实体现实时，风险就转化为危机，如金融风险可能演变为经济危机。当实体现实的危机一旦产生，就会转化为更大的风险，危机也就成为新的风险源，如经济危机可能引发政治风险。所以说，风险与危机是不断转化的，且风险的扩散推动危机的拓展。从动态的角度看，虚拟现实和实体现实可以形成一种良性循环。在历史演进过程中，虚拟现实和实体现实在不断转换。在动态转换过程中，虚拟现实在演进中变得更加合理，实体现实也会在未来变得更加合意，即结果如意。所以，优化治理转型的路径，需要更多地通过虚拟现实即预期的改变来调整实体现实，即通过虚拟现实的改进——转变预期来促使实体现实的改进。当然，实体现实也会影响虚拟现实，如经济不景气会影响人们对未来的预期，可能扩散风险。

在治理问题上，处理实体现实与虚拟现实的关系，就是如何看待“问题导向”和“风险导向”的关系，“问题导向”一般来说都是指“已然的”问题、确定性的问题，解决当前问题并不等于可以防范风险，以确定性的思维思考问题，等到问题发生了才解决问题，这种治理路径高成本、低效率，甚至是无效的。而“风险导向”是着眼于“未然的”问题，防范化解风险，具有前瞻性。如果只看到实体现实——存在的各种问题，而没有看到虚拟现实——风险情景，就会治标不治本，会让我们始终落在风险的后面，导致治理失灵。对于国家治理来说，着眼于实体现实来解决问题是必要的，就像有病必须治疗，但治理的重心不能放在事后的处置上，而是应该放在预防上。预防的场景就是虚拟现实，针对虚拟现实来调整优化，这样的治理方式成本低、效率高。

风险是量子化的存在，表明风险不是线性循环，而是非线性循环，根据量子力学的观点，在不确定性的世界当中，风险关联是量子关联，突破了时空的限制（赖欣巴哈，2015）。个体的风险与共同体的风险相互交织、相互作用、相互放大。在风险社会，风险整体放大，各个主体面临的不确定性增加，风险通过预期对所有主体都会产生影响。非常小的风险事件，哪怕只是“风吹草动”都有可能导致“踩踏”和“挤兑”危机。在数字化和金融化的背景下，经济和社会风险叠加态和纠缠态的特征更为突出，风险的传递更加迅速，风险量子纠缠带来的风险传递更为直接和普遍。例如，美国由于经济社会原因造成资本市场的动荡，全球其他地方的资本市场几乎会同时出现动荡，形成无实体媒介的跨时空传递。

【专栏】重大流行病风险的转化

重大流行病作为一种风险，可能会对相关主体产生损害。从共同体的角度看，重大流行病感染疫情对于每个国家都会产生一定的影响，至于产生什么样的影响，则具有很大的不确定性。在一个国家，重大流行病会不会变异是不确定的，重大流行病的R0（基本传染数）是不确定的，重大流行病的致病率和致死率也是不确定的。正是由于重大流行病流行风险的不确定性，每个国家在重大流行病流行之前都要做“思想实验”，要假定各种情形，要对最坏的可能有充足准备，这样这个国家才能在既定前提下采取有效的措施，权衡疫情对人民生命的冲击和对经济社会发展的影响之间的关系，避免出现最坏的可能。这就是政府作为公共主体对于公共卫生事件应该承担的责任。例如，政府是采取严格的流行病管控措施还是采取“放开”的做法？如果是“放开”，是否在疫苗、药物、抗原试剂和医疗、社会心理关怀等方面做了充足的准备？如果上述这些都能做好，就会避免重大流行病流行给国家带来的损害；否则，损害就会发生。对于一个国家来说，重大流行病流行风险是一种现实，但它是虚拟现实，这种虚拟现实有可能保持不变，也有可能转化为实体现实——公共卫生危机，带来重大的实际损害。最终会出现什么结果，与各个环节的不确定性程度有关，也与每个国家“思想实验”的能力和政策能力有关。

（三）财政内嵌于风险循环过程

风险是不可证伪的命题，表明财政要内嵌于风险循环过程中，而不是被动接受风险循环的结果。财政事后解决问题的“买单”措施，是以确定性的思维来理解财政，即等到问题发生了，才是财政的责任，才去解决问题。这实质上是被动接受风险循环的结果；纵观世界各国历史上的财政救援，莫不如此。例如金融监管，如果财政不提前介入，等到发生了系统性金融风险再由财政来干预，处置金融风险的成本就会极高。内嵌于风险循环过程就是坚持“风险导向”，即着眼于“未然”向“已然”转化的过程、条件和临界点，提前防范及时化解风险。所以，我们可以看到，在很多国家，财政在宏观上主导金融监管，并提前介入金融风险监管的全过程。当然，财政内嵌于风险循环的过程，不是盲目的，而是要基于思想实验来提升对风险情景的认知，否则就可能适得其反。

二、风险分配原理

风险分配原理阐释相关主体之间风险境遇的契约关系。风险分配既可通过具有法律效力的正式契约，也可通过道义上的非正式契约。财政是风险分配的中枢，通过财政措施——财政契约来调整风险状态。

（一）风险分配是风险境遇的调整

传统经济学中分配通常与收入和财富关联。收入分配和财富分配是对经济生产成果的分割，其场景是实体现实。然而，风险是遭受损失的可能性，它是虚拟现实。作为虚拟现实，它是无法进行分割的，就如风和水一样，是无法进行切割的。虽然风险无法分割，但不同主体所处的风险境遇却有差别，这既有先天的原因，也有后天的因素。市场、社会和政府之间的风险分配在不断改变相关主体的风险境遇。

（二）风险分配是契约化的过程

社会的分工合作，是不断调整不同主体风险境遇的过程，也是分配风险的过程，这离不开契约。从实体现实的角度看，契约是利益分配的工具，通过契约可以明确主体之间的利益分配关系；而从虚拟现实的角度观察，契约是风险分配的工具，通过契约明确主体之间的风险分配关系，形成风险共同体，避免“以邻为壑”，共同防范和化解风险。从深层逻辑来看，无风险，则无契约。各种契约皆因风险而生。

风险境遇对风险关系具有支配性的影响。风险相关者的风险境遇都变差时，风险关系与利益关系的主次地位会反转，风险分配关系主导利益分配关系。利益上的激励相容机制皆源于都处于同一条风险链上，自愿结成风险共同体，努力防范和化解风险。通俗地说，甲为自己的利益目标努力，也有利于乙利益目标的实现。

契约化的风险分配，是风险内部化的过程。例如投资办企业、雇佣契约、合作契约、金融保险契约，以及政府购买服务、PPP模式等，实现风险的明晰、转移、分散、对冲和分担，都是风险分配的具体方式。从历史演进维度看，在风险上升过程中，书面的显性契约渐渐取代了传统的隐性契约（如口头协议），并受到法律的保护。风险分配的契约化既包括个体契约，也包括公共契约。个体契约也称私人契约，是自然人、法人之间的契约；公共契约也称集体共同契约，法律、制度、政策以及乡规民约等属于公共契约范畴。公共契约以共同力量来护卫和保障每个结合者的人身和财富，以应对不利于人类生存的种种障碍。[①]公共契约与组织密切关联，涉及不同层次，小到一个单位的契约，大到国家契约乃至全球契约。从主权国家的角度看，国家治理是最高层次的公共契约关系。国家治理涉及政府与市场、政府与社会以及中央与地方之间的关系，这实

① 〔法〕卢梭：《社会契约论》，何兆武译，商务印书馆1980年版，第22—23页。

际上是多个维度之间的风险分配关系。处理这些风险分配关系所形成的国家契约，就构成国家治理的基本结构。在良好有序的国家治理结构中，国家、市场和社会之间各司其职、各负其责，其风险分配关系契约能够有效适应新形势、应对新挑战，形成激励创新和促进发展的有效机制。

风险属性决定契约化分配风险的特点。由于风险与主体关联，所以形成契约的主体就是风险分配的主体。由于风险指向未来，所以契约是未来的风险映射，一旦形成契约关系，契约中的各个主体需要就风险分配原则做出约定，根据约定确定当下行为。由于风险是无界的，所以契约中的每个主体虽然就风险分配做出约定，但契约关系已经把各个主体融为一个整体，风险在这个整体中内部消化。由于风险是虚拟现实和实体现实的叠加，且虚拟现实和实体现实可以相互转化，所以契约签订和执行的前置条件和底层逻辑在于风险预期的形成和变化，风险预期会改变虚拟现实，进而改变实体现实。由于风险具有量子化特征，风险分配既要考虑叠加态风险，又要考虑纠缠态风险，导致契约更加不完全；由于风险是不可证伪的命题，所以契约化的风险分配及风险内部化程度取决于契约中各个主体及其共同体的风险理性水平。风险理性水平越高，风险的明晰、转移、分散、对冲和分担等风险分配机制就越优，风险内部化程度也就越高。

风险分配契约的不完全导致风险外部化。一般性地理解，负的外部效应是对行为实施主体以外主体造成的损害，且行为主体并没有对受损害的主体进行补偿。放在时间的维度看，如果这种损害发生在未来，且没有在契约中明确对这种损害进行补偿，则表明风险发生了转移，即风险外部化。也就是说，风险外部化是不完全契约条件下的风险分配所导致的。风险外部化是个人、家庭、企业、地方、部门的一种本能，即行为主体的本能是风险外部化的内因。而契约的不完备则是风险外部化的外因。契约不完备意味着：一是违约的可能性增大；二是存在契约外的风险分配。完全契约是理想化的状态，不完全契约是经济社会的常态。不完全契约条件下的风险分配导致风险外部化。风险外部化是一个不断发展的过程，根据风险外部化的演变可以分为风险社会化、风险系统化和风险公共化几个阶段。如果这个演化过程没有得到遏制，风险外部化就会逐步演变为公共风险，甚至是公共危机。数字化背景下，工业化过程中建立起来的契约规则难以适应新的形势，当契约规则的构建滞后于风险的变化时，契约规则外的风险分配也越来越多。在经济金融化的趋势下，个体契约和公共契约的不完全性更加明显，违约风险增大，造成被迫违约或无法履约，风险外部化的频率由此加大、程度加重，个体风险系统化、公共化趋势加快。在经济社会生活中，政府是公共契约的重要履行者，关系到个体契约的稳定性、可预见性。政府的不履约行为不只是损害政府的形象，降低对政府的信任度，而且会降低整个公共契约的权威性和遵从度，导致违约的风险事件增多。这将会使整个社会环境变得不确定，宏观确定性下降，个体风险上升。这一方面造成市场动荡，经济社会运行风险上升；另一方面造成社会活力下降，经济动力减弱，可持续发展的风险上升。

【专栏】调节收入分配的重心在于调节风险分配

产生贫富差距的主要根源是社会化改革滞后于市场化改革，导致不同社会群体的风险境遇差距越来越大，有的群体的风险境遇开始固化，没有进一步改变的机会。因此，财税制度促进共同富裕的重心，要从收入分配转移到风险分配上来，重点要从以下三方面入手。

一是要从机会平等入手。机会平等首先要解决城乡二元结构的问题。我国的城乡二元结构实则包含了经济、社会、所有制三个层次。过去城乡二元结构主要关注经济层面，当前的城乡二元结构还包括社会层面的二元，即农民和市民的身份与基本权利的差异。农民即使长期生活、工作在城里，也很难获得跟市民平等的待遇，这反映的是社会二元结构。此外还有公有制二元结构。集体土地盖房不可能增值，但国有土地上的房屋却可能增值，这是所有制二元结构造成的要素市场权利上的不平等。这种二元结构最根本性的问题，是导致农民和市民的风险境遇出现差异，进而导致他们获取收入、改变自身、增强能力等方面的机会明显不同。因此，城乡二元结构成为当前改善收入分配、促进共同富裕的最根本问题。

二是要从缩小人力资本积累的差距入手。帮助农民群体提升能力，积累人力资本。要帮助农民提高获取风险收入的能力。只要进入市场就有风险，能冒多大风险取决于自身能力，而上大学可以提升冒险能力和发明创造能力，有助于帮助农民获得风险收入。从这个角度看，所有要素收入都是风险收入，只是风险程度不同而已。因此，调节风险分配，就是要改变不同居民群体的风险境遇。

三是要从促进社会流动入手。流动是促进人类资本积累的重要途径，也是获得各种发展机会的途径，更是自主改变个人风险境遇的途径。在农村以耕种为生，收入相对更低；而如果进城务工，提高收入的可能性就会更大。因此，劳动力的自由流动非常重要。

（三）财政是风险分配的中枢

财政是利益分配的中枢，更是风险分配的中枢。表面上看，财政调节的是利益分配关系，实质上是通过调整财政契约来调节风险分配，利益分配状态的变化实际上反映的风险分配状态的变化。税费、投资、补贴、债务等都属于财政契约中的内容，例如，减少个人所得税，个人得到利益，相应地个人承担的社会风险责任就减少了，国家承担的风险就增加了；财政资金的分配，对企业的投入或补贴增加了，企业获得利益更多，意味着企业承担的风险变小了；社会保险缴费费率和比例关系变化，表面上是个人、企业和国家利益关系的调整，实际上是社会、企业和国家承担风险责任的变化。从另一个角度看，财政作为国家治理的基础，能调动多元主体共同化解公共风险，而不是仅靠政府或某一方面的力量。财政通过预算、税收和财政政策，可以调节政府与市场以及政府与社会的风险分配关系；通过财政体制，可以调节政府部门和政府层级之间的风险分配关系。财政通过对这些风险分配关系进行调节，可以将各种力量的作用发挥到最大，从而形成应对不确定性和公共风险的治理结构。

三、公共风险最小化原理

公共风险最小化原理阐释如何在财政风险约束条件下实现公共风险最小化，实现社会共同体的可持续发展。

（一）风险最小化而不是福利最大化

无论个体还是共同体，追求的目标都是风险最小化，但遵循不同的逻辑。传统的经济学和社会学认为，无论是个体还是共同体，追求的目标都是福利最大化。其中，衡量个人福利最大化的标准是利益（有时用效应表示）最大化。衡量社会福利最大化的标准是社会福利函数的最大化。对于个人来说，收益是风险的函数，利益最大化的最终结果是风险最小化。对于共同体来说，社会福利函数实际上是不存在的，阿罗不可能性定理以及西方一些国家的高福利陷阱已经在理论和实践上证明了这一点。社会福利最大化理论的社会根源是西方的社会价值观里不认可公共利益的独立存在，认为一切利益只有还原到个人才有意义。所以按照社会福利最大化的观点，即便有所谓的公共利益或公共社会福利，也是个体福利的加总。然而，共同体的目标与个体的目标虽然都是追求风险最小化，但共同体的风险最小化并非是通过个体风险最小化来实现的，而是有其自身的逻辑，即通过防范和化解公共风险，避免公共危机，使共同体得以更可持续地发展。这样的公共风险，个体是无法化解的，而是需要通过共同体的力量进行化解。至于个体自身应承担的风险，则是由其自行承担化解。总之，个体和共同体都以风险最小化为目标，但其行为的逻辑是不同的，两者并非是加总的关系。

（二）公共产品是公共风险的衍生物

公共产品是公共风险的衍生物，是在为共同体注入确定性、实现公共风险最小化的历史过程中形成的，并非是与私人产品对应的市场失灵的产物。传统理论从物理属性上的非竞争性和非排他性的角度来定义公共产品，认为具有非竞争性和非排他性的产品，市场是无法提供的，所以从技术上来说只能主要由政府来提供。然而，政府为什么要提供这样的公共产品，传统理论只是给出了“市场失灵”这样非此即彼的解释。

其实，公共产品与市场失灵并无逻辑上的关系，它只是公共风险的衍生物。也就是说政府之所以要提供公共产品，是因为它的“实质是防范化解公共风险的个体和集体行为规则”[①]。如果说，从历史的角度来看，现在已有的公共产品表现为一种结果，那么，从未来的角度观察，政府将要提供的公共产品则是公共风险治理的手段和工具[②]。在不确定性的世界当中，公共产品是为共同体注入确定性的一种治理结构。公共产品之于共同体的作用，就如空气之于人的作用一样。空气看不见摸不着，人们很难感受到空气的存在。有了空气，人就可以正常生活。但一旦空气缺失，或者空气受到污染，人的生命就会立即面临风险。这就像战争风险与军队的关系：前者决定了后者存在的必要性；而后者又是防范战争风险、求得和平的手段，一旦没有了军队，战争风险可能就会马上来临[③]。所以说，公共产品是公共风险的映射，一定历史时期所提供的公共产品反映了那个历史时期的公共风险状况。公共风险在变，公共产品也随时发生变化，过去的公共产品，现在已经不需要了，如传统教科书上常说的为船舶导航用的灯塔。尤其是在风险社会，不确定性增大，公共风险变化加快，公共产品的“升级换代”也在加速。例如，促进就业，过去是私人的事情，而现在成为了公共政策目标，过去不需

① 刘尚希：《公共风险论》，人民出版社2018年版。
② 刘尚希：《公共风险视角下的公共财政》，经济科学出版社2010年版。
③ 刘尚希：“公共支出范围：分析与界定”，《经济研究》2002年第6期。

要政府干的事情现在需要政府来做，政府的职能边界在不断地拓展，原因就在于此。

（三）财政与公共风险最小化

公共风险最小化决定财政收支的规模与结构。从公共风险到财政收支就形成了这样一种逻辑关系：治理公共风险—提供公共产品—确定财政收支。这样就跳出了传统的经济学逻辑，不是根据市场状态（是否失灵）而是根据国家治理的对象（公共风险）来抉择。公共风险与市场相关联，但不只局限于市场，政治结构、社会状态、生态环境都是公共风险的源头。这个逻辑关系体现了多层含义：第一，治理公共风险是确定财政收支的起点，说明“无风险，不财政”，财政收支因公共风险而起，也因公共风险的变化而变化。“瓦格纳法则”揭示出的财政支出不断增长的趋势，实际上是由公共风险放大所引起的。第二，财政提供公共产品，其目的在于治理公共风险，财政提供的公共产品与公共风险是否匹配，决定了财政运行、财政制度、财政政策的有效性，仅仅用经济学来解释是片面的。第三，治理公共风险有多种方式及其组合可供选择，比如防范化解健康风险，提高全体人民的健康水平，可以通过增加促进全民运动这方面的支出，或增加卫生支出来实现。这说明，在既定财政收支规模下，通过改变财政收支结构来改变公共产品的结构，也可以达到治理公共风险的目的。总之，财政收支“用之于民，取之于民”。所谓“用之于民”指的是达到治理公共风险的目的，为社会共同体注入确定性，避免大众遭受公共风险的损害。

公共风险最小化是公共风险与财政风险权衡下的最小化。公共风险最小化并非是完全没有风险，所谓的最小化是约束条件下的最小化，即财政风险约束条件下的公共风险最小化。为了实现公共风险最小化，可能需要扩大财政支出，在财政收入难以变化的情况下，只能通过扩大财政风险（体现在赤字和债务水平的提高上）来实现。公共风险与财政风险的关系涉及一个重要的理论问题，这个理论问题对于政策实践意义重大。具体而言，公共风险最小化是社会共同体风险的最小化，财政风险是指基于保障公共责任履行的财政可持续性。以财政风险来防范化解公共风险，这是财政政策的基本逻辑。如果预期公共风险扩大，则需要用财政风险来对冲，即用一种风险对冲另一种风险。这也说明了，为什么世界各国的赤字和债务普遍增加，并成为一种常态。也可以说，在风险社会，用风险对冲风险，将是新常态。然而，财政风险不是可以无限放大的，以不爆发政府财政危机为条件，否则，财政危机会转化形成新的公共风险，进而提高公共风险水平。财政风险有一个度的问题，这个“度”在哪里？这成为风险时代的一个重大理论和实践问题，传统的理论和实践规则已经被突破，但新的理论和实践规则并未建立起来。例如，财政收支平衡理论、所谓政府赤字率不超过3%、政府负债率不超过60%的欧盟规则早已被冲破了，而新的理论和规则亟待建立。

四、风险缓冲原理

风险缓冲原理阐释当风险防范的制度安排出现风险敞口时，如何通过相应的备用应急机制来缓冲风险。风险缓冲机制是社会共同体的韧性所在，而财政作为全社会最后一个买单者，是最终兜底的风险缓冲垫。

（一）风险缓冲机制是社会共同体的韧性所在

制度是风险的产物，是防范和化解风险的公共契约安排。当制度和风险相匹配的时候，风险就能得到有效防范和化解。反之，如果制度和风险不匹配，就会出现风险敞口，对社会共同体带来不确定的冲击和损害。

相对于风险的演变来说，制度变迁总是滞后的。尤其是在风险社会，制度变迁越来越跟不上风险的演变。因此，在很多时候，产生了新的风险，而相应的防范和化解风险的制度并没有建立起来。这个时候就需要有相应的缓冲机制，起到风险对冲和危机缓震的效果，使社会共同体的发展更具韧性，从而避免风险和危机对人类发展带来灾难甚至毁灭性冲击。对于一个国家来说，风险缓冲机制是降低脆弱性的重要措施。风险缓冲体现的同样是"风险对冲风险"的整体观，即通过放大局部风险来降低整体的风险，以构建社会整体的确定性。风险缓冲原理与江河防洪体系中建立蓄滞洪区的原理相似。当重大洪水风险发生时，为了保证重点地区的安全，通过蓄滞洪区蓄滞洪水建立缓冲机制，通过牺牲局部换取全局的安全。所以说，风险缓冲是以空间换取时间，即以局部风险对冲整体风险，以局部风险放大换取整体风险的降低。

在风险社会，更需要风险缓冲机制。当今时代，人类文明加速演进，世界变化越来越快。在数字化、金融化和低碳绿色化的浪潮之中，世界运行的方式发生颠覆性变化，在这个过程中，新的现象、新的趋势不断显现，原有的规则被"破坏性创新"不断打破，而新的规则难以快速建立起来。"破"快于"立"。例如，在平台经济模式下，平台的用工模式与传统的企业用工模式大为不同，然而现行的相关劳动法律更多地针对传统的企业用工模式。原有的关于企业用工的法律规定对于平台企业难以适用，就会衍生出很多风险，如从业者的权益保护和社会保障风险。又如，在绿色低碳化的趋势下，对企业的价值评估转向了新的标准，不再基于企业对于物质财富生产的贡献，而是基于“风险净值”。按照这个逻辑，所有企业的资产负债表都要重估，市场竞争规则也都要重写。从历史的角度看，人类社会呈加速发展的态势。农业文明、工业文明、数字文明，并非匀速变化，而是加速变化。进入数字文明时代，解构速度进一步加快，解构的层次也发生了深刻变化。过去是部分解构、边缘解构，现在是整体解构、核心解构。“破坏性创造”带来新事物的同时，也带来影响人类命运的未知的新风险，如人工智能、克隆技术等等。当构建确定性的速度跟不上解构的速度时，风险就会生成并蔓延。在此背景下，风险缓冲机制更具必要性。

（二）风险缓冲机制具有行为主义特征

风险是未实体化的危机和损失，无法提前准确计量，对它的分析也只能以预期的风险情景来呈现。按照授权来调整公共契约，权衡和对冲公共风险，总是存在权衡失误、对冲“脱靶”的可能。由于风险的演变难以预测，风险缓冲机制很难固化成型，需要基于风险场景来随机调整并不断修正。其构建方式遵循“边干边学、边学边改”原则；在“干中学”和“学中改”，是一种“摸着石头过河”的边际改进方式，这种方式以“政策框架+相机抉择”为风险应对策略，弥补制度性风险敞口所导致的公共风险。行为主义下的风险缓冲机制是以风险推演为基础，基于虚拟理性来防范和化解风险，可有效避免风险应对中的教条主义。

（三）财政是风险缓冲机制的核心

财政是政治、经济和社会之间的唯一连接点，这也就决定了财政在风险缓冲中不可或缺的核心地位。政府与市场、政府与社会、中央与地方形成了国家治理的三维结构。这个三维结构实际上也是防范和化解公共风险的治理结构。基于政府与市场关系、政府与社会关系、中央与地方关系的一系列公共契约，以及连通这三对关系的财政契约都共同嵌入这个三维结构之中。在所有的风险关系中，财政既是转化机制，又是缓冲机制。一方面，从国家的角度看，国家综合实力和风险抵御的能力是整体功能，而财政是整体功能形成的转化器。一个国家的综合实力和风险抵御能力表现在政治、经济和社会的各个方面，各个方面不是孤立的，而是相互联系和相互转化的，这种联系和转化是以财政为枢纽的。这也就决定了财政在国家风险治理中的基础性地位。另一方面，在一个快速变化的社会中，公共契约具有不完全性和调整的滞后性，很容易出现公共风险放大的情形。一旦出现这种情况，发挥财政连通各维度关系的优势，就可以在新的公共契约尚未建立之前，通过财政策略来动态调整风险分配，发挥财政契约的兜底性功能，直到新的公共契约建立起来。可见，财政作为最终兜底的风险缓冲垫，是保持经济社会可持续发展，提升社会共同体韧性的关键。

五、风险导向原理

风险导向原理阐释如何基于对风险的认识，提前采取措施防范化解风险以构建发展的确定性。

（一）风险导向把当下与未来联系起来

之所有要坚持风险导向，是因为风险指向未来，又具有当下行为的性质。在我们日常的生活和决策当中，经常会强调问题导向。问题导向本身没有错，但一般来说，当前面临的问题都是“已然的”、确定性的问题，解决当前问题并不等于可以防范风险。风险导向，是着眼于“未然的”风险情景，预防问题的产生。具备风险导向思维，就会衍生出战略思维、长期思维、整体思维和辩证思维。从“治已病”转到“治未病”，这需要思维方式、观念和一系列体制机制的转变，不是一蹴而就的。风险导向就如“开飞机”，要预测和分析航路上的状况，针对气流等天气情况提前采取预防措施，若只是问题导向，即遇到情况再采取措施，就会为时已晚、机毁人亡。在现实中，如果只有问题导向而无风险导向，就会陷入“按下葫芦浮起瓢”的被动局面。

【专栏】什么是治未病？

中医传统“治未病”概念较早源于中医学的经典著作《黄帝内经》，受汉代张仲景《伤寒杂病论》和《金匮要略》的阐发，后经历代医家不断丰富和发展，到明清已经初步形成较为完备的理论和实践体系，可以概括为：以健康为核心，包括无病养生、防患未然，欲病救萌、防微杜渐，已病早治、防其传变，病后调摄、防止复发等方面的基本内容。

一是无病养生、防患未然。古人有云：“良医者，常治无病之病，故无病；圣人常治无患之患，故无患。”（《淮南子》卷十六）所谓治者，此处为“治理、调摄”之意。治未病即指在身体尚未发生疾病之前就采取各种积极措施，加强养生保健调理，增强人体对疾病的抗御能力，防止疾病的发生。

二是欲病救萌、防微杜渐。疾病虽未发生，却已出现某些先兆，或疾病已经处于萌芽状态时，应早期发现、早期诊断、早期治疗，防微杜渐，及时把疾病消灭在起始和萌芽状态。正如《医学源流论》云：“病之始生浅，则易治；久而深入，则难治。”

三是已病早治、防其传变。治未病要善于把握疾病的传变规律，“见肝之病，知肝传脾，当先实脾”。疾病发生的初期，就及时防止或阻止疾病的发生、蔓延、恶化或传变，救急防危。在疾病初期，一般病位较浅，病情较轻，对正气的损害也不甚严重，故早期治疗可达到易治的目的。

四是病后调摄、防止复发。疾病初愈，或处于疾病尚未发作的间歇期，虽然症状消失，但此时邪气未尽，正气未复，气血未定，阴阳未平，必待调理方能渐趋康复。

（二）风险导向将风险思维内嵌于制度和政策之中

风险导向，意味着要把风险思维、预防理念作为制度和政策（公共契约）设计的核心思维和理念。由于公共契约的不完全，即制度的缺陷或者制度的滞后，外部化进而社会化的风险不断聚集和积累，形成系统性风险；系统性风险进一步放大和扩散，就形成了共同体的公共风险。风险外部化导致风险公共化，形成公共风险，有两个方面的根源：制度性缺陷和在这种制度下的政府干预失当。制度创新跟不上风险的变化，就像大坝年久失修难以抵挡百年不遇的大洪水，到处都是管涌，而采取的防洪措施又时常失误，洪水泛滥导致大坝溃堤是迟早的事情。遏制风险公共化有几个关口，风险分配契约化，即风险内部化，是最前端的关口，守住这个关口可以避免风险外部化和社会化；如果风险外部化和由此导致的社会化不可避免，第二个关口就是遏制风险系统化，避免系统性风险扩散、放大最终导致风险公共化；最后一个关口就是公共风险生成之后，通过有效的方式来化解公共风险，这是成本最高、代价最大的方式。所以说，风险分配契约化是遏制风险公共化的前提。

风险导向是完善制度和出台政策的出发点和落脚点，也是评价制度、政策有效性的最终依据和标准。公共风险不仅来自于个体风险外部化产生的外溢，也来自于政府行为的不确定性。怎样避免政府行为给市场、社会以及地方带来不确定性，这是公共风险管理的首要任务。有时候政府出台的政策，其动机是好的，但是由于这些政策并非风险导向，没有进行风险评估，部门之间的政策协同性不够，加之政策出台频率又高，在这种情况下就难以避免给市场带来新的风险，导致成本上升。宏观经济发展是公共风险的函数。公共风险越大，不确定性越大，预期就越弱。从行为经济学的角度来看，企业行为决策与风险是直接关联的，尤其是面对躲不掉也不能转移的公共风险时，企业的行为决策就会进入收缩模式。出台宏观经济政策，应当在风险导向上下功夫，首先要避免政府自身给市场制造新的风险。如果公共风险管理不到位，公共政策有可能会失灵。可以说，忽略了公共风险的宏观政策难以发挥作用，甚至可能南辕北辙。可见，风险导向比问题导向更加重要。

（三）风险导向的预算：预算跟着风险走

风险导向是与预算密切相关的原理。预算是关于未来的收支安排，实质是基于风险场景的考量，为防范和化解社会共同体风险而做的准备。表面看来，年复一年的预算与风险无关，无非是维持政权运转和提供公共服务，其实，其背后隐藏的却是公共风险。不然，这些支出可以取消。至于预算安排中的赤字、债务，无疑是考虑到了公共风险的。要让预算跟着风险走，就要对风险进行推演预判，对风险场景进行沙盘推演。在此基础上，通过预算来推动公共契约的完善，提高其防范和化解风险的能力，提升社会共同体发展的确定性。

预算最终都会落实到具体的项目上，但每个项目之间并非是相互独立的。基于风险导向的预算首先要有整体观，就是对未来可能面临的风险有一个整体评估，在评估的基础上依据公共风险最小化的原则设置预算项目，各个项目之间相互呼应，系统集成，形成实现公共风险最小化的预算安排。预算编制的基本要求是尽可能地细化，但细化并非碎片化，加强预算编制的关联性分析不可或缺。预算的最终目标是防范和化解公共风险，而公共风险并无常势，是随时变化的，预算的统筹能力是对冲风险的基础，一旦预算安排被碎片化、固化，其防范化解风险的能力就会急剧下降，甚至引发新的风险。从公共资源的配置来看，预算的宏观配置能力是首要的，是风险分配中发挥财政基础性作用的核心要件。

六、风险权衡原理

风险权衡原理阐释如何预判和权衡各种风险，以便做出更优决策。政府权衡风险要奔着公共风险而去，并以此为基准处理财政与货币等政策关系。

（一）抉择的过程就是风险权衡的过程

无论是政府、企业还是个人，所有关于政策、投资以及方向抉择和选择的过程都是在做风险权衡，只是面对的风险不同罢了。俗话说的“两害相权取其轻”，也是讲的风险权衡过程。风险是量子化的存在，呈现出量子的叠加态（既在又不在）、纠缠态（同步发生，不受时空影响），因此风险链的基本特征是非线性关联。由于风险的量子化存在，决策过程就如“薛定谔的猫”，取决于风险状态。风险权衡，是基于对未来风险状态的判断来决定当下行为选择，是从未来思考现在，而不是从现在去思考未来。

预判风险是权衡风险的前提。风险权衡基于对未来的风险状态有深度的分析预判，这除了需要前面提到的风险导向之外，还要有风险意识和虚拟理性。“预判风险所在是防范风险的前提，把握风险走向是谋求战略主动的关键。……面对波谲云诡的国际形势、复杂敏感的周边环境、艰巨繁重的改革发展稳定任务，我们既要高度警惕‘黑天鹅’事件，也要防范‘灰犀牛’事件；既要有防范风险的先手，也要有应对和化解风险挑战的高招；既要打好防范和抵御风险的有准备之战，也要打好化险为夷、转危为机的战略主动战。”[①]预判风险才能权衡风险，才能采取有效的政策措施，使未来的风险最小化。

（二）权衡风险是分类分层的

从公共风险来看，至少有经济公共风险、社会公共风险、健康公共风险、环境公共风险等类型；此外，还存在国家公共风险、地方公共风险、区域公共风险等层级。面对不同类型和层级的公共风险，都需要财政去对冲，事先防范或及时化解。这就需要在公共风险和财政风险之间进行权衡，在保持财政可持续的条件下，努力实现公共风险最小化。财政政策的制定、调整都是风险权衡的结果。

在风险社会，大变局加速演进，不确定性是在扩散的，公共风险水平上升。在这种背景下，财政风险不可避免地也要扩大。尤其是宏观不确定性改变了经济变量之间的关系，生产函数、消费函数都已经变了，经济公共风险明显上升。如果还是按照原有的经济变量之间的关系去判断经济公共风险，可能会产生风险盲区，导致风险权衡失误。政策的基本逻辑，是要对不同层次、不同类型的风险进行权衡，为防范、化解风险做好准备。

（三）风险权衡与财政抉择

政府权衡风险要“奔着”公共风险而去。所有的主体在做决策的时候，都要基于未来的风险，即现在的决策要使未来的风险最小

① 《习近平关于防范风险挑战、应对突发事件论述摘编》，中央文献出版社2020年版，第213—214页。

化。个人和企业在做决策的时候，遵循的原则是“风险与收益相匹配”，风险抉择是与收益挂钩的。高收益，高风险；低风险，则低收益。而对于政府来说，作为公共主体面对的公共风险是“纯风险”，是没有收益来匹配的。对冲风险的成本支付是由财政来承担的，财政的负担取决于公共风险的大小及其演变，从而也决定了财政的规模变化。也正是在这个意义上，公共风险需要用另一种“风险”——财政风险来对冲。这与市场领域的风险对冲机理是完全不同的。只有当公共风险的增长为零时，才会出现财政平衡，表明财政风险增长也为零。但在存量意义上，财政风险、公共风险依然存在。只有当某项公共支出可以取消时，才意味着对应的公共风险已经消失。从整体来看，只有财政自身存在的必要性消失了，才表明公共风险的彻底消失。显然，这是不可能的事情。不言而喻，不论财政是否平衡，只要财政存在，就表明在进行着财政风险对冲公共风险的活动。财政赤字成为常态，这反映出公共风险的增长在加速，宏观不确定性上升。这表明契约分配风险的功能在弱化，或者说，契约的不完全性在扩大，风险外部化在加剧。

关于风险权衡，德国最近重启“债务刹车”的情况是一个典型的案例。德国联邦政府决定于2023年恢复由于新冠疫情而暂停了三年的“债务刹车”规定，将财政赤字率重新约束在0.35%的水平以下。但这并不意味着德国的财政压力减弱了，更主要是一种政治姿态。从风险权衡的角度分析，可能会导致更大的公共风险和危机。重启“债务刹车”束缚政府手脚，政府对冲风险能力减弱，可能引发更大风险。财政政策需要有足够的灵活性，以便应对意外经济冲击或其他重大冲击。全球金融危机以来，许多国家纷纷在其财政规则框架中引入例外条款，以应对罕见事件对财政经济带来的冲击。德国的“债务刹车”，顾及了财政的可持续性，但忽略了公共风险的演化。

另一个案例是，应从风险权衡角度审视财政与货币等政策关系。在传统的理论和实践当中，受到界域思维的影响，财政和货币通常被当作两个独立的系统，各自发挥作用。尤其是凯恩斯的理论体系，把财政和货币政策作为两大独立的宏观政策工具，两者即便有配合，也只有所谓的松紧配合。实际上，财政与货币实乃一体关系，你中有我、我中有你。无论是财政手段，还是货币手段，都可以影响全社会资产负债表状况，进而在微观上影响企业发展，在宏观上影响国家发展。当公共风险快速增长成为常态，财政赤字就成为常态，财政货币政策的一体化自然也会演变为一种常态。发达国家的实践正在证明这一点。这意味着风险权衡的方式发生了重大变化，不再局限于用财政风险来独立对冲公共风险。经济金融化和社会财富金融化，为财政货币政策一体化创造了条件。

【专栏】关于赤字货币化的辩论

近年来，学术界和政府研究部门在中国是否有必要赤字货币化问题上展开激烈辩论。反对赤字货币化的理由主要有三点：第一，在现有法律框架下，央行是不能通过一级市场购买国债的方式为财政提供融资，这是底线；第二，在现有体制下，如果货币融资的口子一开，可能损害政府信用并增加通胀压力；第三，也是最重要的，宏观经济尚未达到需要货币融资的地步，可以在不产生挤出效应的情况下为赤字提供债务融资。

支持赤字货币化的观点也主要是基于三点：第一，在经济收缩压力前所未有的情况下，要高度重视经济下行带来的风险冲击，如果采取常规的国债融资，极有可能带来挤出效应；第二，货币融资将原来的隐性的准货币融资显性化，反而有利于严肃财政纪律；第三，在需求萎缩的背景下，赤字货币化并不会导致通胀失控。

上述不同的观点看法，实质是风险权衡结果的差异，是对风险场景判断的差异。除此之外，并无逻辑的差异。

第三章 “风险人”假设与财政的基本职能

传统财政学的逻辑是循着经济学的逻辑展开的，其逻辑的起点是基于“经济人”假设。“经济人”假设是基于工业社会背景，以实体理性为主导的社会所形成的经济学概念，这种假设在工业化条件下具有解释力，但随着风险社会的来临，实体理性越来越表现出局限性，解释力也越来越弱。在风险社会背景下，基于虚拟理性分析框架的“风险人”假设应运而生。二者在社会背景、哲学基础、目标函数、行为方式、逻辑起点、解释领域和解释力方面有着明显区别。“风险人”不是对“经济人”的否定和排斥，而是扬弃和修正。基于假设前提的转变，对财政职能的认识也应进行逻辑转变，从政府与市场的二元对立转向分工合作，从社会福利最大化转向公共风险最小化，从制度主义转向行为主义，从个体行为转向集体行为。本章试图循着“遏制个体风险外部化—防范公共风险内部化—形成公共风险的治理结构—注入确定性化解公共风险”的逻辑，对财政基本职能进行重构。

一、“经济人”假设与“风险人”假设

传统财政学以“经济人”假设为逻辑起点，而风险财政学的逻辑起点是基于“风险人”假设。两者有以下几点不同之处：

（一）社会背景不同

1.“经济人”假设是在工业社会背景下提出的

“经济人”假设是在工业革命的背景下，由经济学家亚当·斯密首先提出来的。其核心主张是在市场经济交易中人的本性是自利的。斯密通过对资本主义国民财富的性质和原因的探究，提出了市场经济交易中人的自利本性问题。“我们每天所需的食料和饮料，不是出自屠户、酿酒家或烙面师的恩惠，而是出于他们自利的打算。我们不说唤起他们利他心的话，而说唤起他们利己心的话。我们不说自己有需要，而说对他们有利。”[①]他认为人之所以会工作，其行为动机是为了获得经济报酬，追求自身利益的最大化，并认为这种行为动机是一切经济行为的起点。只要每个个体的人都按照这种自利动机进行交易，那么市场这只“看不见的手”就会自动地通过自发秩序调节个体的行为，进而促进整个社会财富的增加，而政府扮演的是“守夜人”角色。

伯恩斯对自由市场做了进一步阐述：“市场被看成一个无结构的无序整体——通过无形的手自发地产生和作用，而个人追求自己

① 〔英〕亚当·斯密：《国民财富的性质和原因的研究》（上卷），郭大力、王亚南译，商务印书馆1988年版，第14页。

的利益，在市场上，个人之间相互交换以追求个人所得为目标。个人和市场都被看成理性的——同时都缺乏道德或道德考虑。”[①]此后的西方主流经济学家认可并继承了斯密的“经济人”假设，认为在工业社会的进行中，经济与社会的实践与制度安排，都是以人对私利的追求为前提。

2.“风险人”是在风险社会背景下提出的

从社会大背景看，人类已进入风险社会。风险社会的概念由德国社会学家乌尔里希·贝克在其1986年出版的《风险社会》中首次提出，他将后工业时代人类生活生存面临的困境及有可能潜藏生存威胁的状况用“风险社会”一词来概括。他认为工业社会既为人类创造了巨大的财富，也带来了巨大的风险。“工业社会在对自己引发的风险加以经济利用的同时，也制造了风险社会的危险处境和政治可能性。”[②]在工业社会以后，人类已经进入一个以风险为本质特征的社会。风险语义取代了经济语义，安全、稳定超越了增长、平等，成为社会价值的优先序。风险渗透到社会各个领域，人类“生活在文明的火山上”。在此背景下，“经济人”假设已不能完全解释现实世界，“风险人”假设应运而生。

（二）哲学基础不同

1.“经济人”的哲学基础是实体理性

所谓实体理性，是基于事实与结果。基于经济人假设前提而发

① 〔瑞典〕T.伯恩斯：“市场与能动主体——市场组织、市场运行和市场动态的社会-经济学”，周长城译，《国外社会科学》1998年第3期，第53页。

② 〔德〕乌尔里希·贝克：《风险社会：新的现代性之路》，张文杰、何博闻译，译林出版社2018年版，第9—10页。

展壮大的经济学，曾经形成过各式各样的流派，但均可归类为两种主流观点：一种认为应该发挥市场的作用；另一种认为政府应该干预经济。其实，这些观点在本质上均是把政府和市场看作是二元对立的关系，所不同的只是政府多一点，还是市场多一点而已。从大逻辑上来说，都是基于实体分析框架，其理论体系都是借鉴物理学的思维模式，希望将经济学变成像物理学一样的科学，即基于事实与结果来研究经济现象与问题。然而，事实与结果都是“已然”，也就是已经发生的事情。而对于“未然”，即未来的事情，则假设存在一种内在规律，并基于这种规律来进一步做趋势外推。按照这种实体理性的思维去认识经济活动和经济发展，实际上是“宿命论”的观点，显然会受到束缚。事实上，自然科学的发展、物理学的发展，自身也打破了这种传统认知，比如爱因斯坦和量子力学之间的争论。爱因斯坦说“上帝是不掷骰子的”，认为上帝创造世界是有规律的；而量子力学的发展反复证实了“上帝就在玩骰子”，不仅是经济世界，整个宇宙、大自然都有不确定性，不确定性才是世界的本质。

2.“风险人”的哲学基础是虚拟理性

所谓虚拟理性，是基于预期与行为。如前所述，传统的经济运行模式是基于实体理性，然而随着数字时代的来临，实体与虚拟已经走向了融合，实体逻辑已经被打破。比如，数字经济时代产生的各种数字平台，已经改变了传统的供求匹配模式，原来需要实体机构的销售活动可以转移到虚拟空间进行，交易也不再受时间空间的限制，经济运行模式已经虚拟化。这使得基于实体逻辑的经济理论难以解释现实世界，因为“存在于实体时空中的经济是有界的，但存在于虚拟时空中的经济是无界的，这为风险传播提供了新的条件”[1]。

风险本身是一种虚拟状态，是指向未来的，是一种虚拟理性，不同于传统的形式逻辑。国家治理、经济治理、财政治理的根本问题是风险治理的问题。在分析财政经济形势时，基于过去与事实即实体理性的分析框架，已经不能匹配现实实践，亟须建立一种新的基于预期与行为的分析框架，即虚拟理性分析框架。“预期指向未来，所有的经济活动都是观念和预期的一种结果。我们需要把现在的行动与未来关联起来，而不是与过去关联。”[2]

（三）目标函数不同

1.“经济人”目标函数是利益最大化

“经济人”也称为“理性人”，是从追求利益的角度，把利益放在第一位，追求自身利益最大化。经济学对人类行为的研究建立在“人类永无止境的利益追求以及实现利益工具的资源具有稀缺性、多用途性以及特定用途的排他性”等一系列前提之下，“经济人”在特定约束下通过选择实现自身利益最大化。经济学借助目标函数和约束条件描述“经济人”选择所面临的环境，通过求解函数极值描述“经济人”最优化的追求。其中，目标函数通过因变量定义和度量了“经济人”所追求的利益，通过自变量定义了“经济人”实现自身利益的手段以及这些手段在数量上对利益实现的贡献，通过运算法则定义了手段和自身利益之间不同的对应关系。约束条件体现了资源难以突破的稀缺性，“经济人”遵循边际收益等于边际成

---

① 刘尚希：“风险社会与财政转型”，《财政科学》2021年第9期，第6—7页。

② 刘尚希：“新分析框架下经济形势研判与金融风险防控”，《上海商学院学报》2022年第5期，第6—7页。

本的原则从而实现自身利益最大化。

2.“风险人”目标函数是风险最小化

“风险人”是从防范化解风险的角度，把风险放在第一位，追求公共风险最小化。公共风险，是对整个社会共同体带来损害的一种可能性，这跟市场的风险、企业的风险、个体的风险不同。虽然都叫风险，但是性质完全不同。公共风险是我们需要去防范化解的对象，更重要的是，它是一种思维方式、一种观察研究问题的方法。通过这种方法去观察这个现实世界，就可能看到共同体面临的风险。公共风险不仅仅在经济领域，它在社会领域、国际领域各个方面都存在，它是相对于企业、家庭、个人等个体风险而言的。所以讲公共风险，讲的是整体概念、宏观概念、群体概念、共同体概念。“风险人”遵循公共风险最小化原则。

“风险人”假设可以对阿罗不可能定理进行修正。阿罗不可能定理主要说明了依靠简单多数的投票原则，想要在各种各样的个人偏好中选择出一个共同一致或称为集体选择的顺序，是不可能的。阿罗不可能定理是基于个人主义视角，基于物质利益函数，无法达成社会共同偏好。但如果“经济人”假设变为“风险人”假设，跳出个人主义的分析方法，以风险为目标函数的话，就有可能达成共识，真正形成社会共同偏好，从而使阿罗不可能定理得到修正。

再从公共选择理论来看，其主要假设也是“经济人”假设，讨论的是政治市场中的“经济人”行为。由于“经济人”是理性人，面对公共选择时，“经济人”的个体偏好无法形成社会偏好。而“风险人”假设是尽可能外部化，产生风险外溢，即尽可能把风险转嫁给别人或社会，个体风险外部化，进而公共化。

（四）行为方式不同

1.“经济人”假设基于个体行为

“经济人”假设，以追求个人利益、满足个人利益最大化为基本动机，希望以尽可能少的付出，获得最大限度的收获，并可为此不择手段。其行为倾向是追求个体自身利益或效用的最大化。西方财政理论的逻辑基础就是以个体行为本位为逻辑起点，认为集体并没有独立的行为倾向和存在价值，集体只是各个个体行为的拼凑，一切都要还原到个体才有价值和意义。如果依循此逻辑进行财政研究，就会在认识上出现严重偏差，这是因为社会个体进行机械的、简单的聚合并不等于社会整体。同样，个人的福利之和不等于社会的福利，个人的偏好不能汇总成一个集体的偏好。

2.“风险人”假设基于集体行为

基于“风险人”假设前提，人的存在方式有两种：一种是以个体方式存在，另一种是以集体方式存在。“作为个体的人，总要存在于一个集体之中，也称之为共同体之中，所有人的共同发展，是每个作为个体的人发展的前提。国家之所以成为国家、社会之所以成为社会，都是从集体的角度来看的，其深层次的原因是基于集体或者说整体的需要，而这种集体需要的本质是要构建一种确定性。集体或者共同体的存在是为了保证确定性。”①

基于此，人也会面临作为个体和作为集体两种不确定性。作为个体的人面临不确定时，会产生个体风险，而作为集体面临不确定性时会产生公共风险。个体风险可通过市场方式来解决，也可通过

① 程瑜：“公共风险的财政行为分析——一个行为主义视角的分析框架”，《财政研究》2020年第11期，第14页。

社会互助机制等道德规则来解决，而公共风险的防范和化解则必须由集体来承担。

（五）逻辑起点不同

1.“经济人”的逻辑起点：经济学的市场失灵

“经济人”假设是经济学的概念，在这个假设前提下，公共产品由于非排他性和非竞争性特征，是无法由经济人供给或充分供给的，由此确定了政府收支的边界。因在公共领域缺乏价格机制，所以公共产品无法通过市场来提供或供给，这样就产生了“市场失灵”，因此得出结论，这种情况下，只能通过政府来提供公共产品。这个过程也即成为财政职能的由来或出发点。比如，财政职能中的税收职能，为公共产品进行筹资是其出发点；财政中的预算，则是以公共产品供给和需求的政治市场为出发点；而社会公众或称选民则是通过手中的选票来表达其对公共产品的偏好；政府再依据这个偏好来进行公共产品的供给。

可见，传统财政学是在“经济人”假设前提下，从追求利益的角度，以市场失灵为逻辑起点，把政府看作是外在主体，且这个外在主体与市场没有任何内在关系，并围绕公共产品的提供而构建的一个理论或学科体系。这是一种源于西方哲学的二元对立思维，认为政府与市场构成了整个社会，社会福利最大化对政府与社会的关系具有不利影响，基于机械唯物论来理解社会共同体。

2.风险人的逻辑起点：防范化解公共风险

实际上，政府、市场、社会，是相互依存的，且都处于国家这个整体之中，是分工与合作的关系，而非相互对立。作为个体的人，具有与生俱来的社会属性，不同的个体之间对于利益追求的非一致性，会产生利益冲突以及行为的非一致性，随之会产生不确定性和风险。市场失灵是个体选择失灵、合成谬误、集体非理性。经济学的哲学是个人主义，个体行为选择在什么条件下能够产生1+1>2的效果，什么条件下产生1+1 < 2的效果，这个条件不清楚。在风险越来越社会化的情况下，就可能1+1 < 2，合成谬误会增多。风险不断外部化，在工业化不发达的情况下问题不明显，但在工业化、数字化加速发展的情况下，就会更多地出现1+1 < 2，风险就会越来越大。

在风险社会，“风险人”假设越来越强化，所以我们提出“风险人”假设，循着“风险人假设—风险外部化—风险公共化—以财政来防范化解公共风险”的路径，构建新的分析框架。基于“风险人”假设前提，风险会外部化，进而公共化，需要财政来防范化解公共风险。

（六）解释领域和解释力不同

1.“经济人”只能解释经济领域的现象

“经济人”假设，是整个传统经济学大厦的基础，是经济现象的最一般本质因素之一，包含在经济分析的逻辑起点之中。经济学者常常片面地认为社会由政府和市场构成，所以以经济学逻辑为基础的财政理论在民生问题的变革上会出现偏差，表现为将医疗、教育等方面过度地市场化。事实上，一个共同体社会应该包含政府、市场和狭义上的社会。人们现阶段对政府与市场关系的认识要远胜于对政府与社会关系的认识。在判断政府是否在民生问题上出现缺位和越位时，财政学者应摆脱传统财政学的固有限制，从处理政府与社会关系的角度出发，进行新的理论研究。

2.“风险人”能解释经济、社会、政治、国家治理等多个领域的现象

经济社会由多个个体组成，这些个体的行为可以覆盖多个领域，而每一个领域都有可能因为个体风险的外部化进而公共化，最终引致公共风险的产生。在这样的风险之中，没有人能独善其身、置身事外，俗语讲的“覆巢之下，安有完卵”就是这个道理。这时，需要用集体的力量，在国家这个最大的集体或者称之为共同体的层面进行治理，通过优化治理结构，不断地注入确定性，防范和化解公共风险，从而实现国家的长治久安和人类文明的进步，这也是国家治理的本质之所在。在风险社会背景下，人类社会进化的“原动力”是公共风险。“风险人”假设放开或者修正了“经济人”假设的局限性，将确定性推向了不确定性，将解释领域从经济领域拓宽到经济、社会、政治、国家治理等多个领域。

二、财政职能的逻辑转变

“经济人”假设是在工业化时期，基于个人主义哲学基础，以实体理性为主导的社会所形成的经济学概念。这种假设在工业化条件下具有解释力；但随着风险社会的来临，实体理性越来越不适用，解释力越来越弱，越来越不具有一般性，越来越不符合时代要求。在风险社会背景下，基于集体主义哲学基础，以虚拟理性为主导的“风险人”假设应运而生。相对应的，传统财政学对财政基本职能的研究是基于“经济人”假设，从政府与市场关系出发，认为政府之所以存在，是为了弥补或纠正“市场失灵”，这种财政职能的研究存在缺陷和局限性。风险社会背景下对财政基本职能的研究，应基于“风险人”假设，从集体行为逻辑和整个社会的视角出发，注入确定性，防范化解公共风险。需要说明的是，“风险人”不是对“经济人”的否定和排斥，而是扬弃，是对“经济人”假设和“市场失灵”的修正，更具有包容性。“经济人”是实体理性，“风险人”是虚拟理性，从实体理性到虚拟理性是质的变化，其解释力更强，更有利于认识风险社会，防范化解公共风险。

（一）从二元对立转向分工合作

西方传统的财政学认为整个社会仅仅包括两个方面——政府和市场；一个社会也只有两个主体或者两个机制——不是政府就是市场。传统财政学把政府看成是与市场没有内在关系的外在主体，这种二元对立的思维来自西方哲学，而我国传统哲学提倡的是“和而不同”。市场失灵背后隐藏的假设是“市场万能”，由于市场做不到万能，就说市场失灵了，为政府干预创造了理论依据。然而市场本来就不是万能的，当“市场万能”论破产时，再祭出市场失灵，这显然是不合逻辑的，且政府也不应是外生变量。

上述逻辑是片面的，财政学的逻辑要有社会整体观，以集体行为即社会共同体研究为逻辑起点。共同体社会除了政府活动和市场活动以外，还有社会活动（例如社保、教育和就业等）。同时，在社会共同体中，不能以集体否定个体，也不能以个体否定集体，所有人的自由发展与每一个人的自由发展互为条件，且这两个过程内在统一，在交互影响的过程中推动人类文明螺旋式上升。事实上政府和市场也是一体的，因此从整体角度来看无所谓干预或不干预，就像产业链的上下游进行分工与合作的关系进行调整一样：有的方面需要政府更多地发挥作用，有的方面需要市场更多地发挥作用；有的时期需要政府作用强一些，有的时期需要市场作用更强一些。政府与市场之间应从二元对立转向分工与合作的依存关系，即和而不同。从历史上来看，群居的人类内含着政府，社会个体之间的分工合作内含着市场，二者在思想上可以出于不同偏好而剥离开，但现实中彼此须臾不可分离，我国改革开放的实践充分证明了政府与市场的这种分工合作关系。

（二）从社会福利最大化转向公共风险最小化

传统财政学从"市场失灵"推导出来的公共产品，是从社会福利最大化的角度来进行定义的。然而，制度规则也好，社会秩序也罢，其本质上都是公共产品，同时也都是市场之所以存在的前提条件，而社会福利最大化视角把这种前提看作是市场失灵的结果，这在逻辑上存在悖论。再者，从社会福利最大化视角来定义公共产品，也可能导致对个体本位的过度强调，从而对整个社会发展造成不利影响。

随着"风险社会"来临，风险的公共化，使各种风险转化为公共风险，使所有的生产、生活成本由此大幅上升，企业难以发展，百姓难以安居乐业。疫情风险充分证明了这一点。传统的社会福利最大化的理论，已经不合时宜了。因为天上不会掉馅饼，政府多给，就要多收。收得过头了，发展就没有后劲了。政府的基本职责应是防范化解公共风险，降低生产、生活中的各种不确定性。公共风险最小化了，生产生活有了确定性，人民美好生活自会到来。公共风险也是政府履职的一种思维和方法，有了这种思维和方法，就能替百姓消灾避难。体现政府能力的最好方式不是在危机中力挽狂澜，而是把危机止于风险萌芽状态。

（三）从制度主义转向行为主义

在传统财政学理论中，财政研究是基于制度来分析问题，制度约束可以产生相应的行为，其潜在假设在于人类都是理性人。但是，这一假设并不成立，这是因为人类往往都包含着非理性的因素，例如主观的意志与情感。所以，制度约束会产生不确定的行为结果。确定性的制度约束着不确定的人类行为，这会导致制度漏洞不断显现出来。因此，要真正做到防范化解公共风险，财政学新逻辑应基于行为主义去分析公共风险的产生和治理机制。在对行为进行分析时也包括了分析制度，因为行为主义分析一部分是基于对主体的计算和逻辑推理做出的反应，另一部分是基于自身的情绪情感对社会的价值判断做出的反应——行为主义分析是一个混合物。

（四）从个体行为逻辑转向集体行为逻辑

传统财政学建立在个人主义哲学基础之上，追求个人利益最大化，对个体行为倾向及方式过于强化，但对集体行为倾向及方式甚至存在发展的意义都持否定态度。财政理论的哲学基础如果建立在个体权利本位之上，就会因为个体行为偏好不能形成集体行为偏好，导致集体无法决策，政府和社会都不可能存在。因此，不能再遵循个体行为的逻辑仅从机械唯物论的角度来理解社会共同体，而应转向集体行为的逻辑，因为个体与集体的价值是并存的。

三、财政职能的新视角

随着风险社会的来临，传统财政职能的解释力已经越来越弱，越来越不具有一般性，越来越不符合时代要求。我们从“风险人”假设出发，循着“遏制个体风险外部化—防范公共风险内部化—形成公共风险的治理结构—注入确定性化解公共风险”的逻辑，来对财政职能进行新的解释。

（一）防范个体风险外部化为公共风险

“风起于青萍之末，公共风险可以起于个体风险的非线性外部化。”①作为个体，其行为会产生个体风险，而个体风险又会在各种条件下通过各种形式转化为公共风险，这种转化与市场和社会都有密切关系。个体风险的转化是个体行为外部化造成的，这种外部化进而公共化都有一定的可能性会转化为公共风险。比如，企业排污就是以利益最大化为目标把污染风险转嫁给他人或社会，产生风险外溢，从而将个体风险外部化为公共风险。事实上，由于经济社会本身是由不同的知识分工和产业链条等构成的相互依赖、相互交织的关系网，所以这种不确定性是个内生变量，都存在把风险扩大化进而公共化的可能性，也会导致风险从每一个个体出发不断地传递，进而个体的风险可能会变成集体的风险，即公共风险。财政的基本职能就是遏制这种个体风险外部化进而公共化为公共风险。

① 刘尚希等：“以风险视角透视新发展阶段的企业成本特征及我们的建议——2021年企业成本调研总报告”，《财政研究》2022年第4期，第15页。

（二）防范公共风险内部化为个体风险

如前所述，个体风险外部化进而公共化，会增加公共风险，而公共风险的社会化，也会内化为个体风险，增加个体的风险。二者之间是一种循环的关系。在风险社会背景下，来自各个领域、各个方面、各式各样的不确定性和公共风险都会内部化为个体风险，每个个体都有可能受到不确定性和风险事件的影响。比如，社会诚信水平下降带来的风险，会导致整个交易成本上升，进而使得企业的原材料费用、管理费用、财务费用等都上升；再如，政府出台的政策不协同所带来的风险，也会导致企业成本上升。整个社会面临的风险即公共风险，它在本质上是虚拟的，但在一定条件下会转化为实际成本。财政的职能之一就是防范这种公共风险社会化进而内部化为个体风险。

（三）通过利益关系调节形成公共风险的治理结构

古今中外的实践表明，人类历史上的每一次变革，都与财政有深刻的关系，而每一次财政改革都是由社会风险引发，成功的财政改革很大程度上能够化解公共风险。而应对不确定性，防范和化解公共风险，如果只是依靠某一层面或某一方面的行为主体是远远不够的，需要调动和发挥多个行为主体的作用和积极性，实现共同治理，即形成多元共治格局。财政在协调多元行为主体的关系中发挥着基础性的作用，这其中包括政府与市场的关系、政府与社会的关系、中央与地方的关系。财政通过多种政策工具，如政府预算、税收政策、公债制度等，来协调上述这些关系，从而形成一种可以应对不确定性和公共风险的治理结构。

（四）通过注入确定性化解公共风险

在风险社会背景下，风险财政为国家治理提供了有效的方法论：一方面，在多元行为主体存在利益冲突的情况下，国家需要寻找各方面利益的平衡点或最大公约数，也需要引导矫正不同行为主体的利益偏差以达成共识。另一方面，在协调解决冲突过程中，行为方式变得尤为重要，有效的行为方式可以缓解利益冲突，通过注入确定性化解公共风险。国家治理的内核就是追求国家秩序的确定性，那么其治理的逻辑就是要注入确定性，对公共风险进行治理。从这个意义上说，财政与国家治理的本质属性和基本内核是一致的。在注入确定性的过程中，财政的职能决定了其在国家治理中处于基础和枢纽的地位，是经济、社会、政治等制度能够有效发挥作用的“中枢”。这也呼应了党的十八届三中全会提出的财政是国家治理的基础和重要支柱的论断。财政通过这样一种注入确定性的治理过程，防范化解公共风险，实现公共风险最小化的目标。

第四章　国家治理中的财政能力

财政能力决定财政职能和作用的实现程度。财政能否发挥好所具有的内在职能，依赖于财政能力的大小。同时，财政能力是国家治理能力的基础，决定着国家治理现代化的推进程度。科学认识财政能力，需要立足于共同体（国家）与财政的关系。不同的国家观下，对财政能力的理解并不相同。随着风险社会的加速演化，需要树立整体观和演化观，基于风险国家的视角认识和理解财政能力，对于推进国家治理现代化具有积极意义。本章从财政能力的概念入手，辨析了公共风险理论与传统财政理论在财政能力认知上的差别，提出认识财政能力需要树立整体观和演化观，阐述了财政能力矩阵。在此基础上，具体分析了防范和化解公共风险的财政能力。

一、财政能力矩阵

财政能力是国家能力的基础。在传统财政理论中，对于财政能力的研究都是基于经济视角和实体视角，主要围绕财政汲取能力和公共产品供给能力进行分析和研究。这种分析，既不能全面揭示财政及其能力的内在特质，也不能充分体现财政是国家治理的基础和重要支柱，限制了财政在国家治理中的能力。防范和化解公共风险既是财政的基本职能，也是财政能力的逻辑起点和集中体现。

（一）什么是财政能力

何为财政能力？财政能力是财政本质在一定条件下的表现，财政能力状况决定职能和作用的实现情况。在所有社会阶段和所有的财政形态下，财政内在的职能是基本相同的。财政具有职能，但并不意味着其职能可以有效地得以发挥，这要依赖于财政能力状况。实际上，发挥财政职能和作用的过程，就是财政能力的实现过程。

简言之，财政能力就是面向未来的建构和发展能力，即通过风险导向，牵引未来的资源分配，给未来的发展构筑一种确定性的能力。防范化解公共风险是财政的基本职能，财政能力是这一基本职能的反映，具体体现为防范和化解公共风险的能力。财政能力是国家治理能力的基础，是财政基于国家统治、治理等目的，防范化解公共风险，维持一个国家或地区存续和发展的能力。理解财政能力，要从以下几个方面着手：

1.公共风险是共同体（国家）产生和发展的动因

认识和理解财政能力，需要从共同体和国家的产生说起。人类直接起源于过着群居生活、被称为“社会化动物”的古猿。恩格斯指出：“我们的猿类祖先是一种社会化的动物，人，一切动物中最社会化的动物，显然不可能从一种非社会化的最近的祖先发展而来。”[①] 在长期的进化过程中，逐渐形成了以劳动为基础的人类社会。人类社会自产生以来，就面临各种各样的不确定性和风险。人类与生俱来的第一需要，就是防风险。人类社会之初，面临着洪水猛兽

① 《马克思恩格斯选集》第3卷，人民出版社1995年版，第510页。

其实都隐含了‘风险国家’的部分功能，仅仅是因为风险社会的来临，让国家防范化解风险的功能更加凸显出来，国家的本质得以被人们看得更为清楚。基于风险国家观，‘财政究竟是什么？’的问题也就更加清晰了，即如何为社会这个共同体防范化解风险，促进公共风险最小化。除此之外的其他事情，都是老百姓之间的事，是社会个体的事”[①]。

2. 从风险、虚拟的角度重新认识财政能力

国内外学者对财政能力的界定，大都是从经济视角出发，将财政定位于为政府提供公共产品或实现其职能提供财力，并基本上都将财政能力归结为收入汲取能力和公共产品供给能力。例如，马斯格雷夫在1959年出版的《财政学原理》一书中，提出财政的配置职能、分配职能和稳定职能三大职能，实际上都是在收入汲取能力和公共产品供给能力基础之上提出的。当前西方财政理论，主要是以公共产品供给的效率与公平为核心展开的。虽然财政政治学、财政社会学等对财政在政治、社会等领域的能力进行了分析，但这类分析通常是间接的，主要是在分析财政与政治制度和程序、社会之间的相互影响和作用时涉及，在这些领域并没有形成明确的财政能力理论。尽管国内研究的分析角度和问题有所差别，但也大致沿袭了这一思路，其逻辑基本上都是一致的。

传统的对财政能力的认识——围绕财政汲取能力和公共产品供给能力进行，并以财政收入的量（包括绝对量和相对量）和财政支出的效率作为衡量标准——是基于经济和实体的视角。这种分析，

① 刘尚希：“构建财政学科自主知识体系的底层逻辑”，《财政研究》2023年第1期，第7页。

是与将财政置于经济视角的传统狭隘财政理念相适应的。虽然近些年有扩大的趋势，但也只不过是加上了管理和制度的因素，仍未脱离传统的经济学分析框架。财政贯穿于国家治理的每个环节，不仅在经济领域，而且在政治、社会、文化、生态文明等领域也产生重要作用；财政不仅为国家和政府运行提供财力支撑，而且通过制度设计，成为约束公权力的有效政治工具。仅从经济和实体视角，不仅很难令人信服地阐释财政在国家治理中的作用和地位，而且也不能揭示财政及其能力的内在特质，这限制了财政能力的发挥，不能满足现实的需要。

我们应打破传统的认知观念，从风险、虚拟的角度重新认识财政能力。财政是防范和化解公共风险的基本机制。为了生存、发展，人类需要防范风险。可以说，人类基于生存、发展而产生的各种物质、精神需要，其根源在于防范和化解风险。无论“需要”采取何种表现形式，其最终的落脚点在于“风险”。防风险的能力，决定了人类社会的存续与发展的状况。从另一方面而言，人类社会的发展，也促进了风险的演变和防风险能力的提升。但由于风险是看不见、摸不着的，我们防范公共风险，就不能从经济和实体视角，而要从虚拟视角去分析、判断公共风险，权衡风险大小，才能利用财政这一基本机制，分配风险、对冲风险。

3.财政是共同体（国家）的基本内核，财政能力是国家治理的基础能力

财政之所以能够成为国家治理的基础和重要支柱，是因为财政构成了共同体的基本内核。财政不只是为国家机关的运转提供财力支撑和保障，它融入国家治理的每一个环节，并对政府治理、市场治理和社会治理产生重要影响。从表现上看，财政是政府对财政资源的配置，具有技术性特征，要求注重财政资源的配置效率，这体现了财政的经济属性。但在财政对财政资源的配置以及对利益分配的背后，体现了政府以公共权力对公共风险的权衡和分配，因而它又具有政治和社会属性的一面。

财政能力是国家治理的基础能力。财政能力弱，国家治理能力就弱。这不仅体现在财政能力对市场治理和社会治理的支撑和保障上，也体现在对国家的建构上。以预算的建构能力为例，预算状况决定了国家和国家治理的整体性。如果缺乏预算，或者说预算是不完整的，就会影响国家的整体性和治理能力，造成国家的碎片化。预算对国家和政治秩序的建构，主要体现在打造负责任的政府、强化政府内部的控制上。通过预算权力和预算程序，可以增强政府对其系统内部的行为控制，提升行政和管理效率，防止其对正常市场秩序的侵蚀。这不仅包括通过中央与地方以及地方各级财政关系，对政府系统实行纵向控制，而且包括可以通过预算权力在同一层级政府各部门之间的分配，形成横向的预算分配关系，对政府系统进行横向控制。此外，通过预算制度的建设，可以打造“看得见”的政府。1949年12月，毛泽东在谈到预算问题时提出：“国家的预算是一个重大的问题，里面反映着整个国家的政策，因为它规定政府活动的范围和方向。”[①]因为政府活动都可以通过预算得以体现，所以公众观察和监督政府便有了预算这个实实在在的“抓手”。如果预算能力较弱，就是丧失预算的这些内在功能，不利于防范和化解公共风险。

① 毛泽东：“有困难，有办法，有希望”，《毛泽东文集》第六卷，人民出版社1999年版，第24页。

总之，财政能力是国家治理的基础能力，国家治理能力的现代化必然是财政能力和财政制度的现代化。也只有依据公共风险的变化，通过不断完善财政制度和政策，才能实现国家治理能力的现代化。我们应该从形塑国家治理结构、推进国家治理现代化角度认识财政防范和化解公共风险的能力。国家治理现代化，意味着公共风险最小化。设置和优化国家治理结构，也必然要以公共风险最小化为基本要求。通过财政防范和化解公共风险的能力，形塑了国家治理结构。

【专栏】进步时代的预算制度建设对美国国家治理体系的建构

"进步时代"是美国发展史上一个极为重要的时代。从时间上来看，这一时代是指19世纪90年代到20世纪20年代这段"世纪之交"的时间。在这一时代，美国实现了由农业文明向工业文明的过渡，并为自身取得世界霸权地位奠定了坚实的基础。然而，在这一时代，美国出现了腐败横行、假冒伪劣产品泛滥、重大灾难屡屡发生等状况，社会矛盾异常尖锐。正是在这种状况下，一场进步主义运动，将美国送上了现代文明国家的巅峰。在进步主义运动中，预算改革实现了政府系统的功能再造。

20世纪之前，美国并没有完整规范的预算制度，政府账目杂乱无章，预算权力分散。在联邦政府层面，众议院和参议院的一些委员会具有拨款权力；在地方层面，市议会及其委员会掌握了拨款权。预算权力的分散，使政府系统变为"看不见的政府"，公众无法对其有效监督，从而造成了腐败、效率低下等一系列问题。

为了扭转这种状况，从纽约市开始展开了一场预算改革运动。1905年，克利夫兰、艾伦、布鲁埃尔等人创建了旨在推动纽约市预算改革的“纽约市政研究所”。预算改革运动的目的是把“看不见的政府”变为“看得见的政府”。研究所认为，监督和公开是重建政府在公众眼中合法性的手段。为此，需要有一个规范的途径获取政府信息，于是便引入了“预算”这一工具。他们认为，预算是前瞻性的计划，与政策制定有关；预算通过令立法机关和公民促使其执行机关及其官员对其行为负责的方式，提供了某种政治责任分配的基础；预算能够界定并定位权力，一项完整的预算制度，可以规范公私两个领域的关系，将两者的行为恰当地限于各自的权力范围内。在研究局的推动下，1908年纽约出台了美国最早的以部门职责系统分类为基础的预算。到1919年，美国已有44个州通过了预算法。在纽约市政研究所的努力下，国会终于在1921年通过了《预算与会计法》。该法赋予总统编制并向国会提交预算的职责，设立预算局，禁止政府任何官员向国会申请拨款，设立独立的审计服务机构，即审计总署。

这场预算改革运动，从根本上改变了总统、国会和联邦官僚机构之间的权力和权威关系，实现了对美国政府系统的功能和职责再造。

3. 从动态、历史的视角认识财政能力

财政能力是财政职能在特定条件下的反映，财政能力的大小受制于特定的历史条件。在不同的社会形态、发展阶段和国家制度之下，财政能力、财政形态和制度，以及由此而产生的具体的表现形式和内容，必然也会具有较大的差异。传统财政能力与现代财政能力的差异是什么？这一差异，是由不同时代公共风险的特征，以及

与之相适应的防范化解公共风险的财政机制所决定。

财政防范和化解公共风险的能力，体现了整体观、动态演化观。在每个时代，公共风险的表现并不相同，并呈现动态的变化，带有显著的时代特征。公共风险的变化带来财政能力的变化，进而推动了财政形态和制度的演进。例如，进入现代社会以来，公共风险及其变化，主要是围绕财富的社会化生产和分配进行的。“在发达现代性中，财富的社会化生产与风险的社会化生产系统相伴。相应地，稀缺社会的分配问题和分配冲突，也同科技引发的风险在生产、界定及分配中产生的问题和冲突叠合在一起。”[①]与之相适应，作为防范公共风险、协调人与人关系的机制，财政汲取和配置公共经济资源的方式、内容和结构，以及由此而产生的各种财政制度、财政政策，也必然随着公共风险的演变呈现出动态变化，从而使财政形态和制度随着经济社会的发展而不断演进。例如，税收制度的变化以及税种的改革，就是依据公共风险的变化而不断变化的。从最初对以人为征收对象的简易的直接税，如人头税、灶税、户税，一直发展到现代意义上的直接税与间接税相结合的税收制度。进入现代社会以后，随着大工业的发展、生产协作以及国际贸易的扩大，人与人之间的关系和矛盾更为复杂，为了应对公共风险的需要，逐渐衍生出现代税收制度。这也显示了财政能力的提升，以及人们应对公共风险能力的变化。

可以说，经济社会的发展对于财政能力以及财政形态、行为和制度的影响，具体是通过“防范和化解公共风险”这一媒介来实现

① 〔德〕乌尔里希·贝克：《风险社会》，张文杰、何博闻译，译林出版社2018年版，第3页。

的。这为我们认识财政能力，分析不同条件下的财政行为、制度和财政作用提供了新的理论视角。

（二）财政能力矩阵

财政能力，可以从两个维度具体分析。基于国家治理的维度，可以分为形塑国家治理结构、促进国家治理现代化的能力，政策和规则制定能力（政策能力），风险处置能力；基于应对公共风险的维度，可以分为防范公共风险的能力和化解公共风险的能力。在这两个维度下，形成了财政能力矩阵。

1.基于国家治理维度的财政能力

自20世纪70年代中后期以来，一些国家将“少一些统治、多一些治理”作为新的执政目标，“治理”便成了国家建构中的一种新的理念。治理之所以不同于统治，在于治理更加强调协调、合作，注重主体间权力的互动性和依赖性，而不是压制、控制。党的十八届三中全会将“推进国家治理体系和治理能力现代化”作为全面深化改革的总目标，这既是对我国改革经验的总结，也是应对当前一些现实问题的必然选择。这一目标定位，不仅意味着我国国家管理理念的重大变革，也标志着我国改革将进入以推进国家治理现代化为目标的新阶段，这对于推进社会主义现代化建设、保障国家健康稳定发展具有极为重要的理论意义和现实意义。

我们应将财政视为国家治理以及经济社会发展大系统中一个重要因素，需要跳出财政看财政。无论是国家治理，还是经济社会发展，实际上都是作为一个系统而发生作用和联系的。任何系统都是一个有机的整体，它不是各个部分、要素的机械组合或简单相加。因此，只有跳出财政看财政，立足于国家治理系统整体，从公共风险的视角，科学认识财政能力才能更好地发挥其作用。财政能力是防范化解公共风险的能力，从国家治理的维度来看，这一能力主要包括三个层面。

（1）形塑能力

形塑能力，亦即形塑国家治理结构、促进国家治理现代化的能力。现代国家治理体系是政府、市场、社会等相互合作、相互制衡并使之运转的一个复合体系和制度运行系统。政府与市场、政府与社会、中央与地方，这三个维度结构是一个有机的整体，构成了国家治理结构。这三个维度则是财政在新时期的坐标系，财政活动、财政改革、财政法治都深深嵌入到这三个维度之中。国家治理现代化，实质上公共风险最小化，这就意味着在政府与市场、政府与社会、中央与地方这三个维度结构中实现公共风险最小化。财政作为国家治理的基础和重要支柱，通过公共资源的配置，以及相关的制度和政策，形塑国家治理结构，实现三个维度结构中公共风险的最小化，进而促进国家治理现代化。形塑国家治理结构、促进国家治理能力的现代化，主要是通过预算制度、税收制度、财政体制以及相关的转移支付制度等制度来实现。

形塑能力，是财政作为国家治理的基础和重要支柱的主动能力，内在于国家治理体系和制度之中。财政的基础和重要支柱作用，体现了财政在国家治理中的“中枢”地位，财政的改革和变化，最终都会影响到国家的治理结构和体系。

（2）政策能力

政策能力，亦即政策和规则制定能力。在具体的国家治理结构下，国家治理的效能体现在政策和规则的制定能力上这就意味着公共风险的防范依赖于政策的制定和相关规则的制定。因此，财政能力在国家治理维度的第二个层面就是政策和规则制定能力。政策和规则制定能力决定了国家治理的效能，也决定了防范公共风险的状况。政策和规则的制定，是以风险权衡和风险判断为基础的。在风险比较大的环节或地方，要及时通过政策和规则的制定，实现公共资源的有效配置，防范和化解公共风险；而在风险较小或不存在风险的环节或地方，则减少财政资源配置。财政的政策和规则制定能力，包含着公共风险最小化和公共资源使用效率的最大化，而这两个方面实际上又是统一的。在财政实践中，公共资源的使用效率，在传统观念中是通过投入与产出来衡量的，但这种基于物的、实体性分析，无法适应应对虚拟的公共风险的需要。财政的政策和规则制定，以及相关的公共资源的配置，实际上是基于对公共风险的分析和权衡进行的。

财政的政策和规则制定能力，一方面体现为在筹集和使用公共经济资源过程中直接的政策和规则制定能力，另一方面则是体现在其他国家治理领域和环节，虽然和筹集和使用公共资源并不直接相关，但可以通过财政制度和政策对其产生重要影响，同样是防范化解公共风险不可缺少的。前者可称为显性的财政政策和规则制定能力，后者则可称之为隐性的财政政策和规则制定能力。财政通过这两方面的能力，构成了防范化解公共风险的基本机制，贯穿于国家治理的各个领域和环节，从而成为国家治理的基础和重要支柱。

（3）管理能力

管理能力，亦即防范风险的能力，以及风险逐渐形成或出现时的具体处置和管理能力，这是基于国家治理维度的财政能力的最后一个环节，也是防范化解风险的最直接最具体的能力。通过财政收支及相关公共服务供给，实现风险分配和资源分配，形成风险对冲，不仅可以防患于未然，防范公共风险，而且可以在公共风险发生的情况下，消除风险的不利影响，防止风险的扩散，进而实现公共风险最小化。因而，管理能力是实现公共风险最小化的最终体现，决定了国家治理的效能。

2.基于应对公共风险维度的财政能力

从基于应对公共风险的维度，财政能力可根据公共风险形成的环节和产生的影响，分为防范公共风险的能力和化解公共风险的能力。

（1）防范公共风险的财政能力

防范公共风险的财政能力，是指在公共风险形成之前，通过财政制度和政策的相关安排，防止个体风险公共化，或者防范相关公共领域的风险，以及风险的积聚，这实际上体现了财政未雨绸缪的能力。这一能力是以风险的权衡和分配为前提的，依赖于国家治理结构的合理安排，依赖于相关财政制度和规则的有效制定和实行。

（2）化解公共风险的财政能力

化解公共风险的财政能力，是指公共风险爆发以后，要防止公共风险转化为个体风险或者是公共风险向其他领域演化，进而形成新的公共风险。这一理念也体现了公共风险的循环理念。化解公共风险的财政能力，就是要打破公共风险的这一循环状态，通过财政收支及相关政策，做好风险隔离和处理，打破风险循环，实现公共风险最小化，将其带来的危害降到最低。例如，公共风险在金融领域爆发，出现系统性金融风险，这时就需要政府通过财政、金融手段，及时化解和阻隔风险，防止其向其他经济领域和社会领域转移。

基于以上两个维度，形成了如下财政能力矩阵（见表4–1）。

表 4-1　财政能力矩阵

维度	形塑能力	政策能力	管理能力
防范公共风险的财政能力	形塑国家治理结构：政府与市场、政府与社会、中央与地方的财政制度安排	在风险权衡的基础上，制定各个治理领域和环节的财政政策和规则	通过财政收支及相关公共服务供给，实现风险分配和资源分配，形成风险对冲
化解公共风险的财政能力	治理协同机制	风险责任的分配（避免风险大锅饭）	通过财政收支及相关政策，做好风险隔离和处理，打破风险循环，降低危害

二、风险识别能力是防范化解公共风险的前提和重心

防范化解公共风险，首先需要做好风险的识别。如果无法识别公共风险，或者在风险识别上做出错误的判断，不仅会造成公共资源的浪费和低效配置，而且也不能够有效地防范化解公共风险。这就像打仗一样，如果不能发现敌人，或者是不能够有效地判断敌人的战略、战术意图，就不能制定相应的战略去应对，也就无法制定有效的战术去打败或消灭敌人。因此，风险识别能力是防范化解公共风险的前提和重心，并且融入防范和化解公共风险各个环节与领域之中。

（一）风险识别是财政制度和财政资源配置的基础

国家治理是通过制度和政策设计以及公共资源的配置使用来防范化解公共风险。财政制度和财政政策如何设计？公共资源又如何

配置使用呢？这就需要依据对公共风险的判断、围绕公共风险来进行，即在风险权衡的基础上，做好公共资源的分配。公共资源的分配体现了风险分配。风险分配就需要做好风险识别。哪儿有可能爆发公共风险，那么就用相应的财政制度、政策以及公共资源及时应对和防范。一旦公共风险爆发，演化为公共事件，危及公众和社会安全，那么就要筹集、分配公共资源进行有效化解，防止公共风险进一步演化，将负面影响降到最小。配置公共资源，要做到有的放矢，这个“矢”就是公共风险。

因此，无论是防范公共风险，还是及时有效地化解公共风险，都需要以风险识别为前提。但是由于公共资源的稀缺性（政府不能无限汲取公共资源，在分配时又不能满足所有需求），且不确定是常态，风险也无处不在、无时不在，并且是在不断发生变化的，因而在公共风险识别中，需要分清楚公共风险的轻重缓急，何为最主要的风险，何为次要的公共风险。根据风险大小及相应的危害性，进行合理的风险排序。然后，根据风险排序安排公共资源的使用，以预算的形式进行风险分配。从何处筹集财政资金（包括筹集的方式、对象与数量）、如何使用和分配、如何监督管理，以及制定相应的财政政策和制度，反映了风险分配的整个状况，是一个风险的识别和权衡过程，同时也是一个政治过程，是风险和利益在不同群体和不同区域的分配过程。在每一个环节，都涉及风险的分配和对冲。

在财政实践中，财政政策是否有效，就是看能否在风险识别的基础上，及时制定有针对性的政策措施，防范化解公共风险。我们党就是及时识别风险，根据各个时期风险的变化，尤其是阶级矛盾的变化，制定历史任务，采取了一系列相应的财政政策，防范化解公共风险，从而保障了革命和建设的胜利。例如，在革命战争时期，我们党根据风险和阶级矛盾的变化，及时调整土地和地租政策，为革命胜利打下基础。

【专栏】从风险和矛盾变化看我党土地和地租政策的调整

在革命时期，为了调动一切积极因素推动革命胜利，我们党根据各个时期不同的阶级矛盾和历史任务，采取了一系列的土地和地租政策。

在国民大革命时期，“打倒列强，除军阀”是这场革命的宗旨。1926年7月，党的四届三次扩大会议对广东的农民运动决议中，提出了“二五减租”主张，即减租25%、借贷利率不得超过二分。同年9月，在我们党的推动下，中国国民党联席会议做出了“减轻佃农田租25%”，“禁止重利盘剥，最高利率年利不得超过20%”的规定，减租减息成为国共两党的一致主张，对当时发动农民反对土豪劣绅、打倒军阀、推动北伐战争发挥了重要作用。

在土地革命时期，面临新的风险和矛盾，为了争取群众支持、实现中国革命胜利，1928年12月，毛泽东主持制定了《井冈山土地法》，规定“没收一切土地归苏维埃政府所有”。1929年4月，毛泽东主持制定了《兴国土地法》，将“没收一切土地”改为“没收一切公共土地及地主阶级土地”，从而照顾了中农的利益。

抗日战争时期，民族矛盾成为主要矛盾，中华民族面临生死存亡。为了促成抗日民族统一战线的建立，1937年2月，我们党在《致国民党三中全会》电中提出“在全国停止没收地主土地”的主张，并在陕甘宁苏区停止了没收地主土地的运动。1937年8月25日，党的洛川会议通过了《抗日救国十大纲领》，明确提出以减租减息作为解决农民土地问题的基本政策。为了激发全民族抗战的积极性，1942年1月28日，中央政治局在详细研究了各抗日根据地减租减息经验的基础上，通过了《关于抗日根据地土地政策的决定》，提出一方面减租减息、一方面交租交息的土地政策。同年2月4日，中央又发布《关于如何执行土地政策决定的指示》。两个文件明确规定：减租减息政策的目的是扶助农民，减轻封建剥削，改善农民生活，提高农民抗日和生产的积极性；实行减租减息后，须实行交租交息，保障地主的地权、财权和人权，以联合地主阶级一致抗日；对于富农则削弱其封建部分，鼓励其资本主义部分的发展。

党的土地政策的调整，为抗日战争的胜利做出了重要贡献。正如毛泽东指出，“抗日期间，中国共产党让了一大步，将‘耕者有其田’的政策，改为减租减息的政策。这个让步是正确的，推动了国民党参加抗日，又使解放区的地主减少其对于我们发动农民抗日的阻力。这个政策，如果没有特殊阻碍，我们准备在战后继续实行下去，首先在全国范围内实现减租减息，然后采取适当方法，有步骤地达到‘耕者有其田’”①。

（二）财政在风险识别能力中具有天然优势

财政与风险识别呈现双向互动关系。一方面，财政制度和政策

① 毛泽东：“论联合政府”（1945年4月24日），《毛泽东选集》第三卷，人民出版社1991年版，第1064—1076页。

的制定，以及公共资源的配置，需要以公共识别为前提，进而实现风险分配和资源分配，防范化解公共风险；另一方面，财政在风险识别中又具有天然优势，风险识别能力是财政能力的一个重要体现。财政是国家治理的基础和重要支柱。财政的产生和发展，是基于防范公共风险的需要，并且由于财政具有独特的优势，而成为防范公共风险的基本机制。在国家治理的每个层面，都有财政的影子，财政在国家治理中发挥着各种作用。这个逻辑的另一面，就是通过财政，也形成了国家治理的丰富的信息源。这些信息源，构成了财政风险识别能力的基础。

财政收支以及其他公共资源的汲取和使用，从表面上看，表现为一些收支和资源数据，但却汇成了公共风险的“信息聚集源”。通过这些信息聚集源，可以及时发现公共风险可能爆发的点，并及早做好预案。例如，税收收入不仅构成了防范化解公共风险的物质基础，而且税收收入状况也是反映经济运行状况的一个重要指标。税收收入是“真金白银”，是市场主体及经济运行和经济健康状况的最为真实的反映。税收收入下滑，一方面会造成防范化解公共风险物质基础能力的弱化，另一方面，通过这一状况又可以得出经济运行存在问题、市场主体经营困难的判断，从而为政府决策、防范公共风险提供依据。此时，政府可以通过实施包括减税降费等在内的支持措施，帮助市场主体渡过难关，化解市场风险。

（三）提升风险识别能力需要树立整体性思维

风险识别，需要树立整体性思维，从整体发展的视角，基于社会共同体识别公共风险。首先，公共风险的来源和性质决定了我们需要树立整体性思维来认识公共风险。公共风险是虚拟的，不是现实存在的，而且公共风险一旦爆发，就会快速向其他领域传递。如果仅关注一个层面、基于某些信息，就很难识别真正出现风险的地方，出现较大的识别和判断误差。因此，只有基于整体，才能更好地判断和识别公共风险的源泉和演化趋势，进而增强防范和化解的针对性。

其次，从财政性质的角度识别公共风险，也需要树立整体性思维。在现实中，我们对财政的认识，通常有三个层面。第一个层面，是作为国家治理基础和重要支柱的财政。财政是一个大范畴，不只是具有经济属性，而且还具有政治属性、社会属性和文化属性等诸多性质，财政的作用体现在国家治理的各个领域与环节。从财政权力的角度来看，我国的一项基本的政治制度是中国共产党领导的多党合作和政治协商制度，在这一制度下，人大、政府、政协等国家机关都置于党的领导之下，财权也与这一制度相适应，分布于各个部门，从而形成了一个财政权力体系。第二个层面，是政府部门的财政。财政权力分布于各级政府的主要决策机关、财政部门，以及其他掌握财政资金分配权的政府相关部门（有时也被称为准预算单位）。第三个层面，则是狭义上的财政——财政部门。

因此，基于三个不同层面，在实践中形成了各种复杂的财政关系。识别公共风险，必须树立整体性思维。如果仅仅是基于财政的具体业务来识别公共风险，就会出现一叶障目的情况，很难发现真正的公共风险。其实仅仅基于财政具体业务来应对各自风险，本身就容易形成一种公共风险。例如，对于某个部门或具体业务来说，大家基于防范风险的需要做出了一些决定或制度安排，但是这些安排或制度都是基于局部的，也许从部门的角度来看是理性的，没有公共风险，从整体来看却会形成合成谬误，产生公共风险。

此外，也需要权衡公共风险与财政的关系。要从整体，而不是财政的角度来识别风险，并做出相应的制度和政策安排。例如，为了应对经济下行，就需要处理好经济与财政的关系，从国民经济整体来判别风险。经济下行造成财政收入的减少，会带来或加剧收支矛盾，给财政运行带来困难，这时是要增加收入解决地方困难呢，还是实施减税降费政策、减少市场主体的税负、“保市场主体”呢？显然，没有了市场主体，财政也就失去了收入来源，因此，在这种两难情况下，根据公共风险的大小，一般会选择“保市场主体”。

总之，我们需要树立整体性思维来识别公共风险，并根据公共风险的大小和轻重缓急，合理制定相应的财政制度和政策。

三、防范公共风险的财政能力

公共风险与个体行为、集体行为都密切相关，任何个体行为的风险，都有可能转化为集体行为风险，即公共风险。提升防范公共风险的能力，需要在风险识别的基础上，构建防范公共风险的国家治理结构，制定防范公共风险的制度和规则，并通过风险分配，进行风险对冲。

（一）构建防范公共风险的国家治理结构

国家治理结构是一个有机的整体。国家治理的质量如何，能不能有效地防范公共风险，依赖于这个国家的治理结构状况。因此，必须依据公共风险产生以及演化的特点，构建防范公共风险的国家治理结构。构建国家治理结构，主要是通过政府与市场、政府与社会、中央与地方的制度安排来实现的。

从政府与市场维度来看，财政能力是指防范经济领域的公共风险，形成稳定的市场秩序，促进市场的稳定性、公平性和有效性的能力。在一定程度上而言，政府活动都可以通过财政行为得以体现。这也就意味着通过财政制度，可以间接界定政府、市场主体的权力、权利和行为边界。例如，税收实际上反映了政府介入经济运行、参与分配的程度和方式，税收制度和政策对市场运行产生重要影响。

一个良好的财政制度，有利于防止政府对市场的不合理介入和过度干扰，从而构建一个合理的经济秩序。市场中的财政能力，主要体现在维护市场的秩序性、稳定性、公平性和有效性等方面。一方面，财政制度间接界定了政府对于市场的权力和边界，为市场机制有效发挥作用和市场有效运行提供制度基础和保障；另一方面，财政可以弥补市场的不足，尤其是可以在一定程度上解决外部性、信息不对称、垄断、分配不公以及市场运行的不稳定等问题，维持市场秩序。总之，我们可以利用财政构建合理的经济秩序，维护市场的秩序性、稳定性、公平性和有效性，可以有效地防范经济领域的公共风险。

从政府与社会维度来看，财政能力是指防范社会领域的公共风险，推动政府与社会的良性互动，形成稳定的社会秩序，保障公众的权利，促进人的发展的能力。财政是一种有效的现代治理工具，不仅可对政府和公众实施双向控制，提高公共资源配置效率和政府运行效率，而且能够培育风险理性、促进广泛的合作共识，在构建良序社会中发挥极为重要的作用。同时，通过财政制度和政策，可以调节收入分配，缓和社会矛盾，并促进人的发展。

从中央与地方维度来看，财政能力是指防控政府领域的公共风险，形成稳定的政治秩序，保持国家系统正常运转的能力。

（二）制定防范公共风险的制度和规则

在风险权衡的基础上，通过制定各个治理领域和环节的财政政策和规则，防范公共风险。

在政府与市场维度上，财政的制度规范能力，亦即维护市场的秩序性、支撑市场有序运转的能力。这一方面的能力又体现在三个方面：其一，市场建构能力，亦即通过财政制度和政策，强化政府在建构市场体系、维护产权与契约等方面的职责，实现公权与私权的有效衔接，进而提升市场治理的能力。其二，调控稳定能力，亦即维护市场的稳定性、调控和稳定经济运行的能力。通过财政政策减弱经济波动，为公平竞争创造良好的外部环境。较大的经济波动和社会不稳定，通常会产生不公平竞争的环境，诱发公共风险。通过财政的自动稳定器功能和相机抉择的财政政策，可以调整经济运行状况，但其经济稳定作用发挥的具体情况，取决于能否根据经济形势的变化及时、准确地对政策内容与方式加以调整。其三，矫正市场不公平竞争能力，主要是促进市场公平竞争、优化社会资源配置的能力。通过财政制度和政策，能够矫正企业在市场竞争中的不公平行为。一是通过税收政策，治理环境污染等企业成本外部化问题。对投资于防治污染或环境保护的纳税人给予适当的税收减免，对污染行业和污染物的生产及使用征收税和费，把环境污染和生态破坏的社会成本内化到生产成本和市场价格中，矫正负外部效应带来的不公平问题。二是通过税收减免和支出政策，支持特定产业和企业，增强其竞争能力，进而促进社会资源优化配置。

在政府和社会维度上，政策和规则制定能力可以推动政府与社会的良性互动，形成稳定的社会秩序，保障公众的权利，促进人的发展。通过财政制度和政策，不仅可以调节收入分配，缓和社会矛盾，而且可以保障人的生存权和发展权，提高公众的可行能力。例如，解决基本民生问题，特别是着力解决就业、社会保障、公共卫生、住房等问题；提高人力资本投入，促进教育事业发展，大力增加科技、文化投入，使财政在提高人口素质和科技、文化发展上有所作为。在保证公众享有大致相同的发展机会——“起跑线上的公平”的基础上，考虑先天条件的不平等，在比赛规则中体现对弱小者的照顾，实现“能力差异补偿上的公平”。

在中央与地方维度上，政策和规则制定能力是决定一个国家向心或离心的关键因素，进而决定国家存续风险和各级政府的运行风险。无论是单一制国家，还是联邦制国家，都重视这一能力。财政政策和规则制定能力，不仅可以增强政府对其系统内部的行为控制，提升行政和管理效率，防止其对正常市场秩序的侵蚀，或种种低效率、腐败行为，乃至政治危机，而且可以决定一个国家整体的治理能力，防范国家这一共同体的存续风险。

（三）通过公共服务供给，实现风险分配、风险对冲

财政防范公共风险，亦即防范个体风险的公共化，除了构建防范公共风险的国家治理结构、制定防范公共风险的制度和规则之外，最为重要的就是通过公共服务供给，实现风险分配、风险对冲，达到公共风险的最小化。这也是防范公共风险最直接的一个环节。

由于风险总是在不断转化、演化，在风险分配上，需要以公共

风险最小化为目标，处理好短期与长期、局部与全局的关系。在传统经济理论中，财政通常以社会福利最大化为目标，而在风险理论中，财政则是以公共风险最小化为目标。前者是一个实体的概念，后者则是一个是虚拟的概念。在防范层面，实现公共风险最小化，主要体现在两个层次：一个是防范个体风险转化为公共风险，亦即防范个体风险的公共化；另一个是根据风险权衡理论，以成本低、概率小的公共风险对冲成本高、概率大的公共风险。为此，需要兼顾短期与长期，立足全局，权衡公共风险的大小。

公共风险的最小化，是通过提供公共服务来实现的。提供公共服务，不仅是财政公共性的体现，也是防范公共风险的基本工具。公共性具有时代属性，一个重要原因就在于公共风险的变化。这就要求按照公共风险的发展变化，对公共性的要求以及相应的公共服务供给和财政支出，做适当的调整。

提供公共服务的能力，成为财政防范公共风险能力的重要体现。公共服务功能的实质是公共风险治理，而提供公共服务的过程实际上则是公共支出的过程。在风险社会中，社会主义财政要提高防范公共风险的能力，落到个体层面，就是要不断提升人的发展能力。防范公共风险与提升人的发展能力是相统一的。因此，不仅要保障生存、教育、医疗、社会保障等事关人们基本能力方面的财政支出，而且要保障更高能力需要的财政支出，从而引导社会文明进步，实现人的全面发展。

提供公共服务的能力，又是与财政的汲取能力相联系的，但汲取能力只是前提性的，不是根本性的能力。汲取能力并不是越高越好，而要讲究聚财的适度性。否则，过高的汲取能力就会引发公共风险。因此，汲取能力不能成为衡量财政能力的标准。我们不仅需要坚持公共收入的“取之于民，用之于民”，而且要做到取之有度。这样才能增强财政防范风险的能力。

四、化解公共风险的财政能力

化解公共风险，是财政的另一重要能力。公共风险形成之后，只有快速地应对化解，才能防止公共风险内化为个体风险。同时，也才能防止公共风险进一步演化或向其他领域转化，从而防止给国家和个人造成更大的危害。化解公共风险的财政能力，主要体现在治理协同、风险责任的分配、风险隔离和处理以及资源动员能力等方面。

（一）化解公共风险社会化（内部化为个体风险）

风险是叠加态，风险与危机相互转化，风险扩散推动危机扩大。风险与危机在循环，不同的风险在循环。风险循环，使风险在时间和空间上，以及在不同主体和不同领域之间不断演化，进而使单一风险演变为综合风险。因此，化解公共风险，要坚持风险的循环论。一方面，个体风险会通过各种方式传递、放大，形成公共风险；另一方面，公共风险形成之后，会出现公共风险的社会化，也就是公共风险转化为个体风险。

化解公共风险，主要是防范公共风险的社会化，实现公共风险最小化。虽然在化解公共风险和防范公共风险阶段都强调公共风险最小化，但对于公共风险最小化的要求和表现是不一样的。在化解公共风险阶段，公共风险最小化表现为危害的最小化。具体而言包括三个层次：一是减弱公共风险在本领域的影响，将其破坏性降到最低；二是防止公共风险由一个领域传递到另一个领域，形成综合性、系统性风险，降低公共风险的传递性；三是防止公共风险传递到个体，或是减少公共风险对个体的影响。

（二）治理协同

国家治理是一个有机的系统，我们也必须在系统中理解财政的风险化解能力。早在古希腊时期，亚里士多德就提出了“整体大于各部分总和”的有机论思想。我国古代先贤的阴阳五行学说、天人合一等思想，也阐述了整体和部分的关系，以及人类社会的有机统一。只有各部分有机统一、密切相连，才能产生“1+1>2”的效果。相反，如果过度强调部分和个体，认为整体就是部分的简单代数和，即“加和性”整体，那么这个整体必然是机械的、呆板的，从而脱离了人类社会的本质。治理协同，目的在于提升治理的效能。我们也可通过我国2023年的党和国家机构改革看到治理协同的理念。例如，中央决定组建中央金融委员会，加强党中央对金融工作的集中统一领导，中央金融委员会负责金融稳定和发展的顶层设计、统筹协调、整体推进、督促落实，研究审议金融领域重大政策、重大问题等。

化解公共风险，需要树立有机整体的理念，强调治理协同。如果各个地方、部门过度关注本部门的利益，忽视了整体利益，仅从各部门情况和利益出发，忽略了各部分之间的内在联系，无法实现治理协同，则即使增加了地方、部门的利益，也有可能使整体公共利益受到损失，降低国家有机体的机能，影响治理效率，造成整个财政资源配置结构不合理、效率低下，从而降低社会资源的整体配置效率，无法有效化解公共风险，最终影响经济社会发展和人民群众的利益。加强治理协同，提升治理效率，从治理主体和治理部门来看，主要体现在三个方面的协同：财政部门内部的协同、财政与其他政府部门的协同、政府与其他国家治理机构的协同。

同时，从公共风险的特征，我们也能看出治理协同对于化解公共风险的作用。由于公共风险是在不断演变和传递的，如果只是从一个部门或一个层面化解公共风险，不仅会出现化解效率低的问题，而且会出现在化解一个公共风险的同时衍生出另外的一个公共风险的状况，或者是公共风险由一个部门、一个层面转换到另一个部门、另一层面。因此，只有各部门协同才能够有效化解公共风险。

（三）风险责任的分配和“风险内部化”“风险大锅饭”

行为主体有一种自然的倾向——风险留给别人，利益自己拿走。这就造成了风险与利益的不对称，产生“风险内部化”“风险大锅饭”等问题，也带来了治理效率的低下，甚至引发新的公共风险。要防止这种不良行为和倾向，就要做到责任明确。责任明确是化解公共风险的一个基本前提。责任明确，意味着相关风险化解主体知道自己所承担的责任，在责任的压力下，能够发挥其主观能动性，制定有效的化解公共风险的措施，并付诸实践。相反，如果公共风险化解主体的责任不明确，就会降低其能动性，影响化解风险的效率。有时候会出现推诿扯皮、多一事不如少一事、事不关己高高挂起等不良现象，造成所谓的“风险大锅饭”。这种“风险大锅饭”，既表现在同一层级不同的主体之间，也体现在中央和地方之间。

以政府各部门以及中央与地方为例。长期以来，我国政府各部门以及中央与地方风险责任分配并不清晰，这导致了一系列的问题，无法形成化解风险的合力，容易出现风险的转嫁。“中国财政风险具有明显的发散性，一个重要原因在于‘风险大锅饭’的制度性存在。这表现在多个方面：在政府与国企的关系中，政府总是最后承担了国企的全部风险，给予国企的只是‘激励+激励’；在政府的各个部门之间，各个部门都有权力在预算决策范围之外进行各种‘准财政’活动，却不承担风险责任；在各级政府之间，下一级政府的所有债务实际上都是上一级政府的‘或有负债’；在各届政府之间，本届政府可以通过大量融资来搞各种‘建设’，只享受由此带来的各种好处，而风险却可以推给下一届政府。由此导致的制度性后果是各级政府以及政府的各个部门的避险动机不强，避险能力很弱，致使社会转型期的公共风险不断地积聚和集中，最终扩大了财政风险。打破‘风险大锅饭’应成为今后中国改革的重要内容。”①

（四）风险隔离和处理以及资源动员能力

防止公共风险内部化为个体风险，以及防止各个领域公共风险的相互转化，就需要及时做好风险的隔离和处理。经济领域的公共风险，社会领域的公共风险，生态环保领域的公共风险是可以相互转化的，只有及时建立有效的风险隔离和处理机制，才能够防止风险的转化。

作为公共风险的最终承担者，财政是分配公共风险，以及应对

① 刘尚希：“中国财政制度的特征：‘风险大锅饭’”，《管理世界》2004年第5期，第39页。

公共风险的制度工具和物质抓手，并且承担公共风险的“防火墙”和“托底”责任。“财政作为防范公共风险的一种手段，与其他制度一样，对防范公共风险起着不可或缺的作用。但财政在整个制度结构中具有特殊的地位，这表现在以下几个方面：一是财政承担制度成本。……二是财政承担最终风险。”①

有效的风险隔离和处理机制。不仅涉及相关制度和政策，而且是建立在资源动员能力之上的。因此，风险隔离和处理能力，实际上也是一种财政动员能力。对财政动员能力的理解，不能停留在收支表面，而要依据整体观，从广义资源的角度去理解。例如，我们党对于财政的认识从来不局限于账面上的收收支支，资源动员能力，不仅包括贸易、金融等形成的资源聚集能力，而且还包括了老百姓的物质人力支持和各种社会援助，我们党领导下的战争可称为“人民战争”，我们党领导下的建设可称为“人民建设”。人民战争和人民建设中的财政因素，构成了中国鲜明特色的财政特质，形成了极为有效的资源动员能力，为化解不同时期的公共风险奠定了基础。

① 刘尚希：“论公共风险”，《财政研究》1999年第9期，第19页。

第五章　财政收支的新认识

北宋著名政治家王安石曾提出："因天下之力以生天下之财，取天下之财以供天下之费。"①他用浅显的语言道出了财富产生与运用之道，同时告诉执政者，解决财政问题归根到底是要发展生产。"供天下人之费"其实就是解天下人之忧、防天下人之险。忧解越多则天下之力越能聚合，天下之财便生得越多。可以说，王安石是从财富的逻辑看财政的，而财富逻辑的另一面是风险逻辑。从财富逻辑看，财政收支遵循的是"财富形成—财富公共化—公共产品与服务"的线索；从风险逻辑看，财政收支遵循的是"私人事务社会化—风险公共化—政府防范化解公共风险"的线索。公共风险理论为我们观察和认识财政收支提供了另一个视角。

一、用之于民故取之于民

在表述财政收入与支出时，一般都是收在前支在后，如各级政府的年度预决算报告，都是先讲收再讲支。实践中，我们很少能找到先支后收的表述；翻开一些经典的财政学教材，则一般是先支后

---

① 《王安石全集（第7册）》，王水照主编，复旦大学出版社2017年版，第1450页。

收，由市场失灵引出公共产品理论，由提供公共产品的政府职能而产生财政支出，先讲财政支出再讲财政收入。这种现象体现了理论解释与实践表述所遵循的不同逻辑。《荀子·君道》中提出："上好贪利，则臣下百吏乘是而后丰取刻与，以无度取于民。"[①]后世常把这句话概括为"取之于民，用之于民"，并以此说明财政之本质，这是从财富的逻辑来解释的。从公共风险的视角看，用之于民，故取之于民，才是财政之本质更合理、贴切的解释；有公共风险才有防范化解公共风险的需求，有防范化解公共风险的需求，才有必要筹集公共收入。

（一）为防范化解公共风险而筹集运用公共资源

本书第一章讲到，人类已进入风险社会，突出表现为数字化、绿色化、金融化。实际上，在人类进入风险社会之前，从人类诞生的那一刻起，风险就无时无处地伴随。只不过，早期人类社会面临的主要是来自自然界的风险，而随着人类社会的发展，自然风险越来越具有"人化"的特征，即人本身、人与人的关系、人的创造物越来越多地成为风险的来源，威胁着人类的生存与发展。人类个体无时无处不在面临着各式各样的风险。在面对个体无力应对的风险时，人们会结成共同体，以集合之力应对，如原始人为躲避猛兽的袭击会结成群体共同生活。从最初的小群体到大部落，再到部落联盟与国家，共同体的范围不断扩大，人类应对外部风险的能力也不断增强。共同体作为个体的联合体，本身不生产财富，它所支配的财富只能来自于联合体成员。共同体为其成员抵御外部风险，共同

① 《荀况·荀子》，杨倞注，上海古籍出版社2014年版，第147页。

体成员把个人财富上缴共同体作为公用，为办众人之事而聚众人之财，便是最初的财政形态。当作为共同体高级形式的国家不断完善，且随着人类社会的文明进步，越来越多地私人风险公共化时，国家的职能不断扩大，财政体系也不断完善。

当下，我们的国家正在为我们构筑一条完整、深厚的“防火墙”，把我们与生存风险和一般性的发展风险隔离开来。除了强大的国防力量抵御外敌、广泛的公共安全体系维持社会秩序、不断增加的投入提升生态环境水平等我们耳熟能详的重要公共投入外，还把幼有所育、学有所教、劳有所得、病有所医、老有所养、住有所居、弱有所扶等这些部分由个人承担的事务承担起来，以满足人民对美好生活的向往。美好生活对个体来说是确定性较高、风险极低的一种状态，为了给个体构建确定性的生存与发展环境，国家要筹集和投入大量的资源。2021年，我国财政收入占国内生产总值的比重为32.68%，也就是说全社会每生产100元财富，其中的32.68元纳入政府财政用于构筑我们的美好生活。

财政收入与支出，表面上是政府筹集收入并运用收入的活动，与家庭收入和支出、企业收入和支出并无本质上的差异。但进一步深究，家庭收支、企业收支是围绕个体需求进行的，财政收支则脱离了“私”的属性，大部分来源于私人领域，却运用于公共领域，实际上是在为我们每个个体构筑一道与各类风险隔离的“防火墙”。从这个意义上说，财政收入与支出，就是政府为防范和化解公共风险而筹集和运用公共资源的活动。

财政收支，更确切地说是政府收支，是政府履行职能所需资源的筹集与运用。政府筹集的公共资源与财富是政府收入，这些公共资源与财富的运用就是政府支出。政府所筹集公共资源与财富的运用，是政府作为公众代表治理国家的基础和重要支柱，在国家治理中政府筹集和运用公共资源与财富的活动，才是“财政”的完整含义。因此，财政是政府收入与支出在国家治理中发挥作用的概括性表述，是“理财”与“理政”的结合。邓小平同志就曾提出：财政工作一定要有财有政，切不可“有财无政”。[①]理财主要是政府收支的管理，理政则是在国家治理中发挥作用，而国家治理的主要目标不外乎稳定、发展与繁荣，本质上是防范和化解公共风险。市场经济条件下，我们一般把政府的职能主要定位为弥补市场失灵，一般意义上我们通常把政府的职能定位为满足社会公共需要，而这些都可归结为防范化解公共风险。市场失灵会产生公共风险，我们才要防范它；社会公共需要得不到满足会产生公共风险，我们才要化解它。

（二）以收定支还是以支定收？

假如你是一家之主，如何规划家庭的收支活动？一般情况下必然是量入为出、以收定支。假如你是一家企业的负责人，如何规划企业的收支活动？除非你是一个激进的冒险主义者，否则必然追求现金流健康运行条件下的利润最大化。无论是家庭还是企业，收入都是一个刚性约束，是家庭支出和企业投资的决定性因素。政府也是这样吗？主流经济学认为，消费者行为目标是效用最大化，厂商行为目标是利润最大化，而效用最大化与利润最大化都面临着收入约束；政府的行为目标是社会福利最大化，同样面临收入的约束。社会福利最大的另一面其实是公共风险最小。社会福利最大意味着

① 《邓小平文选》（第1卷），人民出版社1994年版，第199页。

社会总剩余最大，也就是整个社会的确定性最大化，整体的公共风险降至最小程度。可以说，公共风险决定了政府职能，政府职能圈定了政府的活动范围，政府活动的成本即是财政支出，同样这个成本也决定了政府需要筹集多少收入（见图5–1）。

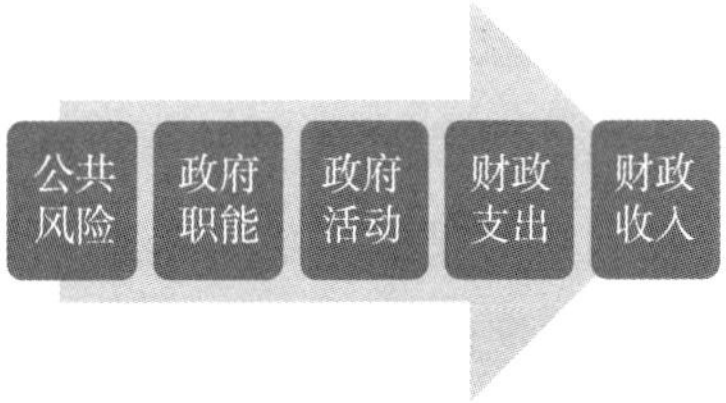

图5–1　从公共风险到财政收入的逻辑

1. 公共风险与政府职能

党的十八届三中全会提出："政府的职责和作用主要是保持宏观经济稳定，加强和优化公共服务，保障公平竞争，加强市场监管，维护市场秩序，推动可持续发展，促进共同富裕，弥补市场失灵。"这些对政府职能的概括，理论和现实的依据是什么？单纯按照西方经济理论中弥补市场失灵的作用去解释，显然存在局限，弥补市场失灵只是我们政府的部分职能，不是全部；而从公共风险的视角，则能够全面、充分地解释这些政府职能。我们的政府职能，更多地体现了我们党和国家对防范化解公共风险、实现国家长治久安的考虑。进一步地，先有风险，后有防范化解风险的职能，也就是说，政府职能是从其需要防范和化解的公共风险派生出来的。先有经济大幅波动可能导致的危机，才有政府的经济稳定职能，先有市场失灵导致的市场风险，才有政府弥补市场失灵的职能，而不是相反。理解这一点，是我们进一步理解财政以支定收的理论基础（见图5–2）。

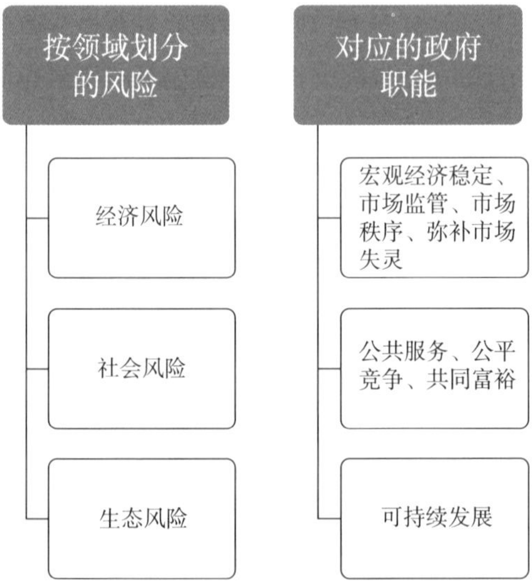

图5-2　不同领域的公共风险及其对应的政府职能

2.政府职能与财政收支

预算是财政的核心，是国家的基本财政收支计划，财政收支计划反映了整个国家的公共政策，而公共政策又代表了政府活动的范围，这就意味着政府的行为离不开财政，顺着财政收支的主线能够管窥所有的政府活动。由防范化解公共风险的需要引出了政府的职能，政府的职能是政府开展各项活动的依据，政府的各项活动即政府行为。政府开展任何活动都需要成本，这些成本即财政支出；而政府不具有营利性质，自身并不创造物质财富，它所耗费的成本只能从其活动的受益人那里筹集。政府为辖区的所有人防范和化解了各种各样的公共风险，所有人也自当为政府防范化解公共风险的活动支付成本。受益人为政府防范化解公共风险的活动支付成本，便是财政收入。因此，财政支出是政府防范化解公共风险活动的成本，财政收入便是受益人为政府防范化解公共风险活动所支付的成本，财政收支则是政府为防范化解公共风险而筹集和运用公共资源的活动。

3. 从以收定支到以支定收

在农耕社会，政府的收入主要来自于自然经济条件下的农业生产，规模较小且不稳定，而统治阶级的耗费以及防范战争、自然灾害等重大公共风险的责任却很重，加之不具有现代市场经济条件下的信用制度，政府的财政收入筹集能力较为有限，量入为出、以收定支成为不得已的选择。我们常常在历史文献中看到，评判断一个君主成就的一个重要方面，就是看他在位时财政储备的多少。著名的“文景之治”时期以三十税一的极低税率保持了国库的充盈，国库里的铜钱多得用不完，穿钱的绳子都烂了。古代社会，国库亏空往往是危机的前兆，入不敷出持续下去，统治者的位子便不稳定。这是由当时的经济社会发展水平和历史条件决定的。对现代市场经济国家来说，古代社会所谓的“国库充盈”已较为鲜见，财政赤字已成为普遍现象。现代国家基本上不是先考虑收入再考虑支出，不是有多少钱办多少事、钱少少办事、没钱不办事。现代国家的政府承担的公共责任大得多，要防范化解经济、社会、生态等各领域的公共风险，甚至全球性公共风险。再按照古代社会那种以收定支的模式，很多公共风险就要失控。2020年新冠疫情暴发后，我们国家2020年的预算已经在2019年确定，但为了防范和应对疫情蔓延及其衍生风险，积极财政政策由原定的“提质增效”转变为“更加积极有为”，赤字率提高到3.6%以上，发行1万亿元抗疫特别国债，大力减税降费，中央本级非急需非刚性支出压减50%以上。可以说，现代市场经济条件下，基于公共风险最小化目标的政府，以支定收是其预算安排基本思维和程序（刘尚希，2022）。

（三）以支定收何以必要与可能？

以防范化解公共风险为目标的政府，其财政安排必然坚持以支定收的原则。古代社会一方面把政府的公共责任圈定在较小的范围，另一方面也不具备现代市场经济条件下完备的金融体系，以支定收的必要性虽有，但不具备实现的可能性。现代社会之所以能这么做，是因为国家信用衍生出了信用货币，政府垄断了信用货币的发行权，随着社会财富金融化程度的提高，政府凭借其强大的国家信用能够把较多的“未来收入”用于弥补当下缺口。

1. 风险社会的不确定性叠加与弥散

社会分工、科技进步与社会联系的日益紧密，使得现代公共风险越来越突破了传统的单向度、散点式分布，呈现出越来越叠加与弥散的状态。公共风险叠加，意味着各种风险同时发生并相互作用产生了一加一大于二的危害；公共风险弥散，是指局部的风险演化成整体性、系统性风险的可能性越来越大。例如，新冠疫情这一公共卫生危机，就是迅速地在全球弥散，与经济、社会风险共振，对整个世界造成了前所未有的冲击；我国一些地方往往仅因一个人不遵守疫情防控要求，导致疫情大面积扩散，以致整个城市不得不进行封控；公共卫生风险与经济、社会风险叠加，导致整个社会的公共风险水平达到较高程度，以致我们不得不采取各种措施统筹疫情防控与经济社会发展，控制各类风险的叠加与弥散，把整体公共风险水平控制在合理的水平之内。自然经济条件下单向度、散点式分布的各类风险，可预测性与可计量性相对较高。例如，河流泛滥可根据季节变化进行研判，战争威胁可根据国家和民族周边关系进行推测，流行病的传播也可在封闭条件下以牺牲一个小群体换取大部分人的安全。而现代社会风险的多向度、弥散式和叠加态特征，使得传统的预测与计量失去了效力，先进的武器使得战争并不必然在临近的国家间发生，流行病可以在十天半个月内蔓延至全球的每个角落，来自自然界的风险可以转化成经济社会风险，一些人化的风险也会演化成自然风险。风险状态的这种变化，要求政府防范化解公共风险的行为随之而变，也意味着传统的财政收支模式需要被打破。

2. 以收定支与公共风险游离

遵循以收定支的原则，意味着对公共风险进行预判，并根据收入情况做出防范安排。这在公共风险叠加与弥散状态下，显然是不合理的，甚至可能酿出更大的公共风险。单向度的公共风险，只要把握住公共风险的源头及发展方向，堵住源头、阻断方向，便可实现对公共风险的控制；散点式的公共风险，只要“围点打援”，便可把公共风险控制在一定范围之内。这样，公共风险大体上是可判断的，除非是自然界的“飞来横祸”或超出政府认知范围的未知事件。这种情况下，根据财政收入安排财政支出并留出一定的机动储备，便可在常规情况下履行好防范化解公共风险的职责。当公共风险的演变成多向度、弥散式与叠加态时，公共风险一旦产生，便迅速向周围各个方向弥散，并与其他各种公共风险融合，我们根据财政收入多少来安排防范化解公共风险的活动，必然是以可识别、可预判的风险为先，当这些显性风险耗尽所有财力后，一旦发生未识别、超预期的风险暴露，便再无力量应对，这些公共风险便游离于防范与化解能力之外，任由其演变成各种危机而无力应对，最终导致整体公共风险水平超出临界水平，引发社会动荡。古代社会的朝代更迭、统治者倒台固然有自然的、人为的等各种因素，但多由财政危机引发，直接因素便是存在大量公共风险游离于防范与化解能力之外，财力不足以支撑统治者应对其所面临的所有公共风险。试想，如果统治者有充足的财力赈济灾民、应对战争，可能我国古代很多朝代的更迭就要延后。进一步地，如果现代社会的政府仍采用以收定支的模式，有多少钱办多少事，没钱就任由公共风险暴露和发展，会酿出多少大的悲剧？

3. 公共风险的不确定性与以支定收

不确定性是风险的本质，公共风险并不会因其冠有“公共”二字便不具备不确定性的特征，相反，因公共风险由众多私人风险聚合而成，公共风险的不确定性也是“不确定性”的升级版，可以说是不确定的不确定性。我们个体所面临的风险，虽是不确定的，但大体可以概率来计量。例如，新生儿患有某种先天性疾病、驾车出行遭遇车祸的可能性可用万分之多少、千分之多少计量；随着经验的积累和科学技术的进步，一些自然灾害也可用多少年一遇的概率计量。但大部分公共风险不具备可计量性，我们无法预测下一次经济危机发生的概率，更无法计量下一次流行病发生的概率，大规模的社会动荡、重要国家之间的战争可能连推断都难以定论。现代国家的政府旨在为国民建构一套立体式、全方位的风险“防火墙”，使得公共风险的防范化解更加复杂化。我们党和国家在新时代满足人民对美好生活的向往的执政方略，“脱贫路上，不让一个人掉队”，“共同富裕路上一个都不能落下”，意味着要为所有人构建前所未有的确定性，同时要克服前所未有的不确定性，难度可想而知，可以说是公共风险“不确定性”升级版之上的再升级。面对前所未有的不确定性，以收定支的模式显然是难以适应的，我们不可能因为财力一时一地的不足，而置公共风险而不顾。可以说，国家越是为其国民构建确定性，就越要面对更大的不确定性，防范化解更多、更大的公共风险，理应耗费更多的成本，同样也需要筹集更多的收入。

4. 现代信用货币为以支定收创造条件

信用货币是由国家法律规定的，强制流通不以任何贵金属为基础的独立发挥货币职能的货币。在金银本位货币条件下，受限于贵金属的供给，货币供应量增长受到很大限制。现代信用货币以国家信用为依托，摆脱了贵金属的局限，货币供应有了极大的空间，同时也蕴含着很大的风险。早在北宋时期，统治者就曾以朝廷信用担保发行信用货币，由于没有相应的金属货币储备，在变相地大增发纸币后，产生了严重的通货膨胀，成为导致宋朝衰落的重要原因。元朝末年也发生了滥发纸币的现象，造成货币巨幅贬值引起币制崩溃，给当时的国家带来了灾难性后果。现代社会也不乏因滥发纸币导致大幅通货膨胀的案例。

事物发展有一利必有一弊。现代信用货币固然有其内在的缺陷，但其供给不受金属存量限制、具有较大弹性的特点，降低了市场交易成本，加快了货币周转速度，为政府调控经济提供了更加灵活的手段，也为政府权衡和对冲公共风险创造了更大的空间。古代社会，朝廷为赈济灾民或发放军饷，通常先筹措金银，然后用马车运达受灾地或军队驻地，且不说筹措渠道极其有限，其效率也极为低下。现代信用货币与发达的电子支付系统，这种支付可在瞬间完成，财政也可通过预算调整调剂、发行政府债券等多种形式筹措。

基于国家强大的信用体系，以支定收越来越成为现代国家预算的基本思维和程序。传统思维下，政府财政收取了税收，财政账户上有了资金，才可以支出去。现代央行代理国库，基于国家信用，没有税收也可以花钱，即财政支出记为财政账户准备金减少，商业银行准备金增加；待纳税人缴税时，商业银行准备金减少，同时这笔资金再回到财政准备金账户，至于财政是赤字还是盈余，年底算账时才知道。这是现代货币理论（MMT）下的财政以支定收的简单逻辑，该理论的创始人之一兰德尔·雷（2022）认为，MMT并不是很多经济学家所认为的央行“坐直升机撒钱”，而是一种现实存在的逻辑，150年前的财政支出和税收就是这么运作的，只不过现代金融体系更加复杂，增加了作为中间环节的央行和商业银行，使纳税人和合同方看起来与财政部并没有直接关系；但财政支出就是货币创造，而税收导致货币回笼的逻辑依然存在，即财政必然先支出，纳税人才可以缴税。MMT理论关于先有支出后有税收的解释，与“为防范化解公共风险而筹集运用公共资财”的财政收支定义异曲同工。前者认为，财政要先花钱才能收钱，后者则是遵循“公共风险—政府活动—财政支出—财政收入”的逻辑，是先有风险再支出，有了支出才有收入。如果说公共风险的不确定性使得以支定收有必要的话，那么现代信用货币体系则使以支定收有了更大的可能性，而MMT理论则更甚一步，把以支定收作为财政的一种先天逻辑。

二、公共风险水平与财政支出规模

中华人民共和国成立70多年来，我国财政支出从1950年的68亿元增至2021年的近25万亿元，增加了3600多倍；同期我国国内生产总值从600多亿元增至近115万亿元，增加了近2000倍。无论从长期看还是从短期看，我国的财政支出规模增长速度都是快于经济增长速度的。这一现象不仅在我国存在，在世界上大部分国家都是如此，以至于德国经济学家瓦格纳在19世纪60年代把这一现象进行归纳，形成了著名的“瓦格纳法则”，即当国民收入增长时，财政支出会以更大比例增长。瓦格纳从政治、经济等因素对这一现象进行了解释，认为政府活动范围的扩大和社会公共需要的增加是财政支出规模增速大于国民收入增速的主要原因。那么，政府活动范围为什么会扩大呢？如上节所述，公共风险决定政府职能，政府职能的扩大必然有公共风险扩大或变化的因素。

（一）防范化解公共风险的成本

1.防范化解公共风险成本与产出的不确定性

市场主体从事生产或服务活动都存在成本。经济学理论中把生产商品所耗费的成本分为固定成本和变动成本、显性成本和隐性成本、机会成本和沉没成本等。政府防范化解公共风险的活动，实际上也是从事生产或服务活动，也需要耗费相应的成本，只不过与厂商的成本耗费可明确计量不同，防范化解公共风险的活动是一种有机的公共行为，其成本的计量存在不确定性，不仅如此，这些活动的产出计量也存在不确定性。

上述不确定性主要源自四个方面①。一是确定和度量产出困难。政府的活动虽是实体的，具有明确的人力、物力和财力的投入，但公共风险是虚拟的，我们可以计量政府干了多少事，至于政府防范

① 〔美〕查尔斯·沃尔夫：《市场或政府》，中国发展出版社1994年版。

化解了多少风险是难以明确的。在大多数情况下，只能用财政支出的多少来衡量防范化解公共风险的产出。比如，投入了多少财政资金，为贫困地区修建多少所小学，为多少人提供了最低社会保障等。学校数量和享受社会保障人数能够确定，但在多大程度上防范化解了公共风险则难以度量。二是活动实施的单一性和排他性。政府中一些单一机构的活动，在特定的领域中具有排他性。它在立法上是指令性的，在行政上是唯一被接受的，例如市场监管机构、公共学校系统等。这种排他性很少受到争议，在这里形成的决议经常是基本上同产出的效益和质量无关。三是技术的不确定性。政府防范化解公共风险所需的技术经常是未知的，或者如果知道也是明显地不确定和模棱两可。在国家安全领域，人们似乎普遍认为它的技术是高级的、有效的。但事实上人们对于国防投入与国家安全这一期望的最终产出之间的关系，顶多也仅仅是有限的了解。从更专门和更技术的角度看，人们还很不了解战略防御和战略进攻能力的配合究竟能产生多大的有效威慑力量。四是缺乏基准线和终止机制。同市场产出的收益成本描述相比，政府产出总的来说没有一个评价成效的基准。同这种缺乏基准线状况密切相关的是，当政府活动不成功时，缺乏一种可靠的终止活动的机制。

2. 政府活动成本的货币化

厂商生产过程中有厂房、设备等固定成本支出和原材料、劳动力等变动成本支出，市场经济条件下这些成本支出都货币化了，在马克思那里则用“资本化”来表示，并用不变资本和可变资本来区分。资本是追求价值增值的，政府支出并不追求价值增值，用“货币化”更为确切。政府防范化解公共风险的活动也需要固定成本和变动成本投入，也存在显性成本和隐性成本、机会成本和沉没成本，这些在市场经济条件下都以货币化的形式存在。古代社会货币体系不发达的情况下，政府活动并不都是以货币的形式支付成本，如我国“两汉”时期发给官员的俸禄是俸钱和禄米各占一半；改革开放前的计划经济条件下，会向公职人员发放粮票、肉票等用以换取商品的票证。现代市场经济条件下，政府所有活动成本都货币化了，固定成本体现为租金、设备购买支出、政府直接投资支出等，变动成本体现为人员成本、公用经费、商品和服务购买支出等。政府活动成本的货币化，使得政府防范化解公共风险的活动有了总体成本可衡量的条件，也为政府收支规划与计划提供了便利。

3. 政府预算制度与“预算最大化”

围绕财政收支的计划，现代政府形成了规范、严谨的预算制度，以至于预算成为了现代财政管理的核心工作。企业、家庭也有预算，但为什么政府预算更为规范和严谨？这主要与政府活动的成本与产出不确定有关。企业和家庭的成本和产出都是可计量的，基于这种计量相对容易做出预算，结果的确定性使得过程的确定性不再那么重要。政府则不同，其成本和产出都难以计量，财政支出就是其成本，也在一定程度上代表其产出，成本和产出不确定性较大，预算过程的确定性就至关重要了。

假设一名官员所负责的机构具有防范化解特定领域公共风险的职责，为使其所在领域的公共风险最小，在不确定区间和上限情况下他应该申请多少预算？从行为主义的视角推断，大部分人会倾向于“多多益善”。20世纪70年代，尼斯坎南（Niskanen）提出了著名的“预算最大化”模型。按此模型，官员的理性自利与经济市场中的消费者和厂商相比并无二致，公共机构和个人行为动机的出发点，既不是社会公共利益，也不是国家利益，而是机构和自身的利益。官员的效用函数，主要包括薪金、福利津贴、公共声誉、权力、恩惠、机关产出等变量，几乎都是与机关预算呈正相关①。官员为了自身利益最大化，必然追求预算规模最大化。

这种解释是从西方经济学中的“理性人”假设出发所做出的推断。假设条件不同结论就会迥异。本书第三章提出了“风险人”的假设，从该假设出发，公共机构及其官员的预算最大化倾向也具有合理性。由于无法把成本与产出作为评估公共机构及官员的标准，而财政支出多少又在一定程度上代表了防范化解公共风险的成本与产出，为追求公共风险最小，机构及官员必然追求预算最大。基于“风险人”的假设，公共机构及官员都会追求预算最大，但财政收入毕竟有限，如何在诸多最大化追求中分配有限的财政资源呢？这就涉及“风险权衡”，在各类公共风险中权衡，在公共风险与财政风险之间权衡，在公共风险的时空分布中权衡。

（二）私人风险公共化与财政支出规模增长

1. 瓦格纳法则与政府活动扩张

德国经济学家阿道夫·瓦格纳基于考察和实证研究结果总结了美国和德国等工业化国家 18—19 世纪近百年的公共支出情况，提出了公共财政支出增长规律，即工业化促进经济的发展经济，发展推动社会进步和人民收入水平的提高，这会引致政府部门活动范围的扩大和履行职能的增多，政府财政支出规模随之会呈现扩大趋势，后人称之为“瓦格纳法则”。瓦格纳本人认为这种现象可从两个方面进行解释：政治层面是政府职能的扩展和政府活动范围的扩

① 〔美〕乔·B.史蒂文斯:《集体选择经济学》，杨晓维译，上海三联书店、上海人民出版社1999年版。

大；经济层面则是维护市场秩序的需要（经济越发展，市场主体之间的关系越复杂）、解决外部性的需要（人口集中与城镇化导致的外部效应）、公共需求的收入弹性（经济越发展，人们对教育、娱乐、文化、卫生和社会福利的公共需求就越大）。无论是经济因素还是政治因素，都包含了政府活动扩张的因素。

2. 政府的内生性扩张和外生性扩张

前者是指防范化解公共风险任务不变情况下的扩张行为，主要表现机构、雇员规模的不断扩大和支出的不断增加。如前所述，"风险人"假设下，机构与官员具有预算最大化的倾向，钱多了，事就多，事多了，就需要更多的机构和人员。当这种机构和人员的增长与其防范化解公共风险的任务不匹配时，内生性扩张便出现了。弗里德曼在他的《自由选择》一书中用一个流行于美国民间的笑话说明了政府机构的扩张现象："一个人问另一个人：你知道需要多少美国人安一个电灯泡吗？另一个人回答说：需要五个人，一个人安灯泡，四个人填写环境影响报单以及安全和卫生管理局要求的各种报告书。"[①]可见，政府机构的内生性扩张在发达国家也是存在的。外生性扩张则是与政府防范化解公共风险任务的扩大相对应的，公共风险新生了、变异了或转移转化了，都需要政府职能的调整与优化，公共机构的扩张与收缩便是经常发生的事。

3. 风险公共化

公共化是人类需要采取集体行动来解决公共事务的过程，其主体是人类共同体，其过程以公共风险为动力[②]。风险是人类社会的

① 〔美〕米尔顿·弗里德曼：《自由选择》，安强译，商务印书馆1982年版，第87页。
② 刘尚希："公共化与社会化的逻辑"，《学习与探索》2008年第5期。

一种普遍性的客观存在。微观上看，所有风险的承受者都是人类个体，因此所有风险从一定意义上说都是“私人风险”。但随着人类社会的发展，生产生活分工日益精密，交流方式日趋先进，人与人之间的关联日益网络化，私人风险扩散、传染的可能性与速率也日益增长。这意味着私人风险转化成公共风险的概率的增大，也意味着公共风险可能涉及的范围也呈现扩大趋势。以长期危害人类的传染病疫情为例，在以人力或畜力为主要交通工具的传统社会，疫情可能以逐村逐社区的方式扩散。但在以化石能源为交通动力的现代社会，疫情传播速度会以指数级方式增长，相应地，风险公共化、社会化的速度与程度也会有深刻变化。可见，私人风险向公共风险的转化方式、路径与程度等，均与生产力发展以及生产关系密切关联。可以说，生产关系或国家社会关系形态决定了公共风险的产生原因以及基本应对方式，而私人风险向公共风险转化的方式、程度与特征又密切影响着政府筹集和运用公共资财的行为。

4. 财政支出规模增长反映公共风险变化

随着人类社会结构的演变，风险形态及公共风险形态都会发生变化。在古代社会，由于生产力不发达、科学技术落后，人们面对的主要风险是饥荒、瘟疫、自然灾害等。进入工业社会或近代资本主义社会后，由于生产力发展和生产关系的变化，上述“古典式”公共风险基本上消除了，但资本主义社会也被推入了另一种社会风险——经济危机之中。当人类社会进入后现代社会或后工业社会后，公共风险形式又发生了深刻变化。首先，随着“全能政府”对市场和社会的深度介入以及福利社会的形成，政府通过建立失业、养老、健康等保险制度以及最低保障线制度，解决了绝大部分人的温饱和基本安全问题。其次，随着妇女进入劳动力市场，工业社会时代的“核心家庭”与现代等级制逐渐解体，过去被视为家庭问题的性别不平等、婚姻、子女养育、养老等问题纷纷社会化，成为新生公共风险的一个重要源头。再次，随着人类改造自然的技术和能力不断发展，由此带来的社会风险的自然化呈现出不可感知、难以预料以及无处可逃的特征。

在古代社会，执政者也会提供一系列公共产品来应对公共风险，但受限于当时的经济社会发展水平与技术状况，执政者主要是运用财政手段来被动地应对从风险转化而来的现实危机。在资本主义社会初期，代表资本家利益的政府奉行“守夜人”角色，采取了斯密式“小政府”的财政政策取向，没有承担起社会中下阶层人士的福利责任。公共风险的自然色彩淡化，社会色彩越来越浓厚，经济危机这种“人造风险”及其带来的社会动乱，成为有可能颠覆资本主义自身的重大风险。作为斯密主义革命者的凯恩斯主义的产生，为政府干预社会和市场、承担社会福利责任提供了理论支持，全能政府应运而生。政府一方面为劳工阶层提供社会福利保障，使得其即使处于失业状态仍然能够维持基本生活需要；另一方面，通过扩张的财政政策来人为熨平经济周期，防止经济衰退，减少失业现象。虽然在20世纪80年代，西方国家开启了“政府瘦身”的新公共管理运动，但政府职能扩张的步伐并未停止，以致大部分西方发达国家演变成了“高福利国家”，并由此引发了一系列的政治、经济和社会风险。

（三）风险公共化水平决定财政支出规模

上述关于私人风险公共化推动财政支出规模增长的分析，实际上已经揭示了财政支出规模增长的根本性决定因素，即风险公共化。影响财政支出规模增长的因素有很多，瓦格纳认为起主要作用的是从工业化发展过程中政府职能的扩大。马斯格雷夫和罗斯托用经济发展不同阶段所产生的对财政支出的不同需求进一步地解释了政府支出规模增长的原因：经济发展前期，政府需提供更多的基础设施；到了中期，这方面的支出下降了，但弥补市场失灵的任务更重了；经济进一步发展后，恩格尔系数降低，人们对除基本生存之外的需求逐步增加，这其中社会公共需求又占很大比例。社会公共需求的增加导致政府职能的扩大，政府职能的扩大相应地增加财政支出，那社会公共需求为什么会增加呢？是因为私人风险越来越多地公共化了。

现在我们每个人都能享受的九年制义务教育就是私人风险公共化的一个典型结果。古代社会，读书识字是私人的事，统治者并不干预，以致大部分人无法接受教育，一些私塾也只是提供针对富裕阶层的私人性质教育服务。中华人民共和国成立前，当时的南京国民政府曾推行四年制义务教育。中华人民共和国成立后，我们有步骤地推行九年制义务教育。时至今日，社会上已不乏有人提出，要把九年制义务教育扩展至十二年。义务教育从无至有、年限从少至多的过程，是什么在推动？不受教育或少受教育，作为一种私人所面对的风险，在经济社会不断发展的情况下，就会聚合形成公共风险。当这种私人风险公共化了，防范和化解它就成为了政府的职能，而政府履行这种职能必然产生相应的财政支出。

风险公共化在财政支出规模中的决定作用，也可从具体的社会实践中进行观察。如图5–3所示，1930年以来，美国财政支出占GDP的比重逐步提高，体现了美国经济社会发展中风险不断公共化的过程。值得注意的是，1943—1945年美国财政支出占GDP的比重一度达到40%以上，2020—2021年则再次攀升至30%以上，而前一个时期对应的是第二次世界大战，后一个时期则是世纪疫情。这两个时期，美国乃至全球公共风险水平都处于急剧攀升状态，美国为防范化解本国所遭遇的战争威胁与公共卫生危机导致的经济社会风险，大幅增加了财政支出。

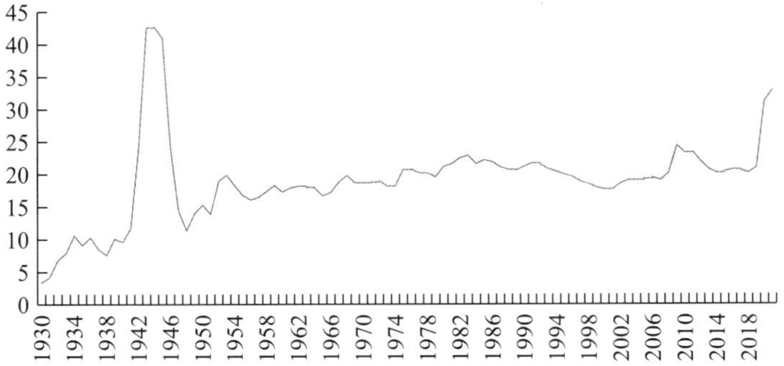

图5-3　1930—2021年美国财政支出占GDP的比重

资料来源：前瞻数据库，https://d.qianzhan.com/。

我国的情况则与美国有所不同。如图5-4所示，1978年以来，我国一般公共预算支出占GDP的比重呈现先降后升的态势，这种走势也可以从公共风险变化的角度进行解释。改革开放初期，我国仍处于计划经济时期，计划经济条件下政府的“大包大揽”必然导致财政支出占比较高。随后我国实行经济体制改革，政府开始“放权让利”，财政支出占GDP比重开始逐步下降，以致20世纪90年代一度导致一系列风险，特别是中央政府宏观调控能力弱化的问题。1992年，我国确立了社会主义市场经济的改革方向，同时提出建立与社会主义市场经济体制相适应的社会保障体系。1994年开始实行分税制改革，财政支出占GDP比重下滑的态势逐步扭转。近年来，随着我国社会保障体系的不断完善、保障和改善民生力度的不断提升，财政支出占GDP的比重显著增加。值得注意的是，与美国2020年以来财政占GDP比重的猛增不同，我国则出现了明显的下降，这又做何解释？中美两国都曾面临着公共卫生风险扩大化的整体公共风险水平攀升，但政策方向却明显不同。这其中体现的是风险权衡的不同。美国经济的特征是高度金融化和以消费为主导，公共风险导致的消费者资产负债表收缩会通过其金融体系传导至经济乃至整个社会各个方面。为迅速修复居民资产负债表，美国以财政风险对冲公共风险，运用财政直接向居民补贴的方式避免居民资产负债表恶化。我国制造业占比较高，实体经济在国民经济中举足轻重，居民资产负债表相对较优，面对重大公共风险冲击，保市场主体、保产业链更为重要，因此采取了较大规模的减税降费政策。

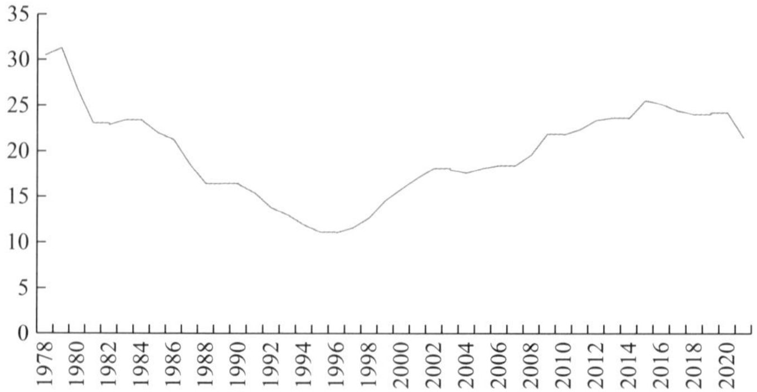

图5-4 1978—2021年中国一般公共预算支出占GDP的比重

资料来源：《中国统计年鉴2022年》。

基于风险公共化决定财政支出规模的逻辑，我们也可做出进一步的推演。未来的社会，财政支出规模占GDP的比重会继续呈现上升的趋势。虽然特定时期内这一比重可能会下降或保持稳定，但从长期看，它还会缓慢上升。因为公共风险在内生性变异的同时，技术进步、社会分工、社会联系等外生性因素也在加速着私人风险的叠加、变异，使之更多、更快地公共化。我们已经进入了风险社会，其典型特征是风险的高度社会化，进而大量私人风险转化为公共风险。当越来越多的风险公共化了，成为了政府的职责，政府防范化解公共风险的成本必然也会增加。

三、公共风险分布与财政支出结构

2021年我国一般公共预算支出中，占比最高的前五项支出分别是教育、社会保障和就业、农林水、城乡社区和卫生健康支出，这些支出均与民生息息相关。整体上，我们每年的财政支出中，有70%以上都用在了民生领域，而在改革开放初期，用于经济建设的支出占比是最大的。我们的财政支出为什么会有这样的安排，为什么会发生这样的变化？根据图5-1的逻辑，支出结构的变化必然是政府职能变化导致的。改革开放初期，我们坚持以经济建设为中心，解放和发展生产力是当时的第一要务；但经济发展的根本目的是改善人民生活，当经济发展到一定程度，人民群众对美好生活的向往变成了财政发力的重点。进一步地，政府职能的变化背后必然有公共风险变化的因素，当吃不饱是最大的公共风险时，我们只能把所有精力用在发展生产力上；当一定程度上解决了生存的风险时，人的发展风险开始逐步公共化，政府职能也必然向满足人的发展性需求转变。

（一）公共风险分布的影响因素

概率论与数理统计中有一个基础概念叫"概率分布"，它主要表述随机变量取值概率的规律，最常见的一种概率分布是正态分布。在市场领域，风险主要是损失发生的可能性，是概率，也有多种表征的分布，公共风险也不例外。公共风险作为风险的一个大类，一方面遵循着概率论中的分布规律，但因其带有了公共性质，也有着与一般意义上的风险不同的分布规律。私人风险分布不同影响个体行为，公共风险分布不同必然影响政府行为，进而影响财政支出的安排。

传统意义上的公共风险分布受自然因素影响较大。早期人类社会面临的风险主要来自大自然，现代社会我们依然要面临着大自然带给我们的不确定性，自然灾害、气候变化等并没有因为经济社会发展而变少，只是我们应对这些风险的能力提高了。自然因素对公共风险分布的影响比较容易理解，各类自然灾害的空间分布是不平衡的。例如，我国夏秋季节经常出现南涝北旱的格局，而在极端天气条件下又会出现南旱北涝的现象；西北地区少雨、部分地区生态极其脆弱，导致当地政府不得不把相当大的财力用于生态环境保护与治理。日本整个国家都位于地震带上，大小地震极为频繁，使之在防范地震和灾后重建方面支出庞大。

随着人类文明的进步，人类活动因素对公共风险分布的影响越来越大。马克思、恩格斯在《共产党宣言》中指出："资产阶级在它的不到一百年的阶级统治中所创造的生产力，比过去一切世代创造的全部生产力还要多、还要大。"[①]资本主义制度前所未有地解放

① 《马克思恩格斯文集》（第3卷），人民出版社2009年版，第33页。

了生产力，为人类社会应对自然风险提供了坚实的物质基础和技术条件，但也使得制度本身成为公共风险的重要源头，周期性的经济金融危机对经济社会运行的“杀伤力”，不亚于一些重大自然灾害。特别是进入工业社会后，越来越多的私人事务公共化，教育、医疗、养老、就业等传统上的私人领域，成为公共风险的集中地。2023年我国两会期间，相关媒体发布的网友热门议题排行榜显示，就业、劳动保障、养老、乡村振兴、教育排在前五位。[①]近年来，西方发达国家的社会不稳定因素也多因医疗、养老领域的政策调整所导致。

从国家治理的层面看，公共风险分布的变化会体现为社会主要矛盾的变化。社会主要矛盾实际上是国家治理中的主要公共风险。中华人民共和国成立以来，我国社会主要矛盾已发生过三次变化。1956年党的八大提出我国国内主要矛盾是“人民对于建立先进工业国的要求同落后的农业国的现实之间的矛盾，人民对于经济文化迅速发展的需要同当前经济文化不能满足人民需要的状况之间的矛盾”。当时的情况是，我国第二产业占GDP的比重不到20%，而第一产业则超过50%，有80%以上的劳动力从事农业生产，是典型的“农业国家”，工业体系“一穷二白”。1981年党的十一届六中全会提出，我国社会主要矛盾是“人民日益增长的物质文化需要同落后的社会生产之间的矛盾”。党的十九大提出，“新时代我国社会主要矛盾是人民日益增长的美好生活需要和不平衡不充分的发展之间的矛盾”。我国社会主要矛盾的这三次变化，体现了新中国在中国共

① 《两会微博热度报告》，中国新闻网，https：//baijiahao.baidu.com/s?id=1760539447995932460&wfr=spider&for=pc，2023-03-16。

产党的领导下从站起来、富起来到强起来的变化，蕴含着经济社会发展不同阶段公共风险分布不断变化的逻辑。改革开放前，我国的公共风险集中体现为个体的生存问题与国家的综合实力不强，以致邓小平同志产生了我国可能被“开除球籍”的忧患感。当下，全国范围内个体的生存问题已构不成重大公共风险，而几乎所有的经济社会问题都可从发展不平衡不充分中找到根源。

现代风险社会条件下，公共风险分布的影响因素更为复杂。后工业社会或者说后现代社会，财富的社会化生产与风险的社会化生产系统相伴，稀缺社会的财政分配逻辑开始向发达现代性的风险分配逻辑转变。在后现代性的社会中，随着生产力的指数式增长，风险和潜在自我威胁的释放达到了前所未有的程度。因此，后现代性的社会其实就是一种“风险社会”。从根本意义上说，风险社会中的风险与瘟疫、饥荒、自然灾害等这些人间悲剧完全不同，因为后者并不是基于人们的某些决策而产生的。风险社会的风险则是一种“人造风险”，它源于人们的重大决策，而且这些决策往往并不是由无数个体草率做出的，而是由整个专家组织、经济集团或政治派别权衡利弊得失后所做出的（贝克，2003）。“但凡风险使人忧虑的地方，危险的根源都不在外部，不在异乡，不在非人之物；相反，危险来自人在历史中获得的能力，人对地球上一切生命的再生产条件的改变、塑造或毁灭。”“危险的源头不是无知而是知识，不是缺少控制而是完美地支配自然，不是由于脱离了人的理解，而是因为工业时代建立了决策和客观限制的体系。”[①]而且，由于分工的细化与

① 〔德〕乌尔里希·贝克：《风险社会》，张文杰、何博闻译，译林出版社2018年版，第230页。

知识的专业化，人造风险产生的责任难以准确划分，出现了“有组织的不负责任”。比如核电站或大型水库的建设，一般都经过了代议制机构的投票通过，还经过了专业的、全面的风险评估，在整个社会上既有大量的支持者，也有一些环保主义的反对者。一旦发生危险，大家都有理由推卸自己的责任。

（二）公共风险分布与财政支出结构

财政支出结构是财政支出在各部门、各领域、各行业的数量、比例安排。现有财政学教科书中基本都是从政府职能及其活动范围、社会公共需要等因素来解释财政支出结构安排的。我们从现实的财政支出结构中也能够大致看出政府职能和社会公共需要，如果进一步探究，这两者的背后更本质的则是公共风险的分布。

2021年，我国一般公共预算主要支出科目中，按支出规模排序依次是教育支出、社会保障和就业支出、农林水支出、一般公共服务支出、城乡社区支出、卫生健康支出等。教育支出在我国一般公共预算支出中的占比最高，说明随着经济社会的发展，公民教育领域的私人风险公共化程度越来越高；社会保障和就业关乎人民群众的生存与发展问题，相关支出在市场经济条件下具有“防火墙”的作用，是防范社会风险的基础保障；农林水支出包括农业、林业、水利、扶贫开发、乡村振兴、农业综合开发等支出，对于巩固农业在国民经济中的基础性地位，推动城乡协调发展意义重大；城乡社区支出包括城乡社区公共设施、环境卫生、市场管理等支出，主要用于保障基层公共治理方面的需要，俗话说“基层稳、天下安”，把矛盾和问题解决在基层，就能使一些公共风险不必向上和向外传导。值得注意的是，近年来我国的债务付息支出逐步增加，2021年占全国一般公共预算的比重为4.2%，已经成为财政支出中的重要组成部分。总体来看，我国财政支出大部分用于民生领域，近年来民生支出占财政支出的比重一直在70%以上，体现了经济社会发展特定阶段个体需求大量社会化、私人风险大量公共化的规律（见图5-5）。

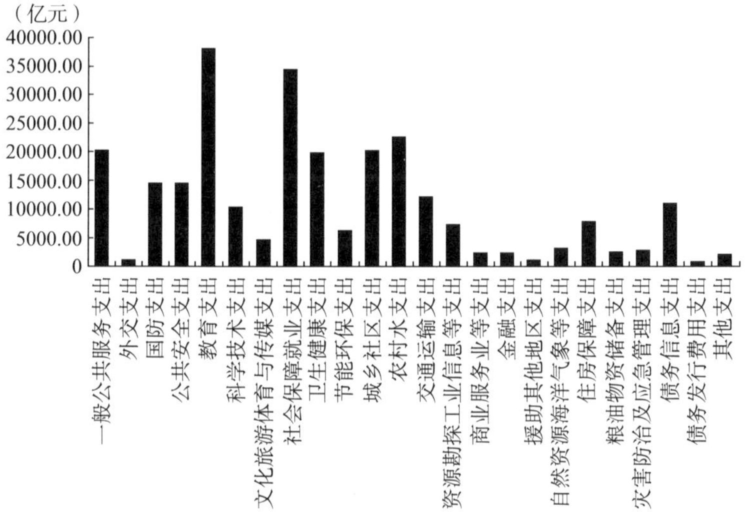

图5-5　2021年我国一般公共预算主要支出

资料来源：《中国统计年鉴2022》。

财政支出结构并不是一成不变的。如图5-6所示，1998年时我国国家财政的主要支出与当下的财政支出结构差别很大。1998年我国尚处于经济体制改革与转轨的中期，计划经济遗留下来的财政支出惯性仍然存在，与市场经济体制相适应的财政支出结构尚不完善。当时，虽然与民生相关的文教科学卫生事业支出是财政支出的第一大项，但基本建设支出占比很高，与企业生产经营相关的支出科目不少，财政支出结构呈现出典型的“以经济建设为中心”，民生财政的特点尚不显著。当时，国有企业改革正在向纵深推进，国企职工的大部分公共需求仍由企业承担，大量的私人风险并未传导至政府财政；而国有企业改革的大量支出，则由财政承担了。另一方面，当时的经济社会发展水平相对较低，以经济建设为中心、全心全意发展经济仍是全党和全国人民的共识，经济发展起来后的私人风险公共化问题尚不明显。

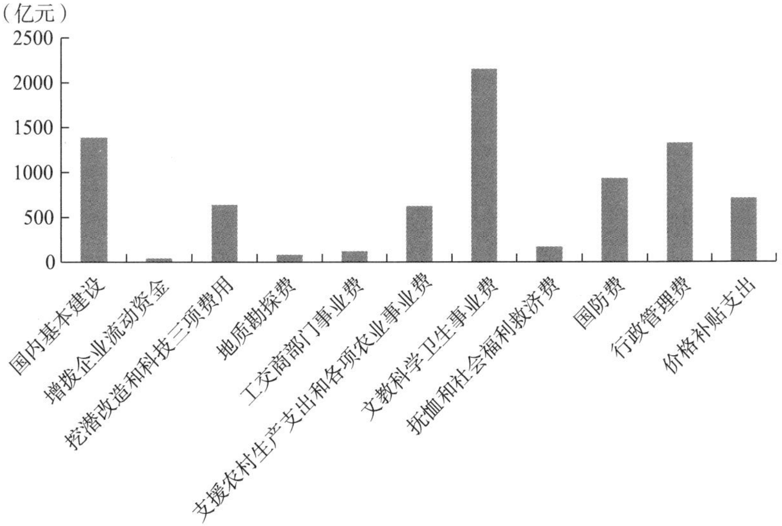

图5-6　1998年我国国家财政主要支出

资料来源:《中国统计年鉴1999》。

（三）公共风险分布决定财政支出结构

从财政支出结构中我们能够看出公共风险的分布。既然财政支出实际上是防范化解公共风险的成本，那么公共风险的分布情况就决定了财政支出结构的安排，这也是由图5-1的逻辑决定的。公共风险决定政府职能，政府职能决定财政支出，公共风险水平决定财政支出规模，那么公共风险的分布必然决定财政支出的结构。私人风险越来越多地公共化导致公共风险水平上升，财政支出占GDP的比重相应地呈现逐步增加的趋势，那么私人风险公共化的领域分布就决定了财政支出的安排。也就是说，特定领域私人风险公共化的程度与范围，决定了财政支出在该领域的支出强度与结构。

当前，我们正处于百年未有之大变局的大环境中，2020年暴发的新冠世纪疫情，2022年爆发的乌克兰危机大大加速了大变局的演进。数字化、金融化、绿色化的社会转型推动了风险社会的到来，但人类进入风险社会的步调并不是一致的。私人风险的大量公共化主要体现在经济社会发展水平相对较高的国家和地区，一些极度贫困落后的国家或地区，尽管个体面对的生存风险依然较大，但整体社会仍处于古典公共风险占主导地位的阶段。百年未有之大变局下的经济裂变、政治秩序重构与社会动荡，会把所有国家和地区席卷入内，人类整体都不免进入了风险空前异化的社会。党的二十大报告就指出，“我国发展进入战略机遇和风险挑战并存、不确定难预料因素增多的时期，各种‘黑天鹅’、‘灰犀牛’事件随时可能发生。我们必须增强忧患意识，坚持底线思维，做到居安思危、未雨绸缪，准备经受风高浪急甚至惊涛骇浪的重大考验”。公共风险的迅速变异与转化，要求我们的政府职能也需进行适应性调整，相应地财政支出结构也会逐步发生重大变化。

根据公共风险分布决定财政支出结构的规律，如果我们能够对我国当下重大公共风险有着全面的认识，并对未来的演变有着大体准确的研判，我们就能够预判未来财政支出结构的变化方向，进一步地为财政支出结构优化提出合理的建议。首先，与民生有关的支出占财政支出的比重仍会继续提升。我们党和政府坚持以人民为中心，把实现人民对美好生活的向往作为现代化建设的出发点和落脚点。随着经济社会发展水平的提高和人民生活的持续改善，会有更多的私人风险公共化，政府保障和改善民生的职能会持续增加，这方面的支出也会稳步增长。其次，百年未有之大变局下的国防安全与科技安全至关重要，未来财政科技支出会大幅增长，国防支出的增速也会提升。最后，一般公共服务支出占财政支出的比重会下降。民生支出稳步增长，科技、国防等支出显著增加，但在财政收入增长相对稳定情况下，势必有其他支出科目支出缩减。从目前各支出科目的情况看，压缩一般公共服务支出的可能性最大。

四、风险公共化与财政收入

2021年，我国一般公共预算收入达到20.25万亿元，其中，国内增值税、企业所得税、进口货物增值税和消费税、个人所得税、国内消费税分别为6.4万亿元、4.2万亿元、1.7万亿元、1.4万亿元、1.39万亿元，是超过万亿的税收收入项目，还有城市维护建设税、车辆购置税、印花税、资源税、土地和房地产相关税收、环境保护税等收入。全国政府性基金预算收入9.8万亿元，全国国有资本经营预算收入5180亿元，社会保险基金预算收入6.1万亿元。为什么会有这些收入？其背后的理论依据是什么？如前所述，公共风险决定了政府职能，政府职能框定了政府活动，政府活动成本即财政支出，那么，为政府防范化解公共风险的活动集中动员社会资源，便是财政收入的本质。

（一）为防范化解公共风险集中动员社会资源

按照以支定收的逻辑，财政收入是由财政支出决定的。财政支出又是由政府职能决定的，政府职能的背后是公共风险，公共风险则是私人风险公共化的结果。当私人风险公共化时，公共风险便出现了，就需要政府作为共同体的代表来应对，这种应对公共风险的活动需要相应的成本支出，而政府又不是财富的创造者，它只能通过向社会成员筹集应对公共风险的资源。当应对公共风险的资源货币化后，这种为防范化解公共风险而集中动员的社会资源，便是财政收入。

1.防范化解公共风险的社会资源投入

任何一个行为主体开展一项活动，都要投入相应的资源。作为个体的我们，对于工作与生活中的任何活动，都要投入相应的体力、脑力、资金、时间等。一个企业要生产特定产品，也需要相应的厂房设备、原材料、劳动力等投入。政府防范化解公共风险的活动，也需要投入相应的人力、物力、技术等。以基础教育为例，政府需承担教师和管理人员的人力性支出、校舍建设和教学设备等物力支出，还需保证基础教育的水平与经济社会发展水平相适应。

2.政府集中动员社会资源机制

防范化解公共风险需要大量的社会资源，政府不具有生产经营的性质，几乎所有的资源都需要从全社会汲取。政府的社会资源汲取能力，很大程度上代表了其防范化解公共风险的能力。我国明朝末期，统治者的社会资源汲取能力就出现了很大问题，官员很富裕，皇帝的内库也充足，但国库极度空虚，以致军饷都难以保障，最终在外患内忧中实现了朝代更迭。政府集中动员社会资源的机制可分为强制性动员、制度性动员和契约性动员三类。强制性动员是指政府强制社会个体和市场主体以人力、财力等形式让渡防范化解公共风险的资源。古代社会强制性动员比较普遍，除明文规定的赋税外，统治者还经常以强制命令的方式，让社会成员贡献其劳动力、粮食或财产。随着人类文明的演进，社会资源动员机制越来越制度化，现代国家的政府多以制度性动员方式筹集社会资源，把社会资源的集中动员以法律、制度或政策的形式明确下来，由全体社会成员执行。制度一旦明确便具有稳定性，政府的法律、制度和政策不可能朝令夕改，但公共风险却是不稳定的。当通过制度集中动员的社会资源不足以覆盖防范化解公共风险的需要时，政府需要另辟渠道。现代社会的政府也是市场主体的组成部分，政府也可通过市场机制以契约的形式集中动员社会资源，政府债务实际上就是政府通过契约在市场上汲取社会资源的方式。

3. 防范化解公共风险社会资源的货币化

古代社会，统治者集中动员的社会资源五花八门，粮食和劳动力是最为普遍的方式，甚至盐、铁等重要战略物资也统一由政府经营调配。随着货币作为一般等价物的出现，社会资源也越来越多地以货币的形式集中到政府手中，粮食、劳动力都可折成货币等价物。现代货币制度的完善，使得政府动员的社会资源全部货币化了。政府防范化解公共风险的一切资源投入都以货币来计量，因此而集中动员的社会资源也全部以货币来呈现。进一步地，这种社会资源的投入与筹集简化为财政支出与收入，政府的活动几乎可以全部以政府预算收入与支出来体现。

我国政府预算包括一般公共预算、政府性基金预算、国有资本经营预算和社会保险基金预算，这四本预算基本反映了我国政府的职能与活动，从中也可以看出防范化解公共风险的意蕴。一般公共预算是以税收为主体的财政收入安排用于保障和改善民生、推动经济社会发展、维护国家安全、维持国家机构正常运转等方面的收支预算，实际上防范化解的是经济、社会、安全等国家治理中的基础性、普遍性公共风险。政府性基金预算是依照法律、行政法规的规定在一定期限内向特定对象征收、收取或者以其他方式筹集的资金，专项用于特定公共事业发展的收支预算，实际上防范化解的是特定时期、特定领域的重大公共风险。国有资本经营预算是对国有资本收益做出支出安排的收支预算，实际上防范化解的是重大战略性公共风险。社会保险基金预算是社会保险缴款、一般公共预算安排和其他方式筹集的资金，专项用于社会保险的收支预算，实际上防范化解的是社会个体生存与发展的风险。通过上述四本预算，我国政府实际上把现代社会几乎所有的公共风险给“兜住了”。

（二）公共风险变迁与财政收入形式

在不同的发展阶段和社会形态下，人们所面对的公共风险特征与形式也存在差别。关于社会形态，多年来我们习惯了人类发展阶段的五种社会形态论。但在很多社会学家看来，对当代人类生产生活方式影响最直接、最深远的，是资本主义制度及其相关的资本规则、市场秩序和交往方式的变迁。因此，他们在社会形态划分中也把资本主义制度占支配地位作为最核心的标志。照此思路，在人类进入文明时代至今，社会形态仅有三种：前资本主义社会、资本主义社会、后资本主义社会。由于资本主义社会具有意识形态色彩，相近的划分方式还可以延伸为前现代社会、现代社会与后现代社会，或者前工业社会、工业社会与后工业社会。[①]进一步地，我们可以按农业社会、工业社会、后工业社会的演化逻辑来说明公共风险与财政收入形式的变化。由于后工业社会在风险分配逻辑下财政收入的边际来源越来越依靠政府债务来弥补，此阶段的财政收入形式变化重点在第九章阐述，这里只就传统农业社会和工业社会的主要财政收入形式进行分析。

1. 农业社会的贡赋制度与来自自然界的公共风险

在古代社会或者说农业社会，自然风险是人们所要面对的一种主要公共风险，如传染疫病、气象灾害、地质灾害以及由此导致的饥荒、暴乱等等。但自然风险并不是古代社会下人们所要面对的唯一风险。事实上，在任何社会条件下，人们面对的公共风险形态都是复杂多元的。在古代社会，由于生产力水平低下，人们长期面临着生存资源的稀缺问题，由于资源稀缺所导致的生存危机，以及人们为争夺资源而发生的冲突或战争，是公共风险的主要源头。相应地，统治者也会将大量的财政资源投入到应对和防范这类公共风险中去。

在古代社会，由于人类个体与传统血缘共同体关系的残留，其社会组织交流形式具有明显的人身依附特征，比如等级分封制、食邑制、基于身份的免税制等制度类型。在这种情况下，财政汲取主要以贡赋的形式表现出来，而贡赋在当时的意识形态中主要是一种臣民向君主或者诸侯向天子履行的封建化义务，是君主基于神授权力向臣民进行的一种财产、劳役等的征发。《尚书·禹贡》说，“禹别九州，随山浚川，任土作贡”，其意思是指禹要求被征服的部落根据土地的肥沃程度与出产物，向夏部落缴纳贡赋。进入封建社

① 〔美〕丹尼尔·贝尔:《后工业社会的来临》，高铦等译，新华出版社1997年版。

会，诸侯向国王纳贡成为天经地义的义务，并且由国家暴力机器作保障。相应地，更低一级的大夫向诸侯纳贡，农民向大夫纳贡亦行此理。

贡赋隐含了一种权利义务的双向关系。纳贡者向受贡者缴纳贡物，既标志着归属关系或藩属关系，也标志着一种保护与受保护关系。古代中国的藩属国向中央朝廷纳贡，看起来像是一种"保护费"。中世纪欧洲的封臣向国王纳贡以换取保护的意图更加明显。诺思在解释中世纪西欧的采邑制或庄园制时认为，这种生产关系中"王权有责任保卫王国并需要资源来履行该项义务，于是给予领主一片指定的地区，而得到的回报是同样明确规定的劳务。这样封建主义便成为政府用以获得资源以履行其对王国职责的财政制度"[①]。领主是国王土地的承租人，领主以同样的方式将土地授给骑士或农民，骑士或农民又成为了领主土地的承租人。这种封建化的层层分封的制度，既是财政汲取关系，又是一种风险庇护关系。无论是在封建社会时期的中国还是中世纪的西欧，贡赋都是一种代表着封建社会关系的财政汲取方式，虽然有强制性色彩，但其内在的权利义务关系是其更加突出的底色。

综上，在古代社会下，人们面对以自然灾害、战争等为主的古典公共风险，普遍将以人身依附和层层承担责任义务为特征的贡赋作为主要财政汲取方式。总体上看，贡赋汲取的法理依据与其说是财产，不如说是身份。封建身份等级制的经济基础，是以农牧业为中心的自然经济，土地成为最主要的生产资料，土地权利也成为各

① 〔美〕道格拉斯·诺思：《西方世界的兴起》，厉以平等译，华夏出版社2009年版，第9页。

等级之间关系维系的主要纽带，财政汲取的标的物当然主要也是农业产出。

2. 工业社会的税收制度与风险社会化

进入工业社会后，传统共同体组织形式在资本主义生产方式的冲击下逐渐式微。人类个体脱离传统共同体后获得了人身自由，然后投身到劳动力市场，通过雇佣关系参与社会生产。拥有完全的人身自由，意味着人们具备了拥有完全的财产权利的可能。这样，产权制度和市场竞争体系就成为现代社会的重要因素。

与古代社会相比，现代社会公共风险的特征发生了重大变化。如上所述，如果不考虑国际间的竞争的话，现代社会背景下政府所面对的主要公共风险，已经不再是自然灾害等古典公共风险，而是以经济危机为代表的社会化风险。经济危机之所以能够对社会造成巨大杀伤甚至威胁到资本主义制度本身的安全，是因为生产资料私有制及其作用机制外部性的矛盾。细言之，一方面，传统共同体的崩溃使得人们失去了过去曾经拥有的风险庇护所；另一方面，生产资料私有制的内在矛盾使得社会化风险以不确定、难以预期的方式反复出现。这种情况下，政府逐渐开始成为日益复杂化的公共风险的主要责任方。

在工业社会，政府汲取财政收入的方式更加多元化。政府垄断生产资料所有权，然后自己组织生产活动以攫取利润，是一种很古老的汲取方式。在现代社会，这种垄断收入仍然是财政收入的重要来源。但相比之下，政府通过合法手段对个人财产权利进行的按比例征收即“税收”，因其在财政汲取的可持续性、成长性方面具有无可比拟的优势，成为财政汲取的首选。按照有关教科书的定义，税收是国家为了实现其职能，凭借政治权力，按照预定标准，无偿地参与经济单位或个人创造的国民收入分配所形成的特定分配关系。在这里，“强制性”“无偿性”都成为税收的本质特征。但这些都是“国家分配论”的观点。按照“公共契约论”，人民向国家纳税是为了能够更好地享有其他自然权利以及公力救济，税收是人们为了获得更好的权利保护而付出的有偿的代价。相比之下，公共契约论下的税收概念，更能够体现税收与公共风险应对之间的逻辑关系。

（三）税收何以成为财政收入的主要形式？

在市场活动中，商业保险已成为市场主体普遍使用的风险管理方法之一。针对特定的商业活动，多数市场主体缴纳保费形成保险基金，使少数市场主体的风险损失由全体被保险人分担。商业保险实际上是市场主体之间的风险契约，众多投保人基于对未来风险的识别和损失的计算，在保险公司这种风险管理组织的撮合下，就风险的成本与损失的补偿达成契约。从个体的确定性追求与政府的公共风险防范职能看，税收何尝不是一种类似于商业保险的一种“风险契约”，通过这份契约，社会个体与公共主体之间实现了确定性与公共收入的交换，你为我构建确定性，我把一部分个人收入上缴。

1. 公共契约还是风险契约？

在封建时代，农民耕种地主的土地要交纳租金，这在产权契约下具有正当的理由，因为地主拥有土地的产权，农民拥有使用权所产生的收益应当分给所有权人一部分。进一步地，当国王、领主或其他类型统治者作为辖区所有土地的代理人时，所有土地的使用者以赋税的形式上缴部分收益，也是产权契约赋予了其正当的理由。

因此，尽管封建时代的赋税时轻时重，大部分时期作为土地使用者的农民都承担了较重的赋税，但那时对于税赋正当性的质疑却相对较少。随着资本主义时代的开启，私有制的形态进一步进化，个人财产神圣不可侵犯的理念逐步深入人心，为什么要向社会个体的私人财产征税成为当时的时代之问。17—18世纪，公共契约论在西方国家应运而生，成为征税正当性的最重要理论依据。该理论的代表人物卢梭主张，在主权者与臣民之间签订一种契约，臣民将原来属于自己的部分权利让渡给主权者，主权者则负有为臣民的生命和财产安全提供保障的义务。从封建社会走向资本主义社会是一种巨大进步，而从产权契约向公共契约的转变则是这种进步的主要推动力量之一。但从人类生存与发展所面临的诸多风险看，产权契约和公共契约本质上都是一种风险契约，是以私权的让渡换取个体的确定性。

在人类个体及共同体的生存与发展中，风险及公共风险都是普遍存在且时刻变化的。为了追求确定性，防范化解风险及公共风险，人类个体及共同体均需达成不同形式的契约，用以约定风险防范与化解的职责、收益分配、成本分摊与损失分担。可以说，在不确定性的世界中，风险契约是人类生存与发展的基础性制度规则。如果可用产权契约论证封建社会赋税的正当性，用公共契约论证资本主义社会税收的正当性，那么风险契约实际上可作为所有时代人类共同体公共收入正当性的依据，即使是在公共债务作为财政边际负担的最主要收入来源的当代，风险契约也可作为其正当性的主要依据。也就是说，公共契约论在很大程度上解释了资本主义社会的税收，而风险契约论则可在一定程度上解释人类社会所有的公共性收入。正如市场失灵理论为市场经济条件下的财政提供了理论基础，公共风险理论对所有社会形态下的财政都具有解释力一样，自然经济时期、商品经济时期、市场经济时期，甚至计划经济时期，财政都是为防范化解公共风险而筹集和运用公共资源的活动。

2.风险契约下的确定性与收入的交换

商业保险是部分市场主体的风险契约。被保险人缴纳一定数额的保费形成共同基金，当特定被保险人出现风险损失后，根据风险契约可享受一定的损失补偿。与商业保险类似，国家治理的各种制度实际上是辖区内所有社会个体的一种风险契约，税收则是所有社会个体向作为风险管理组织的政府缴纳的“保费”，所有社会个体只要达到一定条件，就可享受政府的各类保障。商业保险的风险契约中，被保险人是以自己收益的让渡来换取风险损失出现后的确定性补偿；国家治理的风险契约中，所有社会个体则是以缴纳的税来换取个体生存与发展中的确定性。随着人类文明的进步，个体生存与发展中的确定性追求越来越高，税收在全社会财富中的占比也越来越高。

3.契约的不完备性与新的风险

任何契约都是不完备的，风险契约把风险管理作为契约标的物，其不完备性更甚。完备契约需具备完美的条件。例如，要预想到每一种不确定性且相关风险在契约当事人之间科学、合理地分配，每一项资源都分配在其最能发挥作用的位置，每一项风险都分配给可以最低成本承受的一方，等等。显然，这种完美条件在现实中是不可能存在的。市场经济中，契约不完备是导致市场风险特别是道德风险的主要原因之一。公共风险治理中的风险契约不完备也会对国家治理构成风险挑战。国家治理中的风险契约不完备有多方面的体现，我们可以从政府间、政府与市场间、政府与社会间三个维度进行分析。首先，政府间的风险契约存在不完备性。我们通常所说的“事权与支出责任不匹配”，就是这种政府间风险契约不完备的主要表现之一。政府间防范化解公共风险的职责划分与防范化解公共风险的成本分担机制不匹配，可能会导致公共风险的游离与扩散。其次，政府与市场间的风险契约存在不完备性。市场主体间的契约不完备性会导致市场失灵，这是西方主流经济学中政府干预市场的理论基础，但政府就是万能的吗？显然不是，特定意义上，政府失灵比市场失灵来得更为严重。政府在弥补市场失灵中出现的“失灵”，从根本上说就是政府与市场间的风险契约不完备性导致的。最后，政府与社会间的风险契约存在不完备性。社会个体向政府让渡部分权益以求得在诸多公共风险下得到庇护，政府运用公共资源防范化解公共风险为社会个体提供可能的确定性——这种风险契约是在所有的社会个体与所有社会个体的代表（政府）间订立的。契约的主要内容是确定性与权益的交换。这种契约的任何一方、任何一个条款都面临着巨大的不确定性，导致其先天存在不完备性。

（四）风险公共化与税收制度改革

如果我们理清了公共风险与财政收入的关系，沿着“公共风险—政府职能—政府活动—财政支出—财政收入”的主线，就会对我国当下和未来的税收制度改革有更加全面的认识。当下我国面临的重大战略性公共风险是什么？党的二十大报告对此有着十分准确的表述：“发展不平衡不充分问题仍然突出，推进高质量发展还有许多卡点瓶颈，科技创新能力还不强；确保粮食、能源、产业链供应链可靠安全和防范金融风险还须解决许多重大问题；重点领域改革还有不少硬骨头要啃……”税收制度不仅是财政收入筹集的制度，作为财政制度的重要组成部分，也具有防范化解公共风险的功能。我们从国家当下的重大战略性公共风险中，也可以透视未来税收制度改革的方向。

1. 构建创新友好型税收制度

无论是从外部环境还是从内部发展看，创新能力不足都是我国中长期面临的重大战略性公共风险。一方面，大国竞争日益激烈，科技领域的脱钩断链日渐深化，高科技领域的短板日益成为“卡脖子”的问题。另一方面，我们所追求的高质量发展，必然是创新驱动的，必然是由技术进步来实现以更少的要素投入实现更大的产出，不破解创新的短板，高质量发展就无从谈起。科学技术进步是一项系统工程，需要统筹人才、资金和机制三项关键要素，需要在多领域、多方面发力。而税收制度在人才、资金和机制三个关键要素方面都能发挥调节和激励作用。所谓创新友好型税收制度，就是税收制度在发挥其筹集财政收入主体功能的同时，还需在激励人才、聚合资金、优化机制方面发挥积极、有效的作用。我国当前的税收制度在个别环节上还存在激励创新的问题。例如，累计的个人所得税，最高税率45%，对科技创新人才还不甚友好；增值税主要面向流通过程中的“增值”部分征税，而科技创新产品往往附加值高、增值多，其税负就偏重，对中小企业科技创新的激励作用就比较有限。

2. 完善促进公平与效率融合的税收制度

改革开放初期，发展不足导致的生存问题是最大的公共风险。随着生产力的解放，生存问题解决了，随之而来新的问题出现了：个体需要得到基本满足了，公共需要更多了；居民与企业成为市场主体后，能力与禀赋差距开始影响个体的生存与发展；收入与财富差距问题、能力不足的保障问题、发展机会问题等成为新的公共风险。党的二十大一方面强调“发展是党执政兴国的第一要务”，另一方面提出“实现全体人民共同富裕”。发展要提高效率，共富要促进公平，如何处理公平与效率的关系，成为新时期国家治理需要面临的重大课题。税收是政府之“公”与市场之“私”联系的纽带之一，可以成为提高效率的“润滑剂”，也是政府促进社会公平的主要手段。在税收制度中体现公平与效率的融合，主要是基于公共风险最小化来设计税收制度。税收一方面是政府防范化解公共风险的社会动员机制，另一方面是社会个体和市场主体风险公共化后让渡的资源，一边是收，另一边是让，实际上收的是公共风险，让的是私人风险。让公共风险更加均衡地配置，让私人风险更加合理地公共化，应成为税收制度设计的重要原则。

3. 形成有助于人力资本积累的税收制度

我国正面临严重的老龄化问题，同时人口存量庞大。从其他国家的经验看，人口高度老龄化会使社会需求处于持续收缩状态，一方面财富创造收缩，另一方面社会负担加重，导致一系列的社会问题。在人口存量庞大的基础上，可以以人口结构的优化对冲人口老龄化问题，即以人力资本的提升应对人口数量的缩减。税收制度作为一种社会财富再分配的手段，对社会个体的行为具有激励作用。在社会激励方面，应推动形成有利于人力资本的税收制度，以税收制度设计，促进人力资源再生产、人力资源向人力资本的转化、简单人力资本向复杂人力资本转化、普通人力资本向高级人力资本转化。

第六章　面向未来的预算

风险社会中，不确定性成为常态，预算是未来风险的投影，是构建确定性的工具，是通过对未来的分析来确定现在的预算。以未来决定现在，防范、对冲和化解公共风险，使之最小化。因此，应树立以风险为导向的预算理念——预算过程就是防范和化解公共风险的过程。预算编制应跟着风险走，以风险类型与潜在损失为依据来进行；预算执行与监督应以公共风险化解为导向；预算绩效管理应是全面风险管理，以能够有效对冲公共风险并使之收敛作为衡量绩效的最终标准。风险水平决定预算规模，风险结构决定预算安排的结构，基于未来公共风险情景分析及公共风险排序进行预算编制改革。

一、面向未来的预算：风险预算

（一）什么是预算

预算，是对于未来一定时期内的收入、支出、现金流的计划。国家预算，也称政府预算，是经法定程序批准的国家年度财政收支计划，是在总体资源有限的前提下，基于增进整个社会资源配置使用效率或改善社会公平的目标，对可支配资源的安排、配置与调整。从法律角度看，是配置社会公众让渡的经济资源，并向其提供一揽子公共产品或公共服务的综合性法律文件。[①]国家预算是实现财政职能的基本手段，规定国家财政收入的来源和数量、财政支出的各项用途和数量，反映着整个国家政策、政府活动的范围和方向。

（二）什么是风险预算

风险社会中，不确定性成为常态，预算的本质就是风险预算。它不是特殊的形式，而是具有一般性质。在风险社会中，预算是未来风险的投影，是构建确定性的工具，应面向“未来”，而不是面向“现在”，通过对未来的分析来确定现在的预算。

风险预算是对未来风险情景的一种描述，是把未来的风险情景投射到现在预算的安排中。以未来决定现在，防范、对冲和化解公共风险，使公共风险最小化。国家预算治理的是“预算”未来的风险，治理的底层逻辑是风险预期。

二、树立以风险为导向的预算理念

（一）预算行为应以治理风险为导向

“在风险社会背景下，公共风险水平全面升高，同时经济、社会等各领域构成一个有机整体，关联性越来越强，各领域公共风险

① 程瑜：《政府预算契约论——一种委托代理理论的研究视角》，经济科学出版社2008年版，第1—2页。

之间的相对隔离状态已经不复存在。”[1]预算制度安排必须在全面考虑经济、社会等各领域公共风险的情况下，为风险社会注入确定性。因此，预算资金安排需要从经济效率的单一视角转变为公共风险这一多元化视角。预算资金安排、调整及有效性评估的依据，“需要从传统的经济逻辑转变为公共风险逻辑，将公共风险最小化作为预算资金安排的理论目标”[2]。

依据公共风险逻辑设计的预算制度，“注重从整体上防范化解公共风险，不仅关注短期经济风险，还注重防范化解中长期经济风险，不仅关注经济领域的公共风险，还注重防范化解社会、生态环境等领域的公共风险，同时着力避免因实施财政政策而引致新风险”[3]。当前，中国经济、社会、生态环境、金融领域面临的公共风险最为突出。相应地，以风险社会为基点防范化解发展风险，就要求预算安排时全面系统地考虑这些领域的公共风险，将防范化解经济下行风险、新冠疫情扩散风险、新贸易保护主义风险、“养老难”风险、贫富差距过大风险、生态环境风险、金融风险、财政风险统一于预算资金安排之中，如此方能保障积极财政政策有效实施，实现公共风险最小化。

所以，预算行为就是要以治理风险为导向。以整体性、系统性、长期性为特点，形成“行为-风险-预算”分析框架，并以风险分配的逻辑指导预算资金安排，就能够最大限度地避免风险盲区，为可持续发展构建确定性。

---

① 刘尚希、孙喜宁：“论财政政策的有效性——基于公共风险分析框架”，《财政研究》2021年第1期，第14页。

② 同上。

③ 同上。

（二）以公共风险最小化作为预算治理的根本原则

树立预算的整体观，将预算作为现代财政制度的核心，以预算来实现国家治理的现代化，就需要将公共风险最小化视为社会共同体的公共选择，这也就是现代预算应该遵循的基本理念。这就要求“不仅要关注短期经济风险，还应注重防范化解中长期经济风险；不仅要关注经济领域的公共风险，还需注重防范化解社会、生态环境等领域的公共风险，同时还应避免因预算而引致新风险，即‘对冲风险的风险’”[①]。

为了实现预算对整体观下的公共风险的有效治理，就需要从整体观的方法论去认识和评估风险。“经济风险、金融风险、社会风险、生态环境风险等风险来自不同空间、不同地方、不同国别，它们相互影响并构成系统性风险，而不是一个个独立的、孤立的风险事件。从整体上考虑、把握风险，超出不同的领域、不同的区域，才能真正防范化解这些风险。之所以要从整体上把握，是因为风险本质上是无界的。经济风险、金融风险、社会风险、生态环境风险之间是可以转化的，不同地区和不同国家的风险都具有这些特征。从空间的角度看，一个地区和国家的风险可以传导到另一个地区和国家；从国家内部来看，一个地区的风险可以传导到另一个地区。”[②]因此不能将风险与特定的领域、空间挂起钩来，否则认识上就会有很大的局限性。

就当下而言，“发展的不平衡、不充分，发展的质量和效益不

① 程瑜、张琦：“地方财政可持续性的内涵认知及策略优化——基于风险对冲的视角“，《地方财政研究》2021年第5期，第6页。

② 刘尚希：“基于整体观认识和评估经济风险”，《财政科学》2021年第3期，第51页。

高，生态环境问题，民生领域的短板，社会利益格局的固化等已成为新时期公共风险的主要来源。新的社会矛盾的解决要靠经济总量的增长，更要靠经济结构的优化、利益分配的均衡”[①]。预算作为公共资源配置的决定性力量，也是国家治理现代化的重要制度保障，就应在加强总量调解的同时，更加关注结构与利益的调节。

总之，预算现代化要求转变预算理念，并基于整体观来认识和评估风险，这样才能真正发挥预算的功能来降低公共风险，提升发展的确定性，助力国家治理现代化进程。

三、基于风险分析框架的预算过程

风险社会中，不确定性成为常态，以根据静态的投入产出所计算出的效率值为依据的预算编制原则就不再适应于经济社会发展的要求，应该以风险类型与潜在的损失为依据来指导预算编制，基于公共风险来观察、分析和判断，并以风险为导向进行预算执行、监督与绩效管理。

（一）预算编制跟着风险走

1. 传统预算编制与风险预算编制

传统预算编制：以“过去”或“现在”为基础。“基数法以‘过去’为基础来编制预算，容易导致偏差累积，随着时间的推移，

① 刘尚希：“财政改革40年：基于公共风险变化的多维观察”，《金融经济》2018年第12期，第22页。

就会造成公共支出的缺位与越位。零基预算法是以‘现在’为基础来编制预算，容易忽视未来趋势，迷失方向和目标，造成新的偏差。”①

风险预算编制：以“未来”为基础，跟着风险走。风险预算是以“未来”为基础的。“风险本身就是指向未来的，即通过对未来的分析来确定现在的预算。‘未来决定现在’的逆向思维，可以使预算与未来趋势更加吻合。而且，预算目标内在于预算编制过程之中——防范和化解公共风险，使之最小化。编制预算的过程同时就是分析、防范和化解公共风险的过程，这样，预算编制就不会也不可能偏离它自身的目标。”②

2.风险预算分析方法

一是风险归宿法。面对经济、社会中各种各样的风险，我们难以直接判别其属性。但风险总是有一个最终的归宿，在市场经济条件下，风险归宿一是市场，二是政府，或者两者共同承担。可以分以下几个步骤来分析：

“第一步，假设面对的所有风险都是私人风险，没有公共风险，都可以交给市场去防范和化解。做出这个假设的理由，来自市场经济的历史必然性和天然合理性。第二步，分析各种风险的具体内容及属性。第三步，确定风险归宿。根据风险评估的结果，确定所有风险的归宿。若风险仍回归到政府，也就是说，政府现在做出预算安排、承担支出责任，将来还得承担，则表明这种风险是公共风险，需要政府马上行动，现在就必须做出预算安排去防范和化解。

① 刘尚希：“公共支出范围：分析与界定”，《经济研究》2002年第6期，第85页。
② 同上。

第四步，按照上面的步骤，对假设情况下的所有风险逐一做出评估，即可确定预算的配置范围。”[①]

二是反向假设法。界定预算范围的关键，“是检验现有的预算安排是否已经全部用于防范和化解公共风险。这个方法的基本内涵是：如果政府不承担某项预算责任，结果会怎么样？变坏——导致公共风险；不变或变好——没有导致公共风险。若是前者，表明政府预算安排是正当的；若是后者，则表明政府的预算安排是不正当的”[②]。

3.基于未来公共风险情景编制预算

这涉及三个概念，“一是公共风险，二是财政风险，三是债务风险。公共风险，是指社会公众需要面对的风险，可能在经济领域，可能在社会领域，可能在生态环境领域，也可能在公共卫生领域。这些公共风险一旦发生，也会转化为政府的公共责任。一旦成了政府责任，这些风险就会进一步演变为财政风险。但财政多支出能否一定形成财政多收？很多情况下可能会形成一种矛盾和冲突。比如，为应对新冠疫情风险，财政必须增加支出，但疫情不仅冲击了经济和社会，还导致财政大幅度减收。在这种情况下，公共责任毫无疑问是不断扩大的，但公共资源是有限的，从而很可能形成政府的债务风险。当政府的公共责任变得充满不确定性，且政府拥有多少资源也存在高度不确定性，这就导致预算编制也会处于一种不确定性状态。所以，预算应当怎样编制？存在哪些不确定性？哪些风险会转化为政府的公共责任？哪些风险可以由市场主体自己承

① 刘尚希：“公共支出范围：分析与界定”，《经济研究》2002年第6期，第83—84页。

② 同上书，第84-85页。

担？”[①]，这些问题都要求预算编制应基于风险分析框架进行考虑。

4.预算编制行为应跟着风险走

一是预算编制应以公共风险最小化为目标。预算编制是将公共资金根据政府职能和公共风险状态进行配置。为了实现公共资源助力国家治理现代化进程，不同国家和政府都进行过预算改革，以规范预算编制程序、探索科学的预算编制方法，尽量降低在预算编制过程中由于外界影响因素所产生的预算失范和随意问题。近年来，我国在预算编制环节实行了包括部门预算改革、政府收支分类改革、收支两条线改革以及中期财政规划等在内的一系列改革，旨在提高预算编制的科学性、准确性以及全面性，以提高公共资源的效能，并为预算执行、预算监督和预算绩效夯实基础。

预算编制阶段要解决的基本问题就是公共资源的配置问题。私人资源是按效率进行配置，而公共资源的效率很难进行测量，这是预算编制面临的最大问题。因此，传统的单纯以效率作为预算编制的基础已经显著不适合当下风险社会的治理要求。面对具有不确定性的公共风险，只有将预算编制的依据转移到公共风险最小化这一原则上来，新时代的预算编制才能更好服务于现代财政制度的建立以及发挥好财政作为国家治理的基础与重要支柱的作用。

二是预算编制应基于对未来公共风险的情景预判。“公共风险是宏观的、社会整体的损害结果发生的可能性，各种不同类型和层面的不确定性是公共风险的本源，而人们对公共风险的反应又会引致新的不确定性，并产生叠加效应。”[②]公共风险是全体老百姓都要

① 刘尚希：“树立以风险为导向的预算理念”，《财政科学》2021年第1期，第6页。

② 刘尚希、孙喜宁：“论财政政策的有效性——基于公共风险分析框架”，《财政研究》2021年第1期，第11页。

面对的风险，涵盖经济、生态环境等多个领域，而这些公共风险一旦发生就会转化为政府的公共责任，而一旦转化为政府的公共责任，那些风险就会演变为财政风险，这个时候财政就有可能以多支出或者多收入来应对风险。但是增加支出又有可能引发财政收支的矛盾，公共责任就进一步扩大了，而公共资源是有限的，这就会进一步导致债务风险的发生。

所以，预算的编制是围绕三个核心的概念或者核心的关键词来进行的。当政府的公共责任变得充满不确定性，而政府拥有多少资源也存在高度不确定性时，预算编制也会处于一种不确定性状态。因此，需要用未然的风险框架，基于对未来公共风险的情景预判或分析来编制预算。具体而言，基于行为风险治理的预算编制安排应体现行为风险理性以及风险预期。“风险预期是基于虚拟理性，区别于以物理学为基础的实体理性，内含于‘风险—损害—预期—风险’和‘风险—预期—行为—风险’两个逻辑链条之中。前者是指风险爆发后的危害结果，会进一步劣化经济社会主体的风险预期，导致风险扩散；后者是指风险的变化会直接作用于风险预期，进而影响经济社会主体的行为，行为变化导致风险状态改变。”①在风险预期的基础上，预算编制需要实现公共风险最小化，有效对冲和化解公共风险，为经济社会发展注入更多的确定性。

三是以公共价值为核心完善预算与规划的衔接。国民经济与社会发展的规划如何转化为财政的规划？财政规划如何转化为中期滚动预算？转化为中期滚动预算后又如何对接年度预算？“应当说，

① 刘尚希、孙喜宁：“论财政政策的有效性——基于公共风险分析框架”，《财政研究》2021年第1期，第12页。

年度预算需要先对接中期财政规划，然后对接五年的财政规划，五年财政规划再对接国民经济与社会发展规划。这中间需要有一个转换。如果没有这么一个转换是无法有效对接的，很可能就是‘两张皮’。这样编出来的预算和规划就不是一个有机的整体，而是碎片化的。预算就是预算，规划就是规划，预算编制很可能被各项任务牵着鼻子走，盲目被动地花钱，甚至是为了花钱而花钱。过去常说资金跟着项目走，这个观点可能比较片面。”①项目应该是跟着规划走。再深层次讨论，就出现新问题。“其实应是资金跟着项目走，项目应当跟着价值走，这个价值既不是经济价值，也不单纯是社会公平价值，而是公共价值。公共价值是经济、社会、生态和空间价值的综合，单一维度的价值都不是公共价值，最终要落到人身上来，而不是物。公共价值的实现有赖于公共风险的对冲而注入的确定性。”②

需要注意的是，“公共价值概念中所涵盖的经济、社会、生态等各个方面的风险类型不同，但可以相互转化。比如说，金融风险可以转化形成财政风险。这些风险如何转化，又是与公共管理体制机制直接关联的。在编制规划和预算时，如果对未来的风险没有一个风险地图或风险情景的分析图，针对不稳定性、不确定性的状况，通过防范化解重大风险、系统性风险来注入确定性就是盲目的，就很难有针对性。现有制度以及体现在规划、预算中的风险对冲思路、办法、措施，很可能就是无效的，这本身就是一个最大的风险。”③

① 刘尚希：“树立以风险为导向的预算理念”，《财政科学》2021年第1期，第7页。
② 同上。
③ 同上书，第6页。

因此，为了促进预算与规划的联动以及有效衔接，提升国家治理体系和治理能力现代化，就需要以公共风险为视角，以公共价值实现的抓手将预算同国民经济和社会发展五年规划进行有效衔接。

（二）预算执行要注重防范公共风险

预算是一个编制、执行、监督的闭环体系，有编制就有执行有监督，预算编制基于风险框架编好了，后续也要基于风险分配与风险防范，进行预算执行与监督。在传统预算理论视角下，预算执行的效果“在于保增长、促就业、平缓经济波动。社会普遍认为，只要保持一定速度的国内生产总值增长，就能保证一定水平的就业率，从而确保经济社会的稳步发展。党的十八届三中全会提出，全面深化改革的总目标之一是推进国家治理体系和治理能力现代化，强调科学的财税体制是优化资源配置、维护市场统一、促进社会公平、实现国家长治久安的制度保障。可见，确保国家长治久安成为新时期财政工作的主要目标。相应地，我国预算执行的效果也需要从‘促进经济发展’转变为‘防范公共风险’以及‘实现风险在区域、城乡、群体间的合理再分配’。相应地，公共资源分配的重心将更多用于保障和改善民生、防范和化解风险，培育提升市场主体和社会主体应对风险的多元路径和综合能力，阻断各类个体风险向公共风险的演变，化解所面临的公共风险。”[①]因此，为实现国家治理的现代化，需要注重预算执行对于公共风险的防范和化解。

① 程瑜、张琦：“地方财政可持续性的内涵认知及策略优化——基于风险对冲的视角”，《地方财政研究》2021年第5期，第7页。

（三）预算监督应以公共风险化解为导向

公共财政所具有的公共属性，要求必须对预算公共资金执行进行有效监督。“从发达国家实践来看，对于公共资金的监督形成了由议会监督、审计监督、财政监督、社会公众监督等组成的立体化、全方位的监督体系。我国自改革开放以来在行政系统内已经形成了财政监督、审计监督的预算监督体系。近年来，在继续完善行政监督的基础上，加强了人大部门对公共预算的监督，主要体现在制度建设、组织建设、预算公开、预算审查等方面。”[①]

然而，需要注意的是，虽然财政收支矛盾推动预算监督法治由规范性理念转向有效性理念，是公共预算制度演进的历史经验，具有特定的客观性，但是囿于我国预算监督法治基础依然存在的薄弱性，应该审慎考量并抉择我国预算监督法治理念的转型。就我国现实来看，预算监督尚未完成规范性构建，预算“软约束”依然是我国预算实践中存在的问题。

因此，为了提升预算对于公共风险的防范与化解能力，预算监督需要构建与之相适配的公共风险动态监管体系，将公共风险评估与监管作为预算监督的重要标准，才能实质上提升预算管理效能。“如果在构建公共风险监管体系过程中缺乏风险理念和虚拟思维，仅仅着眼于事后补救，这样的应急管理就难以适应公共风险管理的需要，且会面临预算支出激增的压力。”[②]唯有构建基于虚拟思维、着眼于未来的公共风险监管体系，并将其运用于预算监督中，才能

① 苗庆红：“公共财政框架下中国预算改革：回顾与展望”，《中央财经大学学报》2020年第5期，第10页。

② 程瑜、张琦：“地方财政可持续性的内涵认知及策略优化——基于风险对冲的视角”，《地方财政研究》2021年第5期，第11页。

真正将公共风险消灭在萌芽状态，这才是提升我国预算治理效能的关键。

（四）预算绩效管理应是全面风险管理

预算绩效管理是嵌入到整个公共部门的一种约束机制，既是建立“约束有力的预算制度”、建设现代财政制度的重大举措，也是提升国家治理能力、推进国家治理现代化的重要一步。应进一步优化预算绩效管理方式，以全面风险管理推进预算绩效管理提质增效。

一是转变预算绩效管理的内涵。全面实施预算绩效管理，“不只是解决公共资金利用效率、配置效率问题的一种方法，而且还是撬动公共部门责权利重构的有效途径，是实现钱与事、权与责、决策与执行、服务与需要有机融合的一种机制”[①]。

预算作为对冲公共风险的一种制度安排，其绩效管理自然也是同样的目标指向。当前经济社会发展阶段各种任务面临的挑战，本质上都是风险挑战，预算绩效管理应为此而服务。“预算绩效的本质内涵应指向未来公共风险，衡量绩效的最终标准是能否有效对冲公共风险，能否使公共风险收敛。如果能对冲公共风险，那么绩效就实现了。对冲公共风险的程度越大，缩小公共风险的程度越明显，预算绩效也就越高。”[②]

二是以风险分配为导向推动预算绩效管理全面实施。公共风险是一个抽象概念，在现实实践中体现为各种特殊的具体问题。问题

① 刘尚希：“关于预算绩效管理的几点思考”，《财政监督》2019年第1期，第45页。

② 同上书，第47页。

之所以成为问题，背后都是系于风险，否则，问题就是假问题或伪问题。以问题为导向，本质上是以风险为导向。全面实施绩效管理必须以具体问题为导向，根据不同领域、不同地方的问题，要创造性地实施预算绩效管理，避免一刀切。以风险为导向，必须分清问题主次和轻重缓急，抓住当前重大问题，使预算绩效显现出来。当前存在的问题，实际上都是公共风险在不同领域的反映。从现实来看，我们意识到了风险的存在，但我们的实际做法并未能有效对冲那些风险，在努力解决问题的同时有意无意地在制造风险。“这说明现有的预算绩效理论可能已经产生了某种误导。由此可见，顺着现行体制下的资金链去实行追踪问效，用各种量纲的绩效指标去进行所谓的绩效评价，可能产生误导，给人幻觉，看似局部绩效有所改善，但从整体看则未必如此，甚至可能是在掩盖风险、制造风险。因此，要真正使预算绩效管理收到实效，必须以风险问题为导向，坚持‘实质重于形式’的原则，注重宏观绩效和整体绩效。无论是事前的绩效目标分析，还是事后的绩效评价，应超越会计学意义上的指标导向，从重大风险问题出发，落脚到未来重大风险问题的解决上来。”①

① 刘尚希：“关于预算绩效管理的几点思考”，《财政监督》2019年第1期，第48页。

第七章　分配风险的财政体制

财政体制是中央与地方风险分配的一种机制，亦即公共风险在地方与中央的统筹和分配。中央与地方事权的传统划分原则及划分办法，以及传统的实体分配，存在一些局限性，越来越不适应风险社会的需要。为此，需要基于风险分配理论，打破传统的财政体制理论认识，以公共风险最小化为目标，以事权与能力相匹配为原则，完善财政体制。

一、什么是财政体制

传统上，人们是基于确定性思维和物本逻辑，从实体分配角度来认识财政体制。财政体制表面上分配的是资源、资金，实质上分配的是风险。财政体制对风险的分配，是以“人”为根本目标，通过财政要素来实现的。

（一）财政体制的含义

1.传统的观点

通常而言，财政体制是指国家在组织财政收入和安排财政支出的活动中，划分中央政权和地方各级政权以及财政部门和其他国家机关、企业事业单位之间在财政管理方面的职责和权力，并相应确定各自财政收支范围以及组织原则、管理方式和机构设置等各项法规和制度的总称，是国家财政管理的一项根本制度和国民经济管理体制的一个重要组成部分。事权是指一级政府在公共事务和服务中应承担的职权和职责，即政府应该做什么事。支出责任则是基于事权划分，政府在履职时支出的义务和保障，通俗来讲即是“谁来掏钱办事”。财权和财力两者虽仅有一字之差，但本质含义却大相径庭。财权主要是指一级政府在履行支出责任时所拥有的筹集资金的权力，如税收权限、发债权限、收费权限等，主要是规定政府能以何种方式“收钱”的权力；而财力则是指政府拥有的可支配的资金，既包括自己收取的财政收入，也包括上级政府的转移支付和税收返还，可将之称为“政府拥有多少钱”。

传统观念下的财政体制，实际上是一种物本逻辑下的财政体制，即主要是围绕“物”做文章，财政体制的实质就是分配物质资源。于是政府间博弈的核心在于获得更多的物质资源，每级政府都想拥有或掌握尽可能多的资源。在这种理念下，容易扭曲目的和手段的关系。获取物质资源、提供公共服务，应该是作为一种手段而不是目的。但这种物本的财政体制把目的和手段的关系颠倒了，将提供获取物质资源、提供公共服务的供给水平作为主要目的，从而脱离了“人”这一基本主体和最终目的。当前在一些地方存在的公共服务供给中存在的问题，就是这种“重物轻人”逻辑的体现。例如，公共服务供给“一刀切”，导致公共服务与人的需要不匹配，造成了财政资源的大量浪费和低效使用。

这种理念不仅不符合风险社会的特征，在风险社会下暴露出很大的局限性，而且也不符合人本发展的逻辑，并且带来了财政资源的浪费。

2. 基于风险治理的新认识

共同体（国家）之所以出现，一个重要的原因就是应对公共风险。作为单个的人，其力量在公共风险面前是微不足道的，无法单独应对公共风险，为此必然需要结成共同体，共同应对公共风险。所以，国家治理的目的就是要实现公共风险的最小化，维护国家的存续和发展。但是由于公共风险是多种多样、极为复杂的，并且不同公共风险的性质是不一样的，单个层级的政府难以去有效应对这种复杂化多样性的公共风险。为了提升应对公共风险的效率，就需要建立不同的政府层级，应对不同性质的公共风险。因此，这就涉及公共风险在政府不同层级间的分配问题——围绕公共风险最小化，对于不同的公共风险，由哪个主体承担更为合适，并辅之以相应的财力作保障，而这就是财政体制的实质。

简言之，财政体制是风险分配的体制。财政体制实质上是公共风险在中央与地方的统筹和分配，其最终目的是分配风险、推动人的发展。每一层级政府所承担的防范公共风险的性质是不一样的。无论财政体制做出怎样的制度安排，最终都应表现为围绕“人”的发展，事权、财权以及转移支付都应围绕“人”来设计。如果脱离了“人”这一基本主体和要素，就会陷入物本逻辑。基于风险分配的财政体制，必然是符合人本发展逻辑的财政体制。

除了人本理念和物本理念的区别之外，基于公共风险治理的财政体制与传统财政体制还有一个很大的不同：由于应对公共风险需要建立在对风险有效识别和预判的基础之上，因此，前者是基于未来风险判断而对公共资源在中央和地方之间的分配，而传统体制是基于过去和现状对公共资源的分配。

（二）财政体制的基本要素

现代财政体制一般包括政府间事权和支出责任划分、政府间收入划分、政府间转移支付制度三个基本要素。

1.政府间事权和支出责任划分

政府间事权和支出责任划分，是财政体制的基本要素之一，也是收入划分和转移支付制度设定的前提和基础。虽然基于各种治理和管理的需要，各级政府承担的事权多种多样，但归根结底是为了防范各领域的公共风险，维护国家的存续和发展。政府间事权划分，意味着在不同层级政府之间对不同类别的公共风险进行划分，并且通过公共服务的供给来具体体现防范公共风险的要求。

事权包含有决策、执行、支出、监督等要素，这四个要素都是控制公共风险不可或缺的。在我国，这四个要素分属于中央地方不同层级政府，从一项事权来看是共同的，但从其中的各个要素来看则是分开的。从总体看，决策、执行、监督是分开的，唯有支出和执行是连体的。支出责任的主体，同时也就是事权履行的主体。而要由谁来履行某项事权，直接取决于公共风险的性质。

支出责任具体表现为政府履行事权的支出义务和保障。支出责任由哪个层级政府承担，如何承担，取决于政府公共风险的性质以及相应的事权划分。支出责任与事权紧密相连，也与各层级政府承担事权的能力相连。基本公共服务支出责任由哪个层级的政府承担，取决于不同层级政府在防范化解公共风险中所扮演的角色与能力。当上级政府自身不具备履行责任的能力时，可以考虑委托下级政府承担，但上级政府要承担相应的委托性支出责任。按照此逻辑，中央政府的支出责任包括中央本级支出责任，还包括委托性支出责任；对地方政府而言，其支出责任既包括地方本级的支出责任，也包括上级的受托性支出责任。

现实中，很多事权是中央和地方的共同事权。共同事权是中央与地方在应对公共风险、提供公共服务相关事项的决策、具体执行、监管等方面共同承担主体责任。这类共同事权决定的支出责任为共担性支出责任。中央、地方的单独事权决定了中央、地方单独的支出责任。由于单独的事权边界相对清晰，因而其支出责任划分相对容易。与之相比，中央、地方的共同事权决定的共担性支出责任划分是改革中的难点。其难在中央、地方政府之间支出责任如何分担，中央、地方各承担多大比例。

在操作层面，尽管可以采取在广泛调研的基础上逐项梳理基本公共服务事权要素，清单式列举中央、地方政府的共同事权，并决定相应的支出责任，但在这里，显然不能按照“谁决策，谁掏钱”的原则，支出责任只与事权履行联系在一起。因此，共担性支出责任划分应基于事权的履行，而不是基于决策。凡属于共同事权，决策权都在中央，执行责任分担。这体现了我国中央统一领导下的分级治理原则。

那么，共担性支出责任该如何划分？划分的依据是什么？既然政府事权的背后是公共风险，公共服务事权或财政事权也不例外，只是不同类型的公共风险罢了。要理解这一点并不难，反向思考，如果政府不提供公共服务，社会将会如何？那就是公共风险蔓延直至危机。上学、医疗、养老之类的公共服务不只是化解了个体的消费风险，更重要的是可防范社会不平等扩大的风险，保持社会发展的稳定、可持续。政府履行提供公共服务的事权，本质上是防范化解公共风险。提供公共服务的过程就是防范化解公共风险的过程。

按照国家统一意志为社会提供公共服务的制度安排，就需要建立转移支付制度。政府间转移支付制度，表面上是平衡各地财力、促进基本公共服务均等化，实质上是平衡风险。

转移支付是指政府间通过预算安排的无偿资金拨付。从资金转移方向划分，包括自上而下的纵向转移支付和同级政府之间的横向转移支付，以及纵横结合转移支付。从资金用途是否限定划分，包括不规定资金用途、旨在促进各地方政府提供均等化基本公共服务和保障国家重大政策实施的一般转移支付和规定资金用途、专款专用的专项转移支付。从目标和功能划分，包括以均等化为目标的转移支付、解决辖区间外溢性问题的转移支付、中央委托地方事务引致的转移支付、以增强国家政治控制力为目标的转移支付。

转移支付制度本身并不影响财政事权、支出责任以及收入划分的顶层设计，而是在财政事权、支出责任、收入划分既定格局基础上的"平衡"。从制度设计来看，财政事权划分是决定性的，支出责任匹配是关键性的，转移支付则是保持整个政府间财政关系具有一定的弹性，以实现相应的政策目标。

二、两级治理下的风险分配

风险分配，是风险思维的重要体现，并且成为防范风险的前提。风险无处不在、无时不在，有效地做好风险分配，显然是极为重要的。一个社会、一个国家有效运转的关键，就在于合理的风险分配，实现各类风险的平衡。

（一）风险分配的维度和实质

人类社会自从产生之日起，就面临着各种风险挑战。“从这些风险的属性及其化解、防范方式来看，可划分为两大类：私人风险和公共风险。前者是指产生‘私人’影响，可以由个人和企业承担的风险；后者是指产生‘群体（或社会）’影响，个人和企业无法承担的风险，也就是只能由政府来承担的风险。”①风险思维也一直伴随着人类的发展，并体现在人类的各种活动之中。有些行为是显性的防风险措施，而有些行为虽然表面上看其目的不是直接应对各种风险，但仍是人类风险思维的体现，其行为特征受到风险思维有意识或无意识的影响。因此，不论是为了生存还是发展，风险思维总是与人类相伴而行，防风险也总是第一要务。

风险分配是一个过程，是针对风险社会化、系统化、公共化，通过制度制定和行为治理，确定最适合承担风险的主体。风险分配，是风险思维的重要体现，并且成为防范风险的前提。风险无处不在、无时不在，有效地做好风险分配，显然是极为重要的。一个社会、一个国家有效运转的关键，就在于合理的风险分配，实现各类风险的平衡。从风险产生领域、环节以及风险责任主体的角度，风险分配通常有四个维度。

其一，政府、市场与社会。从国家治理的横向结构来看，政府、市场与社会是国家治理的三个领域，因而，这三个领域也都会面临着诸多风险，我们可分别称之为政治风险、市场风险和社会风险。如果某个领域风险突出，风险平衡被打破，风险就会传递到其

① 刘尚希：“论公共风险”，《财政研究》1999年第9期，第13页。

他两个领域，从而破坏整个国家秩序。在政府、市场与社会三个领域做好风险的分配，有利于增强整个国家的稳定性。

其二，个体、集体与国家。从国家治理的主体来看，个体是承担风险的主体，集体与国家也是承担风险的主体。有些风险，如私人风险，应该由个人承担起防范的责任。有些风险，单靠个人难以有效防范，需要在集体或国家层面，建立有效的防范制度。基于个人的风险，也可能演化为集体风险和公共风险；而集体风险和公共风险，对于相应领域内的个人而言，则是一种个体风险。在个体、集体与国家之间合理分配风险，同样有利于增强共同体（国家）的稳定性。

其三，中央政府与地方政府。从国家治理的纵向结构来看，中央政府和地方政府是防范公共风险的主体。区域内公共风险的有效应对，可以防止其演化为全国性的公共风险。中央政府在全国层面做出的防范和应对风险的制度安排和各项措施，对于增强地方应对公共风险的能力起到重要作用。一个好的国家治理结构，就是在中央政府与地方政府之间合理分配风险，形成风险平衡，增强国家的稳定性。

其四，决策、执行与监督。一项政策和制度在决策、执行和监督的一系列环节中，都有可能形成风险，亦即决策风险、执行风险和监督风险。为了保障政策和制度能够达到预期的效果，减少风险，就需要在决策、执行和监督等环节，合理分配风险，形成风险平衡。

（二）我国的两级治理与风险分配

1. 两级治理的含义

尽管我国宪法规定，我国政府分为中央、省（自治区、直辖市）、县（市、市辖区）、乡（民族乡、镇）四级，但在实际治理中，体现出了明显的“两级”治理结构特征，即两级分权、两级治理：

一为中央层面，是指以中央政府为核心的对国家整体层面的治理，也可称之为整个国家的治理或中央治理。

一为地方层面，是指以省级为单位的地方治理。目前，全国共有34个省级行政区（其中：4个直辖市、23个省、5个自治区、2个特别行政区）。我国地方行政区划曾进行过多次演变和调整。我国宪法规定，我国的行政区划基本上划分为三级，即省（自治区、直辖市）、县（自治县、市）、乡（民族乡、镇）。改革开放之后，随着城市化和工业化的发展，我国出现了“地区改市”“撤地建市”和“县改市”“撤县建市”，原来作为省级政府派出机构的地区行署演变为“地级市政府”。这样除直辖市、特别行政区和台湾省外，每个省、自治区的行政区划的管理无一例外按地级行政区（含副省级城市）、县级行政区（含副地级行政区域）和乡镇（含副县级行政区域）三级管理。

2. 两级治理的核心在于风险分配

风险来源于不确定性。不确定性是人类社会的一种常态，追求确定性是人类的心理本能。在风险社会，工业文明的发展，在给我们带来物质丰裕、科技进步的同时，也增加了社会发展中的各种不确定性。既有自然界因其自然规律和人类活动引发的各种自然不确定性，也有人类关系、人类活动等引发的社会不确定性。因此，各种不确定的增加，也使公共风险形成的复杂性、传递性和危害性都大为增强。防范风险，就是要增加确定性。

不同的区域，面临的不确定不一样，形成公共风险的因素并不相同。如何才能有效地应对各种复杂因素引发的公共风险呢？公共风险的性质和特点，决定了个人虽然可以规避和防范个人风险，但对于公共风险是无力的，需要由政府防范。中央政府和地方政府在防范公共风险上，各具优势。中央政府可以从全局层面，统筹规划、安排，调集资源，应对公共风险，尤其是对于跨区域的公共风险，更是可以打破区域限制，提升区域间的协同能力，更为有效地防控公共风险。同时，中央政府可以从全局角度做好应对公共风险的基础性制度建设，通过制度设计、资源分配等手段，增强地方应对公共风险的能力，减少或消除政府间的能力差异。例如，中央政府可以围绕人的基本能力、在基本公共服务方面承担一些职责。而地方政府，由于更靠近公共风险的发生源，因而可以更加及时了解公共风险状况，对公共风险的演化做出判断，并及时采取措施，对公共风险进行有效防控。因此，中央和地方在防范公共风险上各具优势，但是有些公共风险，无论是单靠中央政府，还是单靠地方政府，都难以有效应对，需要发挥中央和地方的积极性，使其形成合力，打造有效的公共风险治理机制。

财政是分配公共资源、防范和化解公共风险的基本机制。财政体制的核心，就是通过公共资源在中央和地方之间的有效配置，形成有效的公共风险治理机制。从风险分配的角度而言，财政体制就是在中央与地方之间进行合理的风险分配，形成风险平衡。

三、中央与地方风险分配的基本原则

自1994年分税制改革以来，中央和地方财政关系经历了多次调整：从“财权与事权相匹配”，到十七大提出的“财力与事权相匹配”，到十八届三中全会提出的“事权与支出责任相适应”，再到十九大提出的“建立权责清晰、财力协调、区域均衡的中央和地方财政关系”，可以说财政体制改革在不同历史时期发挥了调整中央和地方关系的重要作用。然而，无论是财权、财力，还是支出责任，如果没有能力与事权相匹配，权责就难以实现真正匹配和清晰。因此，在风险财政逻辑中，要更加注重“能力与事权相匹配”，并基于公共风险最小化的目标匹配中央与地方事权与支出责任。

（一）事权划分的传统原则及局限性

在传统理论中，事权划分一般是依据基本公共服务受益范围、供给效率、激励相容等原则，这些原则对发挥政府职能、促进中央与地方积极性等产生了重要作用，但随着风险社会的发展，公共风险日益复杂化，这些传统原则的局限性不断显现，叠加固有的“物本逻辑”缺陷，已越来越不适应经济社会发展的需要。

1.中央与地方事权的传统划分原则

在政府职能划分上，如有可能，将全部政府职能划分为中央政府的职能是最简便的，可以避免各级政府的利益冲突。但对大的经济体而言，因为信息的相对复杂性，实际上中央政府难以解决所有问题，并且地方政府更接近当地居民，更了解其愿望和需求，由地方政府提供部分公共服务，可以提升供给效率。传统上而言，事权划分需要遵循以下原则：

一是基本公共服务受益范围原则。受益范围，亦即政府提供公共服务受益对象的区域问题。政府提供公共服务会产生外部性。例如，地方政府本着为辖区内居民改善公共医疗服务的初衷，投资建立了设备先进的医院，而毗邻辖区的居民也可以享受该医院提供的医疗服务，那么医院的建立就对临近地区的居民产生了正的外部性——辖区外的居民不需要为建立医院分担成本，却享受到了医院的服务。又如，A地的地方政府为了吸引投资，大力加强基础设施建设，吸引了本来打算投资于B地的企业将投资转移到了A地，那么A地提供的公共服务就对B地产生了负的外部性。正是由于政府提供公共服务会产生外部性，因此，决定中央与地方的事权，就要看受益和外部性的情况。如果地方政府提供的某一公共服务的受益范围，或者说外部性主要在当地，就应该将这一公共服务的供给事权划给地方政府，由其负责提供该公共服务。如果一项公共服务由某地提供，但受益范围超出了该地，也就是说出现了跨区域的外部性，则这项公共服务就不适合由该地单独提供，应由上一级政府站在更高层面上统筹安排，形成共同事权，共同提供该项公共服务。这样就会减少公共服务供给中的搭便车现象，使公共服务的供给更能体现受益和责任的匹配，有利于提升公共服务供给水平。

二是供给效率原则。供给效率，亦即在确定中央与地方的事权时，该项公共服务属于谁的事权、由哪一级政府提供，要看谁提供的效率更高。决定供给效率的一个重要问题是信息的复杂性以及获取、处理信息的成本和优势问题。由于信息复杂多样，中央政府和地方政府在获取、处理信息上优势各不相同。越是微观、靠近基层的信息，地方政府越容易获得，这也就意味着其更了解基层的状况。相反，越是宏观、跨区域的信息，中央政府越容易获得，并能从全局上把握情况。因此，要根据信息的复杂性以及获取、处理信息的成本和优势，决定中央与地方事权和支出责任的划分。如果按照信息的复杂性及获取、处理信息的成本和优势，应该由地方政府来提供，但同时又具有跨地区的外部性，那么可以由地方政府管理，中央政府提供帮助，如义务教育。义务教育，尤其是小学教育的信息管理极度复杂，但是义务教育又具有一定地域外部性，不能算是纯粹的地方事务，因此大国一般是地方政府管理，中央政府提供帮助。总之，根据信息的复杂性以及获取、处理信息的成本和优势，划分中央与地方事权，这实际上是解决政府在提供公共服务中的信息不对称问题，有利于提升供给效率。

三是激励相容原则。激励相容，解决的是各级政府的积极性问题。让各级政府都能充分发挥各自的积极性和优势，是财政体制考虑的一个重要因素，也是一个国家治理体系有效运转的前提和基础。激励相容实际上体现了政府在提供公共服务中的责权利相匹配的问题。如果一个国家的治理体系和治理制度能够充分激发各级政府的积极性，使其在各自的职权职责范围内尽力做好各自的事情，不仅可以使国家治理体系有效运转，而且可以实现治理成本最小化和利益最大化，可以说体现了激励相容原则。如果一个国家的治理体系和治理制度出现责权利不相匹配，则不仅不能调动各级政府的积极性，还会降低治理效果，容易引发治理中的诸多问题，如纠纷、搭便车、不作为等。因而，在事权划分上，要按照激励相容原则，实现责权利相统一，尤其是对于共同事权、上级授权的一些管理事项和公共服务供给责任，做好政府间的责权利划分。

2. 中央与地方事权传统划分原则的局限性

从以上分析可以看出，传统的主流财政学理论基本上是基于公共产品供给效率来对中央与地方事权进行划分的，即哪级政府提供何种公共产品更有效率就由哪级政府来提供。公共产品的受益范围（外部性问题）、供给效率（信息复杂性）、激励相容等原则，基本上都是围绕公共产品的供给效率来确定的，主要反映了事权划分的效率维度，即哪级政府提供公共服务效率更高，就把公共服务确定为哪级政府的事权。

然而，进入风险社会，公共风险成为影响经济社会发展的根本因素。在现代风险社会条件下，公共产品供给的效率固然重要，但只考虑公共产品的供给效率远远不够，也不能实现国家治理的长治久安。在风险社会下，公共产品的供给效率寓于公共风险之中，传统的中央与地方事权划分理论存在一些局限性，已不能适应风险社会的需要。主要表现在以下几个方面：

（1）以物本逻辑为主的划分原则难以适应人的全面发展的要求

围绕公共服务，以公共服务供给效率为重心，划分政府间事权，体现的是一种物本逻辑。将政府职能及其职能的实现视为提供一种公共服务，单纯从效率角度来考虑，虽然有利于提供公共服务的供给水平，但脱离了“人”这一根本的目的。重视物，而忽视人，恰恰是西方理性的一个弊端。不可否认，“物质性”是西方理性的一个本质特征。

而这一弊端在政府间事权划分上也体现出来。单纯地以公共服务供给作为划分政府间事权的唯一依据，就会导致在政府事权上陷入“物”的思维，将“物”的考量作为衡量政府职能和事权的依据。既不利于在风险社会条件下增强各级政府防控风险的能力，也偏离了服务于“人”这一目标。虽然在财政体制的设计上了也考虑了人的因素，把人享受公共服务情况作为确定财政支出和转移支付的重要依据，但离人本逻辑还有一定的差距。人的全面发展，是我国发展的根本目标。实现人的全面发展，必然要求在一些制度设计上坚持人本逻辑。中央与地方事权的划分，也必然要求摒弃物本逻辑，坚持人本逻辑，将人的全面发展作为中央与地方事权划分的出发点和最终归宿。

（2）在风险社会下容易引发治理难题

虽然在传统理论中，为了解决治理中公共服务供给的“搭便车”和外部性，以及有关政府及其部门的不作为等问题，按照公共产品的受益范围、供给效率、激励相容等原则，对中央与地方事权划分进行了划分，但这些治理中的问题一直得到根本有效的解决，并逐渐演化为治理难题或顽疾，成为影响国家治理现代化的重要因素。进入风险社会以后，公共风险的日益复杂化，冲击着原有的以物为逻辑基础而形成的事权和支出责任的划分结构，影响了公共服务的供给效率和国家治理体系的运行效率。如果风险分配缺位，原有的经济社会运行的主导逻辑将会遭受严重冲击，进而导致经济社会的紊乱，产生新的风险和危机。在传统农业与工业社会中，经济社会运行的主导逻辑是追求财富的生产与分配。进入后工业化时代，技术进步、全球化等因素已使人类社会进入“风险社会”，虽然财富的分配依然主导着经济社会的运行，但风险分配的重要性日益在强化[①]。如果我们在追求财富的生产和分配时，忽视了风险分配，就会产生经济社会危机、生态环境危机等，不仅影响各个国家的福利和生活水平，而且最终使人类文明在追求财富生产和分配的传统逻辑中，逐渐走向毁灭。因此，风险社会必须重视风险的分配逻辑，应根据公共风险的变化，构筑有效的风险防范和化解机制。

① 〔德〕乌尔里希·贝克：《风险社会：走向另一种现代性》，何博闻译，译林出版社2004年版，第15—57页。

财政是防范和化解公共风险的基本机制，财政体制必然要求根据公共风险状况，在中央与地方之间有效分配，形成防范化解公共风险的有效机制。按照建立在物本逻辑基础上的政府间事权划分原则，难以对中央与地方的风险责任做出有效分配，会产生风险责任不匹配问题，引发新的治理难题，降低国家治理效率。

（3）可能会引发新的政府失灵问题

从传统的财政理论来看，市场失灵是政府提供公共服务、干预经济的一个主要原因，也是财政职能的逻辑起点。传统的事权划分原则主要是基于“物的效率”的追求，即由哪级政府提供公共服务成本更低、效率更高，就由哪级政府提供。因此，在传统的事权划分下，政府追求的是公共服务供给效率最大化。追求“物的效率”虽然能提升财政资源的使用效率，但在风险社会下，公共风险日益复杂化、多样化，物的效率不等同于防范化解公共风险的效率，相反，过度重视物的效率，而忽视经济社会发展整体，就有可能扭曲财政的目标，不仅不能正确评价财政绩效，而且降低了防范公共风险的效率。总之，公共服务供给的效率最大化，不等于公共风险的最小化。在风险社会中，忽视了“公共风险”这一影响经济社会发展的最重要因素，必然产生新的政府失灵。尤为重要的是，在传统的理论中，事权和支出责任的划分基于“实体”，并且是基于过去和现状对公共资源的分配，显然不适合风险社会公共风险日益复杂、不断演化的需要，而应该建立在对风险有效识别和预判的基础之上，基于未来风险判断而对公共资源在中央和地方之间进行分配。

（4）与我国治理体系和模式不完全匹配

事权划分，必须依据一国的政治制度、文化历史传统等特点，并与国家治理体系相匹配。从我国情况来看，我国是中国共产党领导的单一制国家。正如前文所述，尽管我国宪法规定，我国政府分为中央、省（自治区、直辖市）、县（市、市辖区）、乡（民族乡、镇）四级，但在实际治理中，体现出了明显的“两级”治理结构特征。即两级分权、两级治理：一为以中央政府为核心的对国家整体层面的治理；一为以省级为单位的地方治理。在国家治理体系中，中央起着主导作用，虽然也重视地方的积极性和主动性，但地方的积极性和主动性是建立在中央统一领导的基础上的。总体而言，治理体系呈现“中央决策、地方执行”的特征，这与西方国家治理机制并不相同。在主要西方国家的治理机制之中，通常是先将事权分类，然后再按类别在中央（联邦）和地方政府间划分事权。而我国按照“中央决策、地方执行”的模式，通常由中央制定事权划分的总体方案，地方负责执行。因此，决策和监督的事权通常属于中央，而执行的事权属于地方。

（二）基于风险分配的事权划分原则

传统的事权划分方法，从受益性、信息复杂性和激励相容等方面来探讨事权划分问题，虽然这些方面体现的侧重点不同，但基本上都是着眼于效率维度。这种划分方式具有弊端，已不能适应风险社会的需要，优化事权划分，必须高度重视公共风险这一引发社会变化的重要因素，由“实体理性”向“虚拟理性”转变，树立风险意识和风险思维。因此，针对中央与地方事权的划分原则，应当在传统公共产品“效率”维度中加入“风险”维度。

基于风险分配的事权划分，就是以追求风险最小化为目标，将“效率”维度融入“风险”维度，在实现公共风险最小化时兼顾公共产品的供给效率。总体而言，基于风险分配的事权划分原则主要有四个方面：

1.风险决策原则

从事权要素来看，风险产生于决策、执行和监督等环节。一般而言，决策中的风险是根本性、全局性和方向性的，其风险所带来的危害，也大于执行和监督中的风险。如果在决策环节就已经出现了偏差和错误，那么除非在执行和监督中改变决策，否则也会出现偏差和错误。但在单一制国家中，强调中央决策、地方执行，下级政府很难随便改变上级决策。从防范化解公共风险的角度来看，由于决策是执行、监督等后续环节的基础和前提，并且决策风险所带来的危害较大，因而要把风险决策作为首要原则。对于某一公共风险，需要根据其性质来判断哪级政府做出决策更有利于防范化解这一公共风险，就把相应的公共事务的决策权划给哪级政府。如果是基于防范全国性公共风险的全国性公共事务决策，则只有将决策权交于中央政府，才能构筑起有效的风险防范机制，实现公共风险最小化。如果是区域性的公共事务决策，则需要将决策权交给相应的地方政府。由于各个时期的公共风险并不相同，并且公共风险是在不断变化的，因此，要根据不同时期公共风险的状况，及时调整中央与地方以及地方之间的决策权。

2.风险分担原则

激励原则，以及相应的责权利相统一，虽然是传统理论中划分事权和支出责任的原则，但在风险财政理论中仍然适用，只不过二者的内涵并不一样：前者是基于物本逻辑，忽视了风险社会的特点，而后者则是体现了人本逻辑、适应风险社会风险变化的特点。

在风险思维下，这个“责”应集中体现为防范公共风险的责任。如果不能权责匹配，就会出现“风险大锅饭”、相互“甩锅”、应对不及时、防范措施无力、无法形成合力等状况，从而制约风险防控效果，这显然不符合有效的公共风险防控机制的要求。这个“责”，既包括在风险产生层面，也包括在风险处置层面；既包括在决策层面，也包括在执行和监督层面。因此，在事权划分上，要坚持风险责任原则，按照公共风险的性质，做好风险防范责任的分配，明确中央与地方的责任，避免“风险大锅饭”。只有决定了哪类公共风险应由哪类主体来承担，以及共同承担风险中需要承担多少，才能够在不同层级的政府间清晰地界定事权和支出责任，以及相应的激励与约束机制，使其明确在防范化解公共风险中实现风险、权力、责任三者的统一，从而发挥各自的积极性和主动性，达到公共风险最小化的目标。

3. 风险匹配原则

在现代社会中，公共风险呈现集合式发展的态势，其成因更加复杂，危害性和传递性更大。有效地防控公共风险，在事权划分上需要坚持风险匹配原则，使风险性质与防范能力匹配。越来越多的公共风险不再是传统的工业化物质生产过程所产生的，而是来自技术进步。这意味着风险管理的专业性不是减少了，而是大大增加了。现代社会分工日益精细，专业化水平不断提升，要有效控制风险，必须把风险匹配给最适宜的一级政府，“让专业的人，干专业的事”。从风险识别、风险防范，到风险处置，不同层级政府的能力是不同的，有效的匹配才可以有效地控制风险。例如，教育的可获得性风险（是否上得起学）应由较高层次政府来承担，而教育的可及性风险（是否有学上）则可交给较低层次政府承担。[①]

4. 风险调整原则

在风险社会中，风险更无常态，更加充满不确定性。公共风险因区域、发展阶段和文化习俗等因素的不同而有所差异，并且随着内外因素的发展变化而变化。每个区域、每个阶段应对的公共风险并不一样，其手段和方式也应不同。以确定性思维，显然无法应对不确定的风险变化。因此，在应对风险防控上，就要抛弃确定性思维。这就要求在事权划分上坚持风险调整原则，即：建立动态的事权调整机制，根据风险的变化，及时调整事权的划分，以有效应对风险变化。

（三）事权与能力相匹配：逻辑和要求

在推动财税体制改革过程中，我们一直强调财权或财力与事权相适应，但往往忽略了政府能力这一维度，导致财政资源在一些地方出现浪费和效率低下。事实上，各级政府的能力是有差异、有限度的，只有在政府能力的范围内探讨事权与财力相匹配、事权与支出责任相匹配的问题，才具有现实意义。

1. 遵循能力与事权相匹配的改革逻辑

如前所述，各级政府能力有边界和“天花板”，超出一级政府能力边界，仅匹配财力，并不能解决问题。新发展阶段，应遵循能力与事权相匹配的改革逻辑，将事权、支出责任适度上移，提高中央本级支出占比，通过增强中央政府的统筹管理能力，更好保障国

① 刘尚希、石英华、武靖州：“公共风险视角下中央与地方财政事权划分研究”，《改革》2018年第8期，第22页。

家重大战略的有效实施；赋予省级政府更大自主权和治理权，鼓励其根据实际情况创造性地落实国家战略和大政方针；适合由基层政府承担的事权应尽可能下放，并在地方能力区间内进一步加强能力建设。这样既有利于克服上级部门不负责任的官僚主义现象，也有利于克服基层因能力欠缺而带来的形式主义现象。

传统的理论与实践中，政府间事权划分存在一定局限性，过度注重“物的效率”维度，即哪级政府提供公共服务效率更高，就把公共服务确定为哪级政府的事权，无法满足应对公共风险的需要。这种财政联邦主义条件下的事权划分要求，对于我国统一领导、分级治理的“财政共治”模式不完全适用。尤其是我国已进入新发展阶段，目标呈现多元化，公共风险类型增多，由于公共风险具有整体性、不确定性、复杂性、渗透穿越性和隐匿性的特性，相对于中央和省级政府，市县等基层政府识别能力相对不足，可能会导致“盲人摸象”，无法固化分工，出现以邻为壑、隐藏风险等动机，加大国家治理成本，引发更大的公共风险。这就意味着在事权划分中既要考虑传统的效率因素，更要结合我国国情，关注现实中的公共风险，基于公共风险最小化的目标来进行财政体制改革。

2. 事权与能力相匹配的要求

（1）根据中央能力状况，提升中央本级支出占比

在一个国家，中央财政一般都居于主导地位，否则中央的调控能力、调控手段、调控效率都会弱化，很难推动区域协调发展，实现区域平衡，甚至产生国家分裂的危险。对于我们国家这样一个大国而言，保持中央财政的主导地位和提升本级支出占比具有重要的政治和经济意义，也是防范系统性公共风险的必然要求。为此，应

把具有基础性、战略性、全国性基本公共服务的支出责任尽快上划中央政府，以减少转移支付规模，提高效率，降低资金损耗、监管成本和廉政风险。诚然，提高中央财政的调控能力，匹配地方政府的办事能力，绝不仅仅是提高中央本级财政支出占比那么简单，而必须理顺责任与义务的关系，让中央政府和地方政府都能切实履行好自己的责任，发挥两个“积极性”。

（2）在地方能力区间内进一步加强地方能力建设

强调能力与事权相匹配，事权适度上移，并不是说所有的事权都已经达到了地方政府的能力边界。一方面，确实一些事权超出了地方能力的天花板，但另一方面，地方现实能力还没达到其能力的天花板，即应有的潜在能力水平还未充分发挥。因此，在逐步增加中央事权和支出责任的同时，应适当调整省以下事权和支出责任划分格局，将一些适宜省级政府履行的事权上收，切实减轻基层政府压力。同时，对于基层具有信息优势、能做出更有效率的决策的事权应放尽放，并在地方能力区间内进一步加强能力建设，包括政策执行能力、促进区域内经济发展能力、提供区域内公共产品和服务的能力、维护地方社会稳定的能力等等，而不是坐等上级政府的“救助”，只享受权利和使用资金，不承担应有的责任和义务，不考虑资金的来源和可能面临的风险，不主动化解矛盾和问题，反而积累风险。

四、基于风险分配的财政体制设计

在现代风险社会下，构建财政体制需要坚持“人本发展”理念，遵循风险思维和公共风险逻辑，以风险作为体制设计的逻辑起点，将人的发展作为最终落脚点，在风险识别的基础上，依据风险决策、风险分担、风险匹配、风险调整等原则，将与“人”有关的部分基本公共服务作为突破口，在确定基本公共服务范围和供给标准的基础上，划分事权和支出责任以及财政收入，调整转移支付制度，形成风险识别与防范能力强、事权财力与风险相匹配的财政体制。

（一）依据公共风险的性质和政府能力状况，完善事权与支出责任划分

将公共服务供给效率最大化融入风险最小化之中，由单纯追求“物的效率”逐渐转向“防范化解公共风险的效率”。依据公共风险的性质和政府能力状况，完善事权与支出责任划分。在基本公共服务领域，做好与“人”相关的事权和支出责任划分，保障人的生存权和发展权的基本统一。尤其是要做好相关领域的共同事权和支出责任的划分，确定合理的基本公共服务供给标准，让不同区域的人们获得平等的发展权利和机会。根据政府的能力状况，适当加强中央的事权，减少并规范中央与地方共同事权，凡涉及整体安全和人口流动的事权应属于中央事权。

首先，国家整体安全是全域外部性的职责，是一个国家生存和发展的前提和基础，逐步将国防、外交、国家安全、出入境管理、国防公路、国界河湖治理、全国性重大传染病防治、全国性大通道、全国性战略性自然资源使用和保护等基本公共服务确定或上划为中央的财政事权，由中央管理并做统一协调。

其次，涉及跨区域整体安全的职责，如食品药品安全监管、公

共卫生应急管理、跨地区司法公平公正、跨地区环境保护等，也应作为中央事权。市场经济国家基本上都由中央垂管。以食品药品安全监管为例，美国食品药品监管局（FDA）有约2万人的队伍，研究和检测部门设在马里兰州，有数千人，其他人员驻在各地的分支机构。跨州、跨国销售的食品、药品，都必须向FDA送检，无验证码不得销售。为监督各分支机构,FDA建立了“飞行检查”制度，由专业人员随机抽检，我国的“飞检”就借鉴于此。以上事权可能牵涉到部分事项的“垂直管理”，即中央委托地方代办，因此，所涉及的中央部门应加快实体化改革，明确中央地方共管事务和分工机制。

再次，涉及人口流动的事权应属于中央事权。随着工业化和城镇化的快速推进，以农民工为主体的人口大规模流动使中国从“静态社会”快速转变为一个“动态社会”。财政体制改革要充分考虑区域人口大规模流动的新阶段对中央与地方之间财政责任划分提出的新挑战，将涉及人口流动的事权上升为中央事权。例如，流动儿童的教育、流动人口的医疗和养老、基本住房保障以及公共服务的同城待遇等等，都要求中央与地方事权与支出责任划分改革从地理静态转向人口动态，让“公共服务找人”，而不是让“人去找公共服务”，保障所有人的基本权利。

（二）完善有利于中央和地方防范公共风险的收入划分

完善收入划分的目的，是增强中央和地方防范公共风险的财力基础。这需要统筹考虑地方层面的公共风险和全国层面的公共风险，要在保持现有财力格局大体稳定的前提下，优化收入划分。为此，应抓好以下几个方面：

一是优化国内增值税等共享税收入划分办法，使财力适当下沉。例如，改革增值税收入分享办法，可考虑从目前按征收额分享改为按征收额和负担额相结合的共享方式。增值税是流转税，与经济发展关系密切，即经济越发展，增值税收入规模越大。为发挥地方政府发展经济的积极性，建议仍将国内增值税作为共享税，但将增值税收入分享方式从目前按征收规模改为按税负规模分享。

二是深化相关税种改革，完善地方税体系。在稳步推进房地产税改革的同时，深化环境保护税、资源税等改革，扩大环境保护税、资源税的征收范围，优化税率结构，增加地方财力。同时，推进消费税征收环节后移并稳步下划地方。2019年9月，国务院印发的《实施更大规模减税降费后调整中央与地方收入划分改革推进方案的通知》指出，“按照健全地方税体系改革要求，在征管可控的前提下，将部分在生产（进口）环节征收的现行消费税品目逐步后移至批发或零售环节征收，拓展地方收入来源，引导地方改善消费环境”。2020年5月，中央发布《关于新时代加快完善社会主义市场经济体制的意见》提出，“研究将部分品目消费税征收环节后移”。改革国内消费税税制，进一步完善消费税的税目、税率，在强化其环保和节约资源的功能的基础上，逐步推进消费税征收环节后移并稳步下划地方。

三是适当下放税权，授权地方政府合规地探索开发特色地方税基。在征得中央政府同意的前提下，经过规范立法程序，鼓励省级政府针对本地筹集收入潜力大，且不会引起地方政府间税源竞争、影响生产要素流动和全国统一市场构建的特色、特殊资源征收“特色地方税”，充实地方税源，推进费改税，增强地方防范化解公共风险的能力。

（三）完善事权、能力与风险相匹配的转移支付制度

自1994年分税制改革以来，我国转移支付制度和体系不断健全和完善。近些年来，我国大力推进转移支付制度改革，取得了阶段性成效，转移支付管理的规范性、科学性、有效性和透明度明显提高，转移支付结构进一步优化，专项转移支付数量明显压减，有力地推进了基本公共服务均等化、促进了区域协调发展、保障了各项民生政策的顺利落实。但受我国经济社会发展不平衡、城乡二元结构比较明显、政府职能转变不到位，以及中央与地方财政事权和支出责任划分仍需要优化、地方税体系尚未建立等多种因素制约，与建立现代财政制度、推进国家治理体系和治理能力现代化的要求相比，现行中央对地方转移支付制度还存在一些差距和不足。例如，转移支付改革与财政事权和支出责任划分改革衔接不够；转移支付资金统筹力度有待加强，资金闲置沉淀问题依然存在；专项转移支付清理整合没有到位；等等。转移支付制度中存在的问题，造成了中央与地方之间的风险分配不合理，不利于发挥地方在应对公共风险中的积极性和作用。

为此，坚持人本发展的理念和逻辑，将人的发展作为最终落脚点，按照事权、能力与风险相匹配的原则，完善转移支付制度。

一是促进转移支付与财政事权和支出责任划分相适应，进一步完善共同财政事权转移支付。在完善一般性转移支付分配办法、反映各地公共服务成本的差异、提升地方防范化解公共风险能力的基础上，进一步完善共同财政事权转移支付。尤其是要按照流动性社

会和老龄化社会发展的趋势，坚持“公共服务跟人走”，做好与人直接相关的共同财政事权划分，加大与人直接相关的基本公共服务事项的保障力度。有必要调整过去转移支付瞄准农村、中西部等基于地域的静态倾斜，转向基于人口流动的动态倾斜，让公共服务“跟人走”，让转移支付“跟人走”。只有让转移支付“跟人走”，才能使与人相关的基本公共服务得以充分保障，相应守住底线公平，增强风险防范能力。

二是进一步清理整合专项转移支付，并加大转移支付资金统筹力度。近些年来，我国在清理整合专项转移支付、压缩专项转移支付规模方面取得了很大进展，应进一步适当压减专项转移支付数量，推进专项转移支付的实质性整合。同时，加大转移支付资金统筹力度，全面盘活转移支付结转资金，及时收回闲置沉淀资金，统筹安排用于稳增长、补短板、保基本民生等领域。

三是按照公共风险的变化，建立健全专项转移支付设立、定期评估和退出机制。在定期对转移支付制度进行评估的基础上，需建立退出机制，逐步减少现行引导类和救济类的专项，逐步取消竞争性领域专项。

四是完善横向转移支付。横向转移支付是指在既定的财政体制下，同级地方政府之间财政资金的相互转移。与纵向转移支付制度相比，横向转移支付在解决地区间财力均等化和生态环境保护的外部性问题等方面具有较好的作用。我国现行横向转移支付制度主要涉及部分发达地区对边疆民族落后地区的援助、地区间的生态环境补偿等。这些地区间的横向转移支付在缩小地区间差距和解决地区间生态环境补偿上发挥了一定作用，但还缺乏制度化和规范化。今后，可进一步在扶贫、救灾和生态环境保护等领域探索建立规范化的横向转移支付制度，增强经济落后地区的财力和守住民生底线，以及解决地区间在生态环境保护上的外部性问题，降低生态环境的公共风险。[①]

① 中国财政科学研究院 2018 年地方财政经济运行调研课题组："从转移支付透视区域分化——地方财政经济运行调研报告"，《财政科学》2019年第5期，第48—49页。

第八章　权衡风险的财政政策

财政是国家治理的基础与重要支柱。这一新的论断把我们认识财政的视角从经济学拓展到了国家治理的范畴。很久以来，我们已经普遍接受了从宏观经济的视角认识财政政策的传统思路，认为财政政策是宏观经济调控的两大工具之一，其主要目标是经济增长、物价稳定、就业充分和国际收支平衡。国家治理涉及政治、经济、社会、文化、生态等方方面面，绝不仅限于经济领域。如果仅从经济的视角看财政政策，如何发挥财政在国家治理中的基础和重要支柱作用呢？国家治理最基本的目标是“长治久安”，具体包括人民幸福、社会和谐、国家富强等多个方面，而要实现这些目标，就要推动实现公共风险最小化。试想，在公共风险广泛存在且不断扩大的情况下，人民幸福、社会和谐、国家富强等目标如何实现？一定意义上，公共风险最小与国家治理的长治久安目标是一个硬币的正反面，只有公共风险最小，人民才能拥有最大的幸福，社会才能保持最大程度的和谐，国家也会逐步富强起来。基于公共风险最小化的目标，在国家治理中，政府需要不断完善法律、制度、政策等，通过不断优化各类资源配置，实现各类风险的优化均衡，让各种、各类风险均不会构成对国家治理的挑战。因此，我们所有的法律、制度和政策都是在防范化解公共风险，财政政策作为国家治理的基础性政策工具，更是如此。

一、什么是财政政策

（一）主流财政学理论中的财政政策

二战后，随着西方经济学理论体系日渐完善，经济学越来越成为一门“显学”，并逐步渗透至其他学科之中。20世纪70年代，美国芝加哥大学经济学和社会学教授贝克尔出版了《人类行为的经济分析》一书，运用经济学的基本概念与方法，对政治现象、犯罪行为、婚姻家庭、道德伦理等一些非经济问题进行分析，产生了很大反响，把所谓“经济学帝国主义”推向了一个新的高峰。时下，经济学的主流分析方法已贯穿于很多哲学社会科学甚至自然科学领域，更是深入渗透到我们的日常生活中。我们的财政也不可避免地受“经济学帝国主义”的影响，主流财政理论中充斥着经济学的分析方法，我们接触到的财政学教材，无一不是贯穿了西方经济学的基本概念与分析方法，似乎财政学作为经济学科下的一门子学科是想当然的事情，财政政策作为宏观经济调控两大工具之一的地位与作用是不可动摇的。

20世纪60年代，希克斯提出，“财政政策是指公共财政的所有不同要素在依然把履行其职责（税收的首要职责就是筹措收入）放在首位的同时，共同适应各项经济政策目标的方式和方法”[①]。这一定义把经济政策目标作为财政政策的目标，财政政策制定和实施过程则是财政履行自身职责（筹集收入、管理支出）的同时，以财政各要素的优化调整与组合来促进经济目标的实现。同期其他学者对财政政策的定义基本上是与希克斯异曲同工的，如凯塞（Keiser）

① U. K. Hicks, *Public Finance*, 2ed, Bombay: Macmillan and Company LTD., 1967, p. 269.

认为，财政政策就是政府的税收、支出以及债务政策对生产、就业、收入以及价格等水平的影响。[1]随着凯恩斯经济理论的影响逐步扩大，20世纪70年代陆续出现了一些以凯恩斯经济理论为基础的财政政策定义，即财政政策通过政府税收和支出等行为影响社会总需求，以达到促进就业、物价稳定和经济增长的目标。后来，福利经济学的地位日渐提高，各国政府也更加关注经济发展中的社会福利问题，财政政策定义在侧重经济发展的同时也开始关注社会福利增长，如萨克斯和拉雷恩就认为，“宏观经济政策应该使社会福利水平极大化，但这一术语过于含糊。被广泛采纳的一套目标是充分就业和零通货膨胀”；“一旦宏观经济目标确定，决策者必须明确可用的政策工具，使经济达到预期的目标。一般来说，有两类政策工具：财政政策工具和货币政策工具”。[2]这一定义认为，宏观经济政策的目标是社会福利最大化，而要实现这一目标需要就业充分和较低的通货膨胀，财政政策是达成这一目标的主要政策工具。

我国理论界普遍接受了西方经济学家关于财政政策的定义。主流的政治经济学教材一般把财政政策作为宏观经济调控政策的主要组成部分，认为“财政政策是由财政收入政策、财政支出政策、预算平衡政策、国家债务政策等构成的财政政策体系”，其政策目标在于保持社会总供给与总需求基本平衡，促进国民经济持续平衡较快发展。[3]各类财政学教材关于财政政策的定义也大同小异，认为财政政策是为实现一定的宏观经济目标而调整财政收支规模和收支

---

① Nornam F. Keiser, *Macroeconomics, Fiscal Policy and Economic Growth*, Newyork: John Wiley & Sons, Inc., 1964, p. 4.

②〔美〕杰弗里·萨克斯、费利普·拉雷恩：《全球视角的宏观经济学》，费方域等译，上海三联书店、上海人民出版社2004年版，第511页。

③ 宋涛等：《政治经济学教材》，中国人民大学出版社2018年版，第320页。

平衡的指导性原则及其相应的措施。当下主流财政理论中对财政政策的解释，是在二战后形成、20世纪七八十年代完善的，一直沿用至今并未发生重大变化，但现实却发生了重大变化。用一成不变的理论解释不断变化的现实，解释力会越来越弱。社会总供给与总需求的不平衡固然会引发经济波动，进而导致一系列的公共风险，但公共风险并不完全来自于经济领域，政治、社会、文化、生态等领域的风险也需要在国家治理中进行权衡与对冲，政府需要运用法律、制度、政策等手段权衡与对冲各领域的公共风险，而财政政策则是其中的基础性手段。

（二）现实中的财政政策

现实中的财政政策则要复杂得多，其要考虑的因素远不止经济领域，其政策目标也不局限于经济增长、就业充分、物价稳定和国际收支平衡等。以2022年为例，围绕“疫情要防住、经济要稳住、发展要安全”的根本目标，我国财政政策一方面加大力度着力稳住经济大盘，强化疫情防控经费保障，保障基本兜底民生底线，另一方面着眼重点领域风险，强化资金和政策支持，保障基层财政平稳运行，促进产业链供应链稳定，增强城乡区域发展平衡性，推动绿色低碳转型，同时还加强地方政府债务管理，防范化解财政风险。在多重目标中进行统筹与平衡，权衡各类风险，对冲重点领域风险，在2022年的财政政策中体现得尤为显著。

【专栏】2022年财政政策与收支政策要点

2022年积极的财政政策要提升效能，更加注重精准、可持续。

重点要把握六个方面：一是加大减负纾困力度，增强市场主体活力。二是保持适当支出强度，优化财政支出结构。三是合理安排地方政府专项债券，保障重点项目建设。四是推动财力下沉，支持基层做好“三保”工作。五是坚持党政机关过紧日子，建设节约型机关、节约型社会。六是严肃财经纪律，坚决制止违规使用财政资金、偷逃税款、财务造假等行为。

2022年主要收支政策要全面贯彻党中央、国务院决策部署，围绕宏观政策要稳健有效、微观政策要持续激发市场主体活力、结构政策要着力畅通国民经济循环、科技政策要扎实落地、改革开放政策要激活发展动力、区域政策要增强发展的平衡性协调性、社会政策要兜住兜牢民生底线等要求，细化完善财税政策举措，政策发力适当靠前。一是加强对市场主体支持，着力稳企业保就业。二是大力推进科技创新，提升产业发展水平。三是充分挖掘内需潜力，推进区域协调发展和新型城镇化。四是推动农业高质量发展，全面推进乡村振兴。五是持续改善生态环境，推动绿色低碳发展。六是突出保基本兜底线，切实保障和改善民生。七是强化资金和政策保障，支持国防、外交、政法等领域工作。

资料来源：财政部：《关于2021年中央和地方预算执行情况与2022年中央和地方预算草案的报告——2022年3月5日在第十三届全国人民代表大会第五次会议上》，《人民日报》2022年3月14日第3版。

2022年的财政政策，基于公共风险和财政风险的权衡，做出了降低赤字率的安排，基于经济社会等各领域风险的权衡，进一步扩大财政支出，并把新增财力重点下沉基层，用于助企纾困、稳就业、保民生、促消费。通过以财政支出规模变化权衡公共风险水平，以财政支出结构变化权衡公共风险结构，使2022年的各类公共风险总体保持在合理区间水平；通过权衡公共风险与财政风险，关注财政可持续性，实现了财政风险总体可控下疫情防控、经济发展和国家安全等多重目标。2022年，在公共风险急剧攀升情况下，党中央、国务院迅速出台稳经济一揽子政策措施，就是以财政政策、货币金融政策、投资政策、产业政策、民生政策等一系列的政策“组合拳”，来对冲各种风险挑战的集中爆发。其中，增值税留抵退税、提前分解下达资金、加快地方政府专项债券发行和使用进度、扩大政府性融资担保规模、提高政府采购中中小微企业份额、扩大社保费缓缴范围、提高企业稳岗返还比例等财政政策均针对经济运行中的重点和“堵点”，突显了保市场主体、保产业链供应链稳定、保就业的政策目标，确保了在重大不确定性事件冲击之下市场运行基本稳定、产业链供应链运转基本正常、就业未出现重大波动，风险对冲总体有效。

从上述专栏内容看，我国的财政政策可分为两个层次：一是宏观经济政策框架下的财政政策，我们可称之为宏观财政政策，这一层面的财政政策与当下主流的财政政策理论存在相通之处但并不完全一致，所考虑的因素超出了经济政策的领域；二是具体的财政收入与支出政策，这一层面的财政政策既是宏观财政政策的细化和具体化，同时也超出了宏观财政政策的框架与范畴，明确了当年财政收入与支出需要遵循的原则与重点政策内容，包括现阶段国家治理中的重大战略性需求。如果说宏观财政政策是运用财政政策工具以达到宏观经济运行目标的话，财政收入与支出政策则是运用财政收入与财政支出和其他公共政策“叠加”以达到国家治理的目标。

（三）财政政策的新认识

现代市场经济条件下，与市场主体活动必然伴随着资金流动一样，政府活动的一面是公共服务的提供，另一面则是公共资金的运用。传统视角下，财政的理论逻辑是“市场失灵—政府弥补市场失灵—政府职能—政府活动—财政收支”；从公共风险的视角看，财政的理论逻辑是“私人事务社会化—风险公共化—政府防范化解公共风险—政府职能—政府活动—财政收支”。我们对于财政政策的新认识，是基于后者展开的。

1. 财政政策体现为财政收支安排的规则

一般意义上，政策是“政党或国家在一定历史时期为实现一定的纲领和任务而做出的关于行动方向和准则的指导性、规范性的规定”①，主要体现为法律法规、规章制度、政令指令。主流财政经济理论中的财政政策，是指“一国政府为实现一定的宏观政策目标而调整财政收支规模和收支平衡的指导原则及其相应的措施”②；它是“由财政收入政策、财政支出政策、预算平衡政策、国家债务政策等构成的财政政策体系”，其政策目标在于保持社会总供给与总需求基本平衡，促进国民经济持续平衡较快发展。③不管是在一般意义上，还是在西方经济学、政治经济学体系中，财政政策均体现为财政收支安排的规则。广义的财政收支安排规则包括法规、制度和政令等，而我们通常所指的财政政策，是既有法规和制度框架下财政收支安排的政令和指令，属政策的狭义范畴。框定狭义范畴，从

---

① 彭克宏等：《社会科学大词典》，中国国际广播出版社1989年版，第415页。

② 陈共：《财政学（第九版）》，中国人民大学出版社2017年版，第259页。

③ 宋涛等：《政治经济学教材》，中国人民大学出版社2018年版，第320页。

风险逻辑出发，财政政策是政府为防范化解公共风险、实现国家治理阶段性目标，遵循财政法规和制度而制定和实施的关于财政收支安排的指令和指导性规则。

2. 财政政策是政府权衡风险的结果

以市场失灵为出发点，财政政策实际上是政府处理其与市场关系的结果。市场失灵导致的负外部性外溢、正外部性产品供给不足的问题会导致整个社会的效率损失和公平偏失，基于社会福利最大化目标的经济政策需抑制负外部性外溢与供给正外部性产品。社会福利最大化在宏观经济层面可具象化为充分就业、低通货膨胀、经济增长等指标，政府调控宏观经济的目标根据这些具体指标设定，财政政策便是政府达成这些目标的政策工具之一。而在风险逻辑下，私人风险社会化进而演变成公共风险，为避免公共风险持续累积并演变成公共危机，政府就需化解当下的风险、防范未来的风险，以达到经济、政治、社会等各领域平稳运行和发展的目标，财政政策即是政府防范化解公共风险的基础性政策工具。但财政政策本身也存在自然的或制度的极限，不可能无限制、无约束地运用。当财政政策的运用超过了财政收支平衡的合理程度时，就会对财政运行构成挑战，成为需要政府面对的财政风险①。也就是说，政府是在财政风险约束之下，运用财政政策工具防范化解公共风险的。当公共风险水平上升时，政府以财政政策应对，会导致财政风险上升，财政风险一定意义上成了防范化解公共风险的“代价”，但财政风险也有“度”的问题。财政政策须在公共风险与财政风险之间

① 财政风险也是一种具有“公共性”的风险，它是广义公共风险的一部分。我们之所以把二者区别开来，在于政策权衡上的便利，正如财政政策是公共政策的一部分一样，但在大部分场合我们会把二者区别开来。

做好权衡，在合理控制公共风险的同时实现财政可持续。如果说市场失灵视角下的财政政策是权衡政府与市场关系的结果，那么风险视角下的财政政策就是在权衡公共风险和财政风险。

3. 财政政策“叠加”公共政策防范化解公共风险

财政政策作为公共资金运用的规则，体现的是资金运动，但资金运动本身并不能自动地防范化解公共风险，需与综合性、行业性、领域性公共政策有机结合起来，才能形成防范化解公共风险的行为。就像企业资金流动本身不能生产产品一样，企业资金流动只有与劳动力、厂房、设备、原材料等实体“叠加”起来，才能构成完整的生产行为。在这个意义上，财政政策一般不是以独立形式存在，而是与公共政策一起以“叠加态”的形式存在。防范化解不同类型的公共风险，政府均有相应的政策工具，如产业政策、教育政策、科技政策、卫生政策等，但任何一项公共政策都离不开公共资金的运用。融入公共政策之中，又与公共政策并行；表现上独立存在，却无时无刻不在与公共政策协同中防范化解公共风险。这种“叠加态”的存在形式，使得财政政策与其他公共政策相比更加难以准确界定，也说明财政政策在防范化解公共风险的过程中发挥的是基础性作用。正因如此，财政是国家治理基础和重要支柱的论断才在理论和实践中得到越来越广泛的认同。

二、财政政策的制定原理：权衡公共风险与财政风险

作为财政收支安排的规则，财政政策是如何制定的？西方经济

理论的解释是：社会福利函数规定了目标变量的最佳水平和偏离这一水平的社会成本，当外生冲击导致目标变量偏离最佳水平时，政策制定者就需要选择恰当的政策工具使其恢复到最佳水平。[①]这种解释把财政政策制定归结为政策目标设定与政策工具选择，实际上是在目标变量间进行权衡并选择相应的政策工具。如果把财政风险设为约束变量，把公共风险最小化作为目标变量，财政政策的制定就扩展为在公共风险和财政风险之间权衡了。

（一）风险的转移转化是风险权衡的前提

风险之所以能够权衡，就在于各种、各类风险之间可以相互转移转化。商业保险就是一种风险转移方式，投保人通过支付一定的费用，以契约的形式把相关风险转移给保险公司；政府债务则是另一种风险转化方式，通过政府举债应对公共风险，从而在一定程度上把公共风险转化为财政风险。首先，私人风险与公共风险之间可以转移转化。当多数社会公众认为私人风险应当由政府出面救助或承担最基本的支出责任时，私人的事务就变成了社会的事务，即私人风险转化成了公共风险。公共风险的“公共”属性意味着，它本身就是个体的风险，如：战争威胁是一种典型的公共风险，一旦政府应对不力，对辖区所有个体都是一种灾难，这意味着公共风险转化为私人风险更为便利。其次，各种、各类公共风险之间可以转移转化。经济风险可转移至社会领域，生态风险可转移至经济、社会领域，经济、社会风险也可转移至生态领域。医疗卫生

① 〔美〕杰弗里·萨克斯、费利普·拉雷恩：《全球视角的宏观经济学》，费方域等译，上海三联书店、上海人民出版社2004年版，第513页。

行业的风险可转移至经济、社会领域，新冠肺炎疫情所导致的系列风险，几乎扩散至国家治理的各个领域。再次，公共风险还可以跨期转移转化。当下的公共风险可转移至未来，正如政府债务是用未来的财政收入解决当下需求一样。未来的公共风险也可转移至当下，例如，未来的人口老龄化就会对现在的消费与投资需求造成影响。最后也是最重要的，公共风险与财政风险之间可以转移转化。从古至今，财政危机多由公共风险扩大化引发，财政风险扩大也会影响执政者应对公共风险的能力，反过来又会引发公共风险扩大化。正是基于这种转移转化，现代社会的政府才能够运用多种财政政策工具，在公共风险与财政风险之间权衡，力求在各类公共风险和财政风险之间寻找平衡，使各类公共风险处于正常、合理水平。

（二）权衡公共风险与财政风险的宏观财政政策

国家治理中的各种风险挑战无时无刻不在，且可以相互转化。例如，地方债务风险会向金融风险转化，就业领域的风险可转化为社会风险，生态领域的风险可转化为经济风险，经济社会风险可转化为财政风险，等等。国家治理不是也不可能消除这些风险，而是通过法律、制度和政策等手段做好风险平衡与配置，使局部及整体公共风险水平处在合理范围之内，不至于产生威胁经济社会稳定的危机。一定意义上，法律、制度和政策都是国家治理中风险权衡的结果，财政政策尤其如此。财政政策的制定，首先要权衡公共风险和财政风险。公共风险水平上升，政府以扩大财政风险应对，把部分公共风险转化为财政风险，把公共风险水平降低到可控范围内；财政风险水平上升，政府适度减少对公共风险的干预，降低财政风险。另一方面，财政政策要权衡各类公共风险。经济、社会、生态等各领域的风险有大有小，财政政策不可能大小一把抓，而应在公共风险与财政风险权衡的基础上，突出重点、有保有压（见图8-1）。

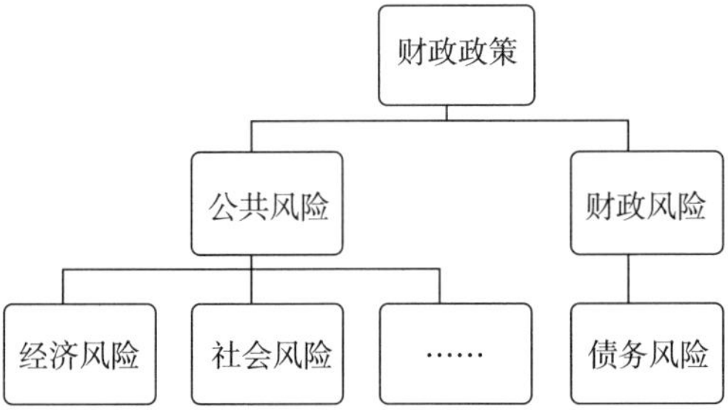

图8-1　财政政策的风险权衡

按照上述关于财政政策的定义，宏观财政政策是政府为实现宏观经济目标而制定和实施的财政收支安排的规则，其内容主要包括方向和目标、工具与机制、力度与节奏等，任何一方面的设计与确定都需要权衡公共风险与财政风险。首先，目标决定方向。主流宏观经济学视野中的经济政策目标是社会福利最大化，而社会福利最大化的另一面其实是公共风险最小化，经济增长、充分就业与低通货膨胀都意味着经济风险较小。基于公共风险最小化的目标，政策方向会在经济增长、物价稳定、结构优化、民生保障、风险防范等方面有所选择或侧重，时而重经济增长与物价，时而重结构与民生，或特定阶段兼顾多个方面。其次，以财政政策力度与节奏变化实现政策目标。根据政策力度，一般把财政政策分为扩张、紧缩和中性三类，分别对应加力、减力、稳定三种情况，视公共风险与财政风险水平进行选择。进入21世纪以来，我国的财政政策主要在扩张和中性两类中选择，对应的是积极的财政政策和稳健的财政政策，2000年以来除2005—2008年实施的是稳健的财政政策外，其他年份财政政策均是积极的，但在力度和节奏上则有较大差异。财政政策节奏一般可分为靠前、常规和延后三类，即根据风险暴露程度及变异情况，选择提前发力、稳定发力或延后发力。最后，财政政策工具选择也需权衡风险。财政政策工具可分为增量工具与存量工具，总量工具与结构工具，包括赤字、债务、转移支付、税收政策等。财政支出强度、赤字率、政府债务安排及财政风险防控要权衡公共风险及财政风险水平，财政支出方向和中央转移支付安排要权衡公共风险及财政风险的分布。

（三）赤字率变化中体现的风险权衡

当公共风险水平上升而财政收入不能同步增加时，防范化解公共风险的公共资源便存在缺口，政府以举债弥补这种缺口，就形成了财政赤字。财政赤字是财政支出超过财政收入的部分，实际上主要体现的是公共风险与公共资源之间的缺口。赤字率是财政赤字占国内生产总值的比重，既反映了公共风险与公共资源之间的缺口，也反映了财政风险的水平，是公共风险与财政风险之间权衡的核心指标。赤字率增加，代表着政府为防范化解公共风险投入了更多资源以及财政风险水平提升，一定程度上是以财政风险对冲公共风险；赤字率降低，体现了政府对财政风险的控制以及对公共风险水平的权衡。在现代市场经济国家，财政赤字甚至超越了其作为弥补财政收支差额的功能，国债成为了一种金融基础设施；即使在财政平衡或盈余的年份，政府也要发行国债，为金融市场提供安全资产，为资产定价提供参照。

我国中央政府在每年的政府工作报告中都会对当年的财政政策做出安排部署，赤字率一般都是常规的、靠前的指标。图8-2就是2009—2023年我国政府预期的年度赤字率。2007年美国次贷危机的爆发冲击了全球，为对冲这种输入型的风险传导，我国政府适度提高了赤字率，2009—2010年均按3%水平安排；随着外部冲击有所消退，财政扩张中的地方政府债务风险有所攀升，基于公共风险与财政风险的权衡，我国政府逐步下调了赤字率，2011—2015年均处于3%以下，且2012年达到了1.5%的较低水平；2016年，为应对经济下行压力，我国开启了大规模减税降费，同时扩大财政支出，一减一增使得财政收支缺口有所增加，我国政府再次把赤字率上调至3%；2020年世纪疫情突发，为对冲突如其来的公共卫生危机及其衍生的经济社会风险，我国政府一度把赤字率提高到3.6%，较好地统筹了疫情防控与经济社会发展；2021—2022年，基于财政风险的考量，又调低了赤字率。值得注意的是，赤字率基本在3%上下浮动，这源自欧盟各国为规范财经纪律，在1991年签署的《马斯特里赫特条约》中明确要求区内各国必须将财政赤字控制在GDP的3%以下，并将国债占GDP的比重保持在60%以下。3%的“警戒线”作为国际惯用标准，其政策信号作用大于风险防控。赤字率在3%以内微调或适度“破3”，政策效果有限但对市场主体预期影响很大。也就是说，作为重要的财政政策工具，赤字率高于或低于3%并不十分重要，重要的是它所释放的信号，释放的政府权衡公共风险与财政风险的信号，对市场主体的预期有着很大影响。

图8-2 2009—2023年我国中央政府确定的预期赤字率指标

资料来源：历年政府工作报告。

（四）基于各类公共风险权衡的财政收支政策

财政一收一支，在会计账簿上体现的是资金流，实际上却代表了政府的职责履行与防范化解公共风险的活动。从宏观经济的层面观察财政政策，主要是基于经济发展的视角，同时也可观察到其从经济发展向国家治理方方面面延伸的路径。宏观财政政策在对冲总量波动和结构失衡风险的同时，也为具体的财政收支政策指明了方向。财政收支政策的风险权衡包含经济领域但不限于经济领域，实际上是针对国家治理中各类重大公共风险的综合回应。国家治理，需抓住主要矛盾以及主要矛盾的主要方面，重点财政收支政策对应的便是国家治理中的主要矛盾及主要矛盾的主要方面，是对各类公共风险综合权衡的结果。在日本的政府财政收支中，地震再保险收入与支出是重要的科目，就与日本所处地理环境下面临的地震这类自然风险有关。近年来，我国财政支出政策的重点聚向科技创新、扩大内需、乡村振兴、区域发展与生态环境保护等，也是基于对国家治理中重大战略性公共风险的权衡。

受自然环境、地理区位、要素禀赋、经济社会发展水平等因素的影响，公共风险的区域分布是极不平衡的，特别是像中国这样的大国。以人均GDP计量，北京、上海这样的地方已提前进入中等发达国家的水平，而一些边疆地区、民族地区和革命老区则刚刚脱贫。正因如此，我国财政支出安排中需要权衡的公共风险区域分布因素更多。近年来，我国中央对地方转移支付规模持续扩大，2022年已达9.71万亿元，占全国一般公共预算支出近四成。特别是2019和2022年，中央对地方转移支付规模增加近9%、17.1%，大大高于当年财政收支整体增幅，其中就有着对地方财政收入约束、地方政府债务风险和地方公共风险分布的权衡。

从国家治理的角度，公共风险可分为经济风险、社会风险、政治风险、文化风险、生态风险等；从行业或领域的角度，公共风险可分为更多种类，如教育风险、农业风险、科技风险、产业风险、债务风险等。不管在任何时空条件下，公共风险在各领域、各行业的分布都是不平衡的。在经济社会发展水平较低阶段，生态领域的风险往往并不显著，教育风险公共化程度较低；当经济社会发展到一定阶段时，生态风险就日益显现，教育风险公共化程度就会持续提升。近年来，我国财政支出结构持续地在向民生领域倾斜，便与人民群众生活水平提升后各类需要不断公共化有关；同时财政支出在科技创新、区域发展、乡村振兴等方面持续扩大投入，则是因为发展不平衡不充分的矛盾所导致的公共风险不断扩大。

（五）我国财政政策实践中的风险权衡

财政是国家治理的重要基础和支柱。国家治理的“长治久安”

目标意味着财政政策需对冲威胁国家发展和稳定的各类风险挑战，并在各类风险中做好权衡，通过公共资源配置，使各类风险处于合理边界之内，不至于演化成威胁国家治理的各种危机。一般情况下，经济社会运行中的不确定性处于正常范围之内，财政政策通过力度和节奏的变化能够较好地实现权衡并对冲风险的作用。但2020年以来，各种风险挑战超出了平常年份，财政政策权衡风险的难度加大，所考虑的因素增多，财政政策的力度与节奏变化更快、更大，财政政策自身的不确定性强化。

1. 财政政策从“需求管理”转向“风险权衡”

在20世纪90年代及进入21世纪的前几年，我们把发展作为第一要务，财政政策主要基于“需求管理”的逻辑，更加强调经济总量的调节；随着我国经济规模达到一定程度，转变经济发展方式、优化经济结构成为宏观经济政策的重要目标，我们的财政政策在关注经济总量调节的同时，也更加关注经济结构的调节；近年来，我们面临百年未有之大变局下更复杂的外部环境和更严峻的经济下行压力，各类不确定性事件冲击之下的经济社会风险积聚，财政风险不断上升，财政政策开始从“需求管理”向“风险权衡”的逻辑转变，在重视总量调节和结构调节的同时，财政政策调节社会利益的功能不断强化。

通过调节经济结构，把财政经济资源配置到更有效率的领域，能够实现财政风险不增情况下公共风险的转移、转化。我们通过梳理2008年以来的财政政策内容可以发现，财政政策始终把结构调节摆在了重要位置，通过财政支出结构调整促进经济结构调整，通过补短板、强弱项推动更加全面的发展。特别是自2010年开始，把防范和化解财政风险纳入财政政策内容之中，体现了财政政策权衡公共风险与财政风险的意蕴。我们梳理近年来的财政政策也可以发现，以财政支出规模、方向和结构变化调节城乡、区域、市场主体及社会主体之间利益的政策措施越来越多，财政支出重点领域的确定、转移支付安排、减税降费政策的实施等，均体现着各领域公共风险权衡的思路，以及通过利益平衡转移、转化和缓释公共风险的导向。2015年以来，我国财政风险的约束逐步显现，财政政策更加注重在控制财政风险的条件下，以提升财政政策效果对冲公共风险。与以往年度实施积极或稳健的财政政策表述不同，2015年以来的财政政策的表述上增加了“力度”与“效果”的相关表述，通过财政政策的力度大小、节奏张弛、结构优化组合，更加精准有效地控制财政风险、防范化解公共风险。2015—2017年，财政政策力度有所增加，赤字率从2.3%增至3%；2018—2019年，赤字率有所下调，更加关注通过结构优化提升财政政策效果；2020年，财政政策力度显著加大，赤字率上调至3.6%，财政支出结构变化较大，在民生保障支出稳定增加的同时，一般性支出压减比例大幅提高；2021—2022年，在下调了赤字率的同时保持了财政支出稳定增长，更加关注财政政策的可持续，进一步挖掘潜力、优化结构，在控制财政风险的前提下力争使财政政策效果最大化（见表8-1）。总体来看，在财政风险约束与公共风险快速变化条件下，财政政策权衡风险所考虑的因素也在发生变化，财政政策工具的运用越来越精准。

2. 以财政风险对冲公共风险：2020年财政政策

2019年12月召开的中央经济工作会议，提出2020年积极的财政政策要提质增效，更加注重结构调整，做好重点领域保障，支持基层保工资、保运转、保基本民生，主要还是着眼于“质”和“效”。然而，突如其来的新冠疫情对经济社会的冲击始料未及，疫

表 8-1　2015—2022 年财政政策取向与主要内容一览表

年份	政策取向	主要内容
2022	提升积极的财政政策效能	赤字率 2.8% 左右；财政支出规模扩大 2 万亿元以上；新增财力下沉基层，主要用于落实助企纾困、稳就业保民生政策，促进消费、扩大需求；中央对地方转移支付增加 1.5 万亿元，规模近 9.8 万亿元，增长 18%；安排地方政府专项债券 2.65 万亿元，合理扩大使用范围，支持在建项目后续融资；坚持政府过紧日子，严控一般性支出，盘活财政存量资金和闲置资产。
2021	积极的财政政策提质增效、更可持续	赤字率 3.2% 左右；财政支出规模比上年增加，中央本级支出负增长，对地方一般性转移支付增幅明显高于上年，扩大财政资金直达范围；各级政府坚持过紧日子，基本民生支出只增不减；优化和落实减税政策，继续执行制度性减税政策，实施新的结构性减税举措。
2020	积极的财政政策更加积极有为	赤字率 3.6% 以上；建立特殊转移支付机制，资金直达市县基层，主要用于“三保”；优化支出结构，基本民生支出只减不增，保障重点领域支出，压减一般性支出；中央本级支出负增长，非急需非刚性支出压减 50% 以上；加大减税降费力度，全年为企业新增减负超过 2.5 万亿元。
2019	积极的财政政策加力提效	赤字率 2.8%；财政支出增长 6.5%，中央对地方均衡性转移支付增长 10.9%；改革完善县级基本财力保障机制；实施更大规模的减税，全年减轻企业税收和社保缴费负担近 2 万亿元；中央财政压减一般性支出与“三公”经费，地方政府要主动挖潜、优化支出结构。
2018	积极的财政政策聚力增效	赤字率 2.6%；全国财政支出 21 万亿元，规模进一步加大；中央对地方一般性转移支付增长 10.9%；优化财政支出结构，向创新驱动、“三农”、民生等领域倾斜；进一步减轻企业税负，全年为企业和个人减税 8000 多亿元；大幅降低企业非税负担，全年为市场主体减轻非税负 3000 多亿元。

续表

年份	政策取向	主要内容
2017	财政政策更加积极有效	赤字率3%；全年再减少企业税负3500亿元、涉企收费2000亿元；预算安排突出重点、有保有压，加大力度补短板、惠民生，对地方一般性转移支付规模增长9.5%；各级政府按不低于5%的幅度压减一般性支出。
2016	积极的财政政策加大力度	赤字率3%；进一步减轻企业负担，全年减轻企业和个人负担5000多亿元；增加财政支出和政府投资，加大对民生等薄弱环节支持；创新财政支出方式，优化财政支出结构；一般性转移支付规模增长12.2%，进一步压缩中央专项转移支付规模。
2015	积极的财政政策加力提效	赤字率2.3%；创新和完善地方政府举债融资机制，防范和化解风险隐患；优化财政支出结构，盘活存量资金；继续实行结构性减税和普遍性降费。

资料来源：根据历年政府工作报告整理。

情防控、企业经营、居民生活乃至整个经济社会运行均风险剧增，对冲疫情风险及疫情导致的经济社会风险成为财政政策的主要方向。面对多重风险的叠加，2020年5月的政府工作报告提出“积极的财政政策要更加积极有为”，以财政政策的积极有为，为经济社会运行注入确定性。

早在2018年1月，习近平总书记在学习贯彻党的十九大精神研讨班开班式上提出了八个领域的重大风险，其中就提到，对像非典那样的重大传染性疾病，要时刻保持警惕、严密防范。这些是潜伏的，在特定时间和特定条件下会转化为危机，威胁经济社会发展的风险。然而，新冠疫情则是重大传染性疾病的风险转化为了现实的“公共卫生危机”，防控这一危机蔓延所采取的严厉措施，又引发了一系列的经济社会风险，且这些风险对经济社会正常运行造成了可见的重大冲击。面对已经造成重大冲击的风险，要防范、要化解，更要对冲其影响，否则会引发不可预料的连锁反应。因此，2020年的财政政策，一方面继续着眼于防范化解重大风险，同时也更加聚力，力争在短期内对冲重大风险，把重大风险对经济社会的冲击降到最低限度。在政策取向上，2020年的财政政策由原来的由重质量、效益转变为“更加积极有为”，在确保重大发展目标如期实现的前提下，把疫情冲击所引发的各类风险控制在合理的范围之内；在政策目标上，2020年的财政政策由原来的“稳经济社会运行”转变为“保经济社会运行”，2020年4月的中央政治局会议上，就提出了“保居民就业、保基本民生、保市场主体、保粮食能源安全、保产业链供应链稳定、保基层运转”的工作方针。

3. 兼顾公共风险与财政风险：2021年财政政策

在疫情防控形势整体趋稳情况下，我国经济在2020年下半年快速恢复，党中央审时度势，基于在严峻挑战下做好经济工作的规律性认识，2020年12月召开的中央经济工作会议强调，疫情变化和外部环境存在诸多不确定性，我国经济恢复基础尚不牢固，复苏不稳定不平衡，疫情冲击导致的各类衍生风险不容忽视；提出2021年宏观政策要保持连续性、稳定性、可持续性，强调积极的财政政策要提质增效、更可持续。在内外部不确定性依然较大、各类风险犹存的条件下，我们坚持财政政策的连续性和稳定性，同时考虑到财政风险水平上升的现实，更加强调了地方政府债务风险的防控，体现了内外部环境复杂变化条件下的风险再平衡思路。

2021年的政府工作报告进一步明确，宏观经济政策在区间调控基础上加强定向调控、相机调控、精准调控，根据形势变化适时调整完善。需求管理导向下，宏观政策着眼于传统的三大需求，很难做到定向、相机和精准调控。宏观经济政策调控思路的优化，更多地是基于风险的权衡。财政支出安排、减税政策的优化主要基于各领域公共风险水平的动态变化，赤字率的设定则有着公共风险与财政风险权衡的考量。

2021年一季度，我国经济运行情况好于预期，国内生产总值季度增幅达到了18.3%的高位，物价水平涨幅较低，新增就业大幅超过预期目标。基于形势的变化，我们的风险权衡所考虑的因素也有所调整。中央政治局在2021年4月的会议上，强调要辩证看待一季度经济数据，我们经济恢复仍不均衡、基础不稳固；指出要用好稳增长压力较小的窗口期，深化供给侧结构性改革，打通国内大循环、国内国际双循环的堵点；明确要防范化解经济金融风险，建立地方党政主要领导负责的财政金融风险处置机制。由于经济风险有所缓解，我们在政策上向调结构、防风险倾斜，力图在“稳增长压力较小的窗口期”，解决一些经济社会发展的中长期矛盾和问题。

整体来看，2021年的财政政策更加凸显了风险权衡的特征，根据风险变化，在总体基调不变的情况下，适时调整财政政策的力度与节奏。特别是在上半年经济风险有所缓解的情况下，适度放缓了财政政策节奏，把更多资源用于防范和化解财政风险；在下半年经济风险有所抬升的情况下，又适度加快了财政政策节奏。

4. 在多重风险间平衡：2022年财政政策

2022年我们面临的是一个“风高浪急”的国内外环境，各类风险交织并发、累积扩散，呈现出整体公共风险水平攀升的态势。从经济风险看，消费收缩，供给不畅，出口先升后降，市场主体预期低迷，经济增长几近失速，部分行业、领域风险暴露，经济运行遇到的困难和阻碍前所未有。疫情扩散风险与经济风险叠加，又引发一系列社会风险，部分行业、群体就业困难，部分群众收入下降，医疗卫生、教育教学、生产经营、交通物流等难以正常开展，人民群众急难愁盼问题显著增多。另一方面，由于地方政府财政收入增长趋缓，减税降费力度进一步加大，各类刚性支出只增不减，地方财政收支压力进一步强化。2022年的整体公共风险水平是上升的，财政风险也存在扩大的趋势，在这种非常规的情况下，财政政策的权衡出现了“两难”。为应对公共风险水平上升，需要财政政策加力度、提节奏予以对冲，但财政政策的加力空间有限，突破空间可能导致财政风险失控。正因如此，2022年的财政政策加力相对保守，但在提节奏方面发力较多。赤字率下调为2.8%，而地方政府专项债额度进一步提前下达，一系列减税降费政策较早出台。

2022年4月29日的中央政治局会议指出，新冠疫情和乌克兰危机导致的风险挑战增多，我国经济发展环境的复杂性、严峻性、不确定性上升，经济社会发展面临新的挑战；强调“疫情要防住、经济要稳住、发展要安全，这是党中央的明确要求”。各类风险挑战交织并发情况下，宏观财政政策需要兼顾的目标越来越多。党中央、国务院基于底线思维和系统观念，把疫情对人民生命健康安全的影响、经济下行导致的一系列连锁风险、发展中面临的内外部重大威胁作为可能引发系统性风险的三大风险源，抓住了当时经济社会发展中主要矛盾的主要方面。保障疫情防控等重点支出、对冲经济下行压力、筑牢发展安全底线成为2022年财政政策的主线。一是各级财政疫情防控支出大幅增长。全国一般公共预算中的卫生健康支出同比增长17.8%，其中用于疫情防控的比重大幅提升。二是加快、加大各项经济政策实施力度。5月份便出台了稳住经济大盘六方面33项措施，随即迅速召开全国稳住经济大盘电视电话会议，在全年经济走势的关键节点，抢抓时间窗口，使各项政策自上而下快速分解落实。三是以粮食安全、能源安全和产业链供应链安全为重点，财政政策协同其他宏观政策稳价保供，巩固经济运行的"底板"安全。四是教育、社会保障和就业等民生支出仍保持稳定增长，以强化民生投入，持续性兜牢民生底线。五是财政收入约束下，面对疫情防控、经济稳定和发展安全的多重目标，财政政策通过有保有压保障重点领域支出，通过优化结构权衡各种风险挑战，通过严格监管守住不发生系统性财政风险的底线。

三、财政政策的运行机制：防范化解公共风险

不确定性是公共风险的本质特征。只要不确定性存在，就存在风险，就存在公共性的风险。我们无法消除不确定性，意味着对待公共风险，不是消除、消灭它，而是如何配置它、管理它，使之处于相对均衡范围内，不致产生重大危机，甚至在一定程度上利用它推动社会发展与进步。配置和管理公共风险的方法有很多，前述的风险权衡就是常用的方法之一。风险权衡是公共资源配置的基础，权衡的是公共风险的大小、程度、分布等。权衡出结果怎么办？听之任之、严加防范，还是适度应对？这需要根据公共风险的层次、类型、影响采取不同的方法，防范公共风险、对冲公共风险、化解公共风险，而财政政策则是政府防范化解公共风险的主要的、基础性的工具之一。

（一）财政政策防范化解公共风险的主要工具

1. 财政政策工具

当确定了财政政策主要目标后，就需要从财政政策工具箱中选择特定的财政政策工具，通过政策工具的运用，作用于各类公共风险，以实现防范、对冲、化解公共风险的目标。随着经济社会的发展和财政政策体系的不断完善，财政政策工具也愈加丰富。从宏观层面看，财政政策工具主要有财政赤字、税费政策、政府投资、转移支付等，这些政策工具主要作用于总供给与总需求，进而实现经济运行风险总量平衡的目标。从微观层面看，财政政策工具主要包括民生支出、财政补贴（奖励、贴息）、政府采购、税费抵免等，这些政策工具主要作用于经济社会运行的特定方面，进而实现经济社会运行中特定领域防范化解公共风险的目标。上述政策工具又可以进一步细分，如财政赤字包括发行国债、地方政府一般债券、地方政府专项债券等，分别对应不同的政策主体并发挥不同的作用；转移支付又可进一步细分为中央对地方转移支付、地方政府间转移支付或纵向转移支付、横向转移支付，还可分为一般性转移支付、专项转移支付等。财政政策工具丰富多样、变化多端，但从根本上来说都是财政收入与支出的活动，其丰富的变化都是在财政收入与支出活动的基础上变化或与其他公共政策“叠加”而来。在这个意义上，我们可把财政政策工具分为基础性工具和扩展性工具。

2. 财政政策防范化解公共风险的基础工具

财政政策基础工具主要是财政的基本活动，包括收入与支出活动，主要有财政收入、财政支出、转移支付、财政赤字等，其他的财政政策工具都是在这些基础工具的基础上派生出来的。财政政策的财政收入工具主要包括税收政策、收费政策等，即通过财政收入的调整，作用于供给或需求、市场主体或公共主体，进而达到财政政策目标。财政政策的财政支出工具的类别更多，从支出方向上可分为投资性支出、购买性支出、社会性支出等，即通过财政支出力度、方向、结构等方面的调整，作用于市场与市场主体，进而达到财政政策目标。财政政策的转移支付工具包括纵向转移支付、横向转移支付，一般性转移支付、专项转移支付等，即通过财政资金的区域间分配，达到财政政策平衡公共风险的作用。由于公共风险分布与防范化解公共风险资源在时间与空间上的不对称，财政收入与财政支出必然也是不对称的，当财政收入与财政支出存在缺口时，政府便需要以举债来弥补，这就产生了财政赤字。财政赤字主要表现为政府债务，它又可分为中央政府债务和地方政府债务，地方政府债务还可分为地方政府一般债务和专项债务。

3. 财政政策防范化解公共风险的扩展性工具

财政政策扩展性工具是在财政政策基础工具的基础上衍生出来的，虽也是财政收入与支出活动的体现，但其所体现的政策意图更为具体。基于财政收入政策衍生出了税费退返抵免补等政策；基于财政支出政策衍生出了财政补贴、贴息、奖励，政府性融资担保，政府采购，政府投资等政策。一定意义上，转移支付和财政赤字也是从财政收入与支出活动衍生出来的，它们本质上也是财政收支活动。基于财政收入的扩展性工具会增加或降低特定市场主体或社会主体的税费负担，进而增加或降低他们生产生活的成本，通过引导市场主体或社会主体行为，作用于市场供给与需求，以达到特定的经济和社会发展目标。基于财政支出的扩展性工具，会增加或减少特定行业、领域或市场主体、公共主体公共资源投入，增加他们的收益，进而作用于市场，以达到特定的经济和社会发展目标。因此，从市场主体或社会主体的视角看，财政收入性工具主要作用于成本端，通过降低成本发挥政策作用；财政支出性工具则主要作用于收益端，通过增加收益发挥政策作用。

4. 财政政策防范化解公共风险的叠加态工具

财政政策的基础工具和扩展工具，都是以财政收入与支出活动为基础的，以财政收入和财政支出的增加或减少直接作用于特定领域。但财政收入与支出主要是资金的运动，资金运动的本身发挥的作用有限，资金只有与其他公共政策、公共资源有机结合起来，采取“叠加态”的形式，才能起到防范化解各种、各类公共风险的作用。财政作为国家治理的基础和重要支柱，财政政策可以将国家治理中的各种、各类公共政策有机叠加。财政政策与就业政策叠加，会形成比较系统的支持就业的公共政策；财政政策与社会保障政策叠加，与科技政策叠加，与民生政策叠加，则可形成比较系统的社会保障政策、科技政策、民生政策。

（二）财政政策防范化解公共风险的主要机制

财政政策的实施主要是围绕财政政策目标，选择财政政策工具，以政策工具的力度、节奏、靶向变化来达到政策目标。如上所述，财政政策目标是基于公共风险与财政风险的权衡确定的，目标确定后就是财政政策工具的运用。从财政政策工具的运用看，可把财政政策防范化解公共风险的机制分为三类。

1. 财政政策直接防范化解公共风险

面对特定的公共风险，政府可运用财政政策基础工具和扩展工具，通过公共资源的调配，使得防范化解公共风险的资源与公共风险的分布更加匹配，进而达到防范化解公共风险的目标。2022年，面对疫情冲击和经济下行压力，国务院出台了稳住经济的一揽子政策措施，其中就运用了多种基础性和扩展性财政政策工具，以政策组合拳对冲公共风险。加大增值税留抵退税政策力度，属财政收入政策，意在通过降低市场主体经营成本防范化解市场风险；加快财政支出进度，属财政支出政策，意在通过财政政策节奏变化，以财政支出效率提升对冲经济下行风险；加快地方政府专项债券发行使用并扩大支持范围，是财政赤字政策，旨在通过扩范围、提效率，更加充分地发挥地方政府债务在对冲公共风险中的作用。

【专栏】2022年稳住经济一揽子政策措施中的财政政策要点

1.进一步加大增值税留抵退税政策力度。在已出台的六个行业企业的存量留抵税额全额退还、增量留抵税额按月全额退还基础上，研究将另外七个行业企业纳入按月全额退还增量留抵税额、一次性全额退还存量留抵税额政策范围，预计新增留抵退税1420亿元。

2.加快财政支出进度。督促指导地方加快预算执行进度，尽快分解下达资金，及时做好资金拨付工作。尽快下达转移支付预算，加快本级支出进度；加大盘活存量资金力度，对结余资金和连续两年未用完的结转资金按规定收回统筹使用，对不足两年的结转资金中不需按原用途使用的资金收回统筹用于经济社会发展急需支持的领域。

3.加快地方政府专项债券发行使用并扩大支持范围。抓紧完成专项债券发行使用任务，加快已下达的3.45万亿元专项债券发行使用进度。在前期确定的九大领域基础上，适当扩大专项债券支持领域，优先考虑将新型基础设施、新能源项目等纳入支持范围。

4. 用好政府性融资担保等政策。新增国家融资担保基金再担保合作业务规模1万亿元以上。计划安排30亿元资金，支持融资担保机构进一步扩大小微企业融资担保业务规模，降低融资担保费率。推动有条件的地方对支小支农担保业务保费给予阶段性补贴。

5. 加大政府采购支持中小企业力度。将面向小微企业的价格扣除比例由6%—10%提高至10%—20%。按照统一质量标准，将预留面向中小企业采购的份额由30%以上今年阶段性提高至40%以上，非预留项目要给予小微企业评审优惠，增加中小企业合同规模。

6. 扩大实施社保费缓缴政策。对符合条件地区受疫情影响生产经营出现暂时困难的所有中小微企业、以单位方式参保的个体工商户，阶段性缓缴三项社会保险单位缴费部分，缓缴期限阶段性实施到年底。对受到疫情严重冲击、行业内大面积出现企业生产经营困难、符合国家产业政策导向的其他特困行业，扩大实施缓缴政策，养老保险费缓缴期限阶段性延长到年底。

7. 加大稳岗支持力度。优化失业保险稳岗返还政策，进一步提高返还比例，将大型企业稳岗返还比例由30%提至50%。拓宽失业保险留工补助受益范围，由中小微企业扩大至受疫情严重影响暂时无法正常生产经营的所有参保企业。企业招用毕业年度高校毕业生，签订劳动合同并参加失业保险的，可按每人不超过1500元的标准发放一次性扩岗补助，政策执行期限至年底。

2. 财政政策“叠加”公共政策防范化解公共风险

财政活动虽在会计账簿上体现的是资金流，实际上却代表了政府的职责履行与防范化解公共风险的活动。防范化解公共风险需统筹运用所有公共资源，包括人力、物力与财力等，财政政策主要体现的是防范化解公共风险过程中的资金运用，公共政策则体现的是防范化解公共风险过程中资源的运用，财政政策与公共政策其实是防范化解公共风险资源“一个硬币的正反面”，一面体现的是公共资金，一面体现的是公共政策。因此，财政政策与公共政策实际上是不可分割的，二者主要以“叠加态”形式存在。国家治理中面对的公共风险多种多样，各类防范化解公共风险的公共政策也出自多门，但几乎所有的公共政策都涉及公共资金的运用。2023年，我国国家财政就把稳投资促消费、高水平科技自立自强、乡村振兴、区域协调、生态环保、民生保障等作为了财政收支政策的重点，就是以重点财政收支政策与重点公共政策叠加，防范化解国家治理中的中长期重大战略性公共风险。

3. 财政政策协同公共政策防范化解公共风险

党的二十大强调，高质量发展是全面建设社会主义现代化国家的首要任务。高质量发展在经济学意义上的要义是以更少的投入实现产出的合理增长，在政治学和社会学意义上则是在公共风险最小化基础上实现国家实力和人民生活水平的持续提升。不管是更优的投入产出比，还是公共风险最小化，都需通过资源的优化配置和制度、政策的优化组合来实现。因此，推动高质量发展与防范化解公共风险，应更加重视发挥生产要素和制度、政策的系统组合效应，不断提高系统组合的协同效应，不断降低系统组合的摩擦效应、互斥效应。财政是国家治理的基础和重要支柱，财政政策基本上在所有公共政策中都有所贯穿。财政政策不仅是一个相对独立的政策体系，还是各类公共政策及其组合的“润滑剂”。推动高质量发展与化解公共风险，需要财政政策自身更富“弹性”，也需要进一步优化财政政策与其他宏观政策的统筹与协同机制。

在2022年出台的稳经济一揽子政策措施中，除七项财政政策外，还有五项货币金融政策、投资消费政策六项、粮食能源安全政策五项、产业链供应链稳定政策七项、民生保障政策三项，这些政策基本都需要与财政政策协同发力。在政策协同不到位的情况下，其政策效果就会大打折扣。稳投资政策中，重大公共投资项目建设离不开财政支持，扩大民间投资需要财政政策引导；促消费政策中，增加汽车、家电等大宗消费需要优化相关税费支持政策；粮食安全政策中，不管是农资补贴还是提高重点农产品最低收购价格，都是财政支出政策的具体运用；能源安全政策中，能源重点项目建设，煤炭、原油等储备能力都离不开公共财政投入。

第九章　对冲风险的政府债务

基于以支定收的程序，政府为防范化解公共风险而先有支出、后筹集收入，但由于公共风险的不确定性和收入筹集的确定性，收入与支出不匹配是常态，当收入不足以覆盖支出时，为平衡财政账户，政府就要举债。政府债务本是政府防范化解公共风险的筹资渠道，但近几十年来，一些经济体因政府债务导致经济危机的现象屡见不鲜，似乎资本主义社会早中期的“生产相对过剩”的危机已经转变为债务危机。政府债务本是为应对公共风险而生的，却成了公共风险的重要源头，导致了“防范风险的风险”。防范风险却又产生了新的风险，不应是风险之故，风险是客观存在的，也绝非防范之因，有风险防之不为错。那问题出在哪儿呢？从逻辑上推断，应该是在防范存量风险与产生新的风险之间的“权衡”失灵了。

一、什么是政府债务

（一）债务、政府债务与公共债务

债，我们在日常生活中无时无刻不在接触它：亲戚朋友间相互借债，购置房产或大件商品时向商业银行借债，会计记账时一边是

"借"另一边是"贷"，企业债，政府债等，五花八门、数不胜数。一般而言，债是当事人之间产生的资金或产品相互转移的权利义务关系，权利方称"债权人"，义务方称"债务人"。债务（liabilities），从法学的视角看，是指依据当事人的约定或法律规定，债务人所负担的应为特定行为的义务。经济学意义上，债务是指债权人向债务人提供资金，以获得利息及债务人承诺在未来某一约定日期偿还这些资金。在会计学领域，还有着一个通用的术语"负债"（debt），是指企业过去的交易或事项形成的、预期会导致经济利益流出企业的现时义务，是资产负债表整个负债部分。在企业资产负债表中，债务是包含在负债之内的。企业债务包括短期借款和长期借款，企业负债除短期借款和长期借款外，还包括应收应付的非借款商业信用，如应付票据、应付账款、应付工资等。

政府债务，意味着债务的当事人是政府，一般指政府凭借其信用，作为债务人与债权人之间按照有偿原则发生信用关系来筹集财政资金的一种信用方式。现代金融体系下，政府主要通过在国内外发行债券或向外国政府和金融组织贷款举借债务。政府债务可分为中央政府债务和地方政府债务，前者即国债。按照我国预算法规定，经国务院批准的省、自治区、直辖市可以在国务院确定的限额内，通过债券的方式进行举债，这种由省级政府举借的债务为地方政府债务。

公共债务，也是我们常用的一个术语，在财政理论和实践中，它与政府债务是通用的。二者通用，意味着社会公共主体等同于政府，这在当下公共主体呈现多元化态势下并不严谨。准确地说，公共债务包括但并不等同于政府债务，除作为公共主体的政府举借的债务外，一些准公共主体举借的债务有时也被纳入公共债务范围之中，如前几年地方政府融资平台举借的债务，虽游离于政府债务管理之外，但因其准公共主体角色，一些组织和机构也把它们的债务纳入公共债务之中。

（二）会计学视角的政府债务

会计是以货币为主要计量单位，运用专门的方法，核算和监督一个单位经济活动的一种经济管理工作。会计的主要职能是核算与监督，但不管是核算还是监督，都是针对已经发生的事项，未来事项尚未发生，无法核算与监督。会计确认、计量和报告的基础有权责发生制和收付实现制两种，前者以权责关系实际发生的期间确认收入和费用，后者以收到或支付现金来确认收入和费用，不论是哪一种，确认的都是已经发生的事项，区别在于是发生了权责还是资金收付。

从会计学视角看，政府债务只能是会计记录中已确认的借款事项，权责发生制下以合约执行日期确认，收付实现制下以收到款项日期确认，不管哪个日期，均是已发生的。因会计记录的都是客观事实，是过去或现在已经发生的，政府债务在会计记录中体现的是已经形成的债务关系，有可能发生甚至一定发生但尚未发生的债务关系不能进入会计记录。因此，按照会计标准，政府债务只能是一种历史债务或已成事实的债务。对应表9–1中的广义政府负债，只有显性直接负债能够体现在会计记录之中。其他三类要么是未来有可能发生的，要么是准公共主体举借的，无法进入会计核算和监督的视野。

（三）公共风险视角的政府债务

从会计学的视角并不能窥见政府债务的全貌，这也是传统政府债务管理存在一定程度上“失灵”的原因，再规范、全面、严格的制度也需要基于会计记录实施，否则制度无从入手。如果我们把政府债务看作是政府防范化解公共风险的一种手段，同时对政府债务自身及其衍生风险进行深入探究的话，就会发现，在会计账簿中记录的政府债务是显性、可控的风险，值得关注和警惕的是未在政府会计账簿中记录的隐性或潜在风险。风险代表的是未来损失发生的概率，不确定性是其基本特征，从公共风险的视角看政府债务，需要突破会计视角，把视野从已经发生的事实拓展到未来，把思维从确定性转向不确定性。

表 9-1　财政风险矩阵

债务	直接负债	或有负债
显性 （由法律规章和合同所确认的政府负债）	1. 国家主体的内债和外债（包括贷款以及政府债券）； 2. 政府支出责任； 3. 法律规定的长期性支出（公职人员工资和养老金计划）。	1. 国家对次级政府或其他经济实体债务的担保（国家发展银行）； 2. 国家提供的各类保护性担保； 3. 其他国家担保（对私人投资、贸易和外汇以及外国政府贷款的担保）； 4. 国家保险体系（存款保险、最低退休金保证、农作物自然灾害保险、战争保险等）。
隐性 （反映公众利益和利益集团诉求的政府责任）	1. 政府投资项目未来的现金流需求（项目运行与维护）； 2. 暂时未纳入保护的未来养老金需求； 3. 暂时未纳入法律的未来国民医疗和社会保障资金需求。	1. 次级政府、公共实体、私营实体未担保负债的违约； 2. 私有化的债务清偿； 3. 银行破产（保险未负担的部分）； 4. 未担保的养老基金、就业基金、社保基金及中小企业保护基金的破产； 5. 中央银行债务违约（外汇合约、国际收支差额、货币保护）； 6. 私人资本外逃时的政府求助； 7. 环保、灾后重建、军费支出。

资料来源：Polackova H.，"Contingent Government Liabilities：a HiddenRisk for Fiscal Stability"，The World Bank Policy Research Working Paper，1998.

1.政府的双主体身份与多重责任

现代社会政府或国家具有双重主体身份，既是一个经济主体，也是一个公共主体。[①]作为经济主体，政府与企业、个人等经济主体在法律上处于平等的地位，拥有相应的权利与义务。政府拥有自己的人力与资产，也有自己的责任，要受到私法约束与调节，其与企业或个人签订的合同就受私法保护。如果侵害了其他经济主体的权益，政府要做出赔偿。另一方面，政府还是一个公共主体，拥有公共主体的权利，也要承担相应的公共责任。这些权利与义务不仅包括法定的，也包括法律没有规定或认定，即推定的责任和义务。

政府的双重身份是对政府的一种双重约束。政府是公共权力的拥有者和执行者，为约束政府不侵害其他经济主体的权益，就必须在法律上给政府设定一种身份，即规定政府“怎么做”，把它视为一个普通的经济主体与法律主体。另一方面，为解决政府的不作为问题，还必须从法律上给政府另一种身份，让政府去承担社会其他经济主体所无法承担的公共风险，以公共主体的身份承担“兜底”的作用。作为经济主体，政府要以经济理性来面对所有的风险，严格维护公共产权的经济利益，承担作为经济主体的风险；作为公共主体，政府必须从平等、公平、正义等原则出发，以“公共理性”来面对所有的风险。[②]

责任从内涵上来说，可分为法律责任、经济责任、契约责任和道德责任。政府作为市场经济中的经济主体，按照经济规则与合同履行经济与契约责任是其分内之事，在履行责任的同时，政府也拥有相应的权利。政府的法律责任则是强制性的，是宪法和法律明确

① 刘尚希：“中国财政制度的特征：‘风险大锅饭’”，《管理世界》2004年第5期。
② 同上。

规定的政府应当履行的责任，法律在规定政府履行责任的同时，也赋予了政府相应的权利。但道义责任则是在没有明确的责任主体的情况下，政府作为公共主体应当履行的责任，道义责任没有相对等的权利。也就是说，法律、经济与契约责任是对称性的，而道德责任则是非对称性的。

2. 政府对公共风险有着法律和道义上的责任

理论上来说，只要能够界定其责任主体，风险就能够被有效地应对。但现实中具有公共性的风险难以界定其责任主体，政府作为服务的提供者，对公共风险具有法律上与道义上的责任。私人风险一般由个体来承担，公共风险则由作为公共主体的政府来承担，私人风险转化为公共风险后也由政府来承担。也就是说，法律规定的公共事务中的风险是由政府承担的，但法律没有规定的，在风险责任人难以界定或风险责任人能够界定但个体无法承担的情况下，政府有着推定的“兜底”责任。自然灾害作为公共风险主要由政府来承担，但个人与企业的破产作为私人风险，在产生公共影响时，政府也有着救助的道义责任。

3. 举债是政府权衡与对冲公共风险的工具

政府不具有经营性质，其收入主要来源于税收，而政府负有应对公共风险的责任，在税收收入不足以应对公共风险的情况下，举债便是必然的选择。因此，政府适当举债是承担公共风险的表现，也是促进经济社会可持续发展的手段，公共债务管理也不是研究如何彻底消除债务风险，而是研究如何识别并控制风险程度。从风险代际责任的视角来看，政府举债也有其合理性。公共风险按照时间跨度可分为当代风险与代际风险，前者是目前人们所面对的公共风险，但当代风险有时会对后代造成影响，有些风险则是跨代的。当期的税收主要用来应对当代的风险，但当风险具有跨代特征时，当期的税收既不足以也不应当主要用来应对跨代风险。举债，即用未来的税收收入应对现时的跨代风险，便是唯一的选择。这也是各国普遍把公共债务用于资本性支出，而限制其用于消费性支出的原因。资本性支出主要是基础设施建设投入，基础设施建设具有代际受益特征，当期的税收收入不仅不足以承担一次性巨大投入的基础设施建设资金需求，也不应当用挤出当代人消费性公共支出的方式建设代际受益的公共基础设施。

（四）政府债务的“冰山模型”

传统公共债务理论隐含着一个前提假定，即公共债务是确定性、可计量的，政府公布的债务数据与实际状况一致。但实践证明这一假定并不成立。汉娜·波拉科娃就认为，一些国家的政府将大量赤字转化为隐性负债；针对传统理论的不足，她提出了新的财政风险矩阵（见表9-1）。波拉科娃将隐性债务和或有负债纳入公共债务研究范围，而不是单纯从预算表的会计视角出发，对于公共债务研究是一个重大突破。隐性债务与或有债务，虽不是政府目前需要偿还的债务，但从长期看，还是会构成政府的支出义务。因此，从持续性的角度，将或有债务、隐性债务包括在公共债务风险控制的范围之内是合理的。上述财政风险矩阵虽然囊括了比较全面的公共债务用途，但由于各国的情况千差万别，公共风险也具有其历史特征，现实的举债需求要大于表中列举的项目。

由于公共风险的不确定性，政府的举债行为部分是确定性的，大部分则是不确定性的，我们尝试用一个“冰山模型”来表述公共债务问题（见图9-1）。冰山上层的债务是确定的，它包括直接显性债务和或有显性债务，由于它是法律或合同所确认的，我们能够确定相应的政府举债行为，也能够相对准确地测度其规模、水平与结构。这部分债务主要是由政府提供一般性公共产品与服务所举借或积累的债务。冰山下层的债务是不确定的，它包括直接隐性债务和或有隐性债务，由于它反映的是公众利益和利益集团诉求的政府责任，而利益诉求则是多元和变化的，我们难以确定相应的政府举债行为，也难以比较准确地测度其规模与结构。这部分债务主要是由政府应对公共风险所举借或积累的债务。

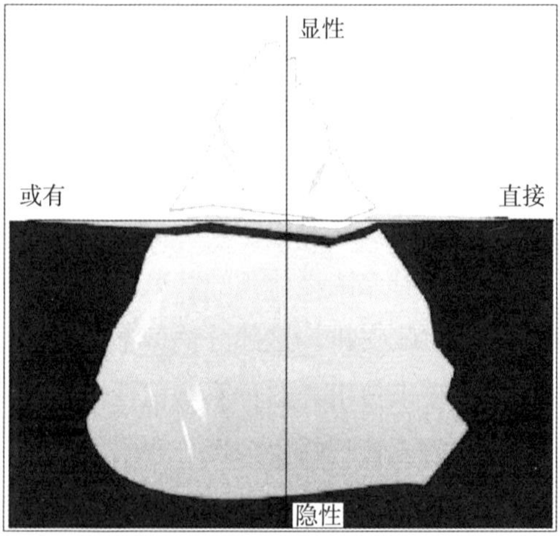

图9-1　公共债务"冰山模型"

资料来源：刘尚希等："制度主义公共债务管理模式的失灵——基于公共风险视角的反思"，《管理世界》2017年第1期。

用"冰山模型"来表述公共债务问题，是公共债务矩阵的一个补充。因为在公共风险不确定、政府举债行为不确定、公共债务难以准确测度的情况下，用公共债务矩阵把所有现实的与潜在的公共债务都列举出来是十分困难的。把更多不确定的政府举债行为与难以度量的公共债务以底层冰山的形式展示出来，更能够警示政府在有效应对公共风险的同时，更加关注公共债务的风险。

如上述模型所展示，确定性的举债行为与可量化的债务规模只是公共债务的一小部分。由于具有确定性且可度量，其风险容易控制。国际经验也表明，债务危机的爆发很少来自确定性公共债务。发达国家的高债务率就没有必然带来危机，源自希腊主权债务危机的欧债危机也主要是希腊隐性债务显性化导致的；中国的公共债务风险也不在于确定性债务，我国中央政府有着良好的资产负债结构，地方政府确定性债务风险也处在可控范围之内。

不确定性债务与确定性债务有着本质的不同，确定性债务是财政运行的直接结果，不确定性债务则不是财政本身的问题，它是政府在应对政治、经济、社会发展中的诸多公共风险时所造成的。由于它是不确定性的，政府无法提前预知其风险的来源及大小，也就无法提前进行相应的财政安排。这部分债务不是财政管理能够控制的，但最终却要求财政来负担，这种不对称性的责任才是财政风险的主要来源，也更加需要管理的协同性。我国当前的财政风险就主要来自地方政府债务中的融资平台债务。由于融资平台作为企业，其举债行为与规模更加不确定，在不加以控制的情况下，更容易受到经济波动、房地产市场的影响，一旦风险爆发，容易产生连锁反应，产生区域性或系统性金融风险，在财政“兜底”的情况下又会演变成财政风险。

（五）作为金融基础设施的国债

截至2020年年末，美国政府债务余额占GDP比重高达128.7%，比2019年增加22.7个百分点，创出历史新高。人们在普遍担忧美国国债滥发的同时，也不得不承认，美国国债仍是全球金融市场最为重要的安全资产，其利率水平是全球资产价格之锚。美国国债一方面是美国政府举债的债务，另一方面也是美国甚至全球重要的金融基础设施。

【专栏】美国国债为何如此重要？

美国国债是指美国政府发行的债券。美国联邦政府几十年来一直都处于预算赤字状态，所以美国要从投资者那里借用大量美元来支付自己的账单。政府通过定期拍卖来发债。这些拍卖活动由美国财政部负责，因此又叫“国库券”。投资者购买美国国库券有多种原因，但最主要的就是出于安全考虑。美国政府从来没有故意不偿还债务，所以投资者认为在动荡时期，美国国债是最安全、最可靠的。有各种各样的投资者持有美国国债，其中包括日本和中国政府，它们是美国最大的债主。美国国库券以美元发行，这是各国央行和世界主要金融机构使用的主要货币。

因为美国政府欠钱太多，而且因为投资者预计美国政府总是会如期偿还债务，所以美国国债市场被认为是全球金融体系的基石。投资者在决定投资于什么、投资多长时间的时候是要衡量风险的。风险决定当他们对一种投资给予信任时需要获得多少回报。换句话说，风险就是一种投资不能像预期那样成功的可能性。投资者把美国国库券作为一种“基准点”，以其来计算所有其他投资的风险。即便像苹果公司这样可靠的公司也要发债，苹果公司债券的风险被认为比美国国债还要高一点。

美国国债一旦违约，最大的威胁是政府将很快不能支付债务的利息。一旦错过支付日期就可能引发债务违约，金融市场就可能失陷，社会保障账单就会被推迟支付。最终，经济几乎肯定会滑入又一场金融危机和衰退之中。债务违约还可能导致消费者的借贷成本提高，包括从汽车贷款到房屋贷款。投资者会认为美国国债是一种更有风险的投资，并要求更多的补偿。这可能会提高与美国国库券绑定的贷款利息。这将让美国政府的借贷成本增加，而且让纳税人付出更高的代价。

资料来源：“美联社：美国国债为何如此重要”，新华网，http://www.xinhuanet.com/world/2013-10/17/c_125553034.htm, 2013-10-17。

国债不仅是政府融资的主要工具，更是现代金融体系的基石——美国发达的金融体系就是建立在庞大的国债市场基础之上的。我国国债市场尚不完善，这是制约我国金融市场发展的重要因素之一。近几十年来，美国为全世界提供安全资产是以其主权信用为抵押，撬动起了全球的资源。由于国债事实上是以政府主权信用背书的，抵押品实际上是一国的税收，是安全性最高的投资品。美国作为世界上唯一的超级大国，其主权信用等级无疑最高，发行的国债就是全球“最安全的资产”，加之健全金融体系赋予其的高流动性，能够大大降低交易者的搜寻成本和交易成本，使之成为重要的投资工具和流动性管理工具，甚至是政府发行货币、调控经济的工具。

我国经济运行中的许多问题都与国债市场不完善有关。一方面，国债规模偏小导致“安全资产”不足，市场主体投资渠道有限，一定程度上助推了“影子银行”、房价泡沫等问题的出现；另一方面，国债市场不完善，影响了财政政策与货币政策工具的创新、效应的传导，也使得我国宏观经济政策在对冲各类公共风险方面存在制约。

二、财政收支缺口

如第五章所述，在公共风险视角下，以支定收政府预算安排的基本思维是先有防范化解公共风险的需求，才有财政支出，进而筹集财政收入。公共风险具有高度的不确定性，意味着财政支出难以保持稳定，而现代法治社会政府筹集财政收入的渠道是确定的，不可能存在需求就乱开口子，这就导致财政收支要么有盈余、要么有缺口，很难做到收支平衡。当财政收支存在缺口时，与企业和家庭一样，也需要举债弥补。

（一）财政收支平衡

财政收支平衡是指一个财政年度内，财政收入和支出在总量上大致相等。财政收支平衡是财政规划与计划的结果，也是会计记录的要求。但在一定时期内，财政收入与支出不可能绝对相等，略有结余或略有赤字，都应视为财政收支平衡。现实的经济社会运行是极其复杂的，影响财政平衡的因素很多，如外部冲击、税制弹性、意外事件、超支短收等。过于追求年度收支平衡，往往会导致虚列支出、隐瞒收入等现象。根据经济形势发展变化需要，我国已开始建立跨年度预算平衡机制。我国预算法第十二条就规定：各级预算应当遵循统筹兼顾、勤俭节约、量力而行、讲求绩效和收支平衡的原则。各级政府应当建立跨年度预算平衡机制。预算法还对“四本预算”的收支平衡做出具体规定：社会保险基金预算按照统筹层次和社会保险项目分别编制，做到收支平衡；国有资本经营预算按照收支平衡的原则编制，不列赤字，并安排资金调入一般公共预算；政府性基金预算根据基金项目收入情况和实际支出需要，按基金项目编制，做到以收定支；一般公共预算编制要考虑跨年度平衡的需要，中央一般公共预算中必需的部分资金，可通过举借国内和国外债务等方式筹措，地方各级预算不列赤字。

可见，财政收支平衡主要是一定时期内财政收入与支出的对比关系，并不是财政收入与支出的完全相等。由于财政是国民经济体系中的重要组成部分，在国民经济总量平衡难以实现的情况下，财政收支平衡也是一种相对而非绝对的状态。在社会总需求与总供给相等的情况下，社会不存在剩余，财政收入与支出也必然相等。但总供给与总需求的平衡也是相对的，不平衡是绝对的，甚至特定阶段还存在失衡的现象，这意味着财政收支平衡也只能是一种相对的平衡。

（二）税收收入增长与公共风险变化

风险是面向未来的不确定性，我们无法准确预知未来。为防范和应对未来的不确定性，作为个体的我们会提前做出安排。美国经济学家弗朗科·莫迪利安尼就提出了消费和储蓄的生命周期理论，即人们会基于整个生命周期来规划他们的消费支出和储蓄，以达到整个生命周期内消费的最佳配置。该理论把人的一生分为年轻时期、中年时期和老年时期三个阶段。年轻时家庭收入低，但预期未来收入会增加，此时人们往往会把收入的绝大部分用于消费，甚至借钱消费，导致这一阶段会处于消费大于收入的“赤字”状态；进入中年后，人们的收入会增加，消费在收入中所占比例会降低，多余的收入一方面偿还年轻时的负债，另一方面还要储蓄起来用于养老；进入老年阶段后，收入下降，人们的消费又会超过收入。

公共风险具有更大的不确定性。一方面，政府作为全体国民的代表，没有生命周期的概念，理论上只要有公共风险，就需要政府；另一方面，现代国家的政府都有任期规定。没有生命周期，政府便无法基于生命周期规划收支，基于风险责任分担的原则和公共风险的不确定性，政府在特定任期内规划财政收支都难以实现。加之现代政府财政的预算收支平衡原则，一般要求在一个财政年度内财政收支都要实现会计平衡。这就意味着，政府无法基于公共风险的变化前瞻性地规划财政收支。财政收支在会计上是可以平衡的，但公共风险及其应对的社会资源是难以实现平衡的。现代国家的财政制度已基本稳定，尽管不乏财政制度的改革与优化，但财政收入的来源、财政支出的安排、财政管理的机制已基本确定。不管财政收入还是财政制度，都是在明确的制度框架下运行，但公共风险却不是制度能够约束的。制度是为防范公共风险而制定的，它本身也能带来公共风险，但制度与风险永远难以匹配，因为前者是基于过去的风险制定的，而风险则是未来发生损失的可能性。

现代财政收入主要来源于税收，近年来我国税收收入占一般公共预算收入的比重一直保持在70%以上。而税收实际上是社会个体和市场主体把创造的物质财富的一部分让渡给政府，税收收入的规模和结构都要以全社会的物质财富创造为基础。全社会的物质财富创造有其自身的增长规律，主要受生产要素投入和技术进步的影响，生产要素投入的稳定性和技术进步的渐进性意味着社会物质财富创造不可能突飞猛进，一般情况下只能保持稳健增长的趋势，这意味着税收收入的增加也只能是稳步的。如图9-2所示，近20多年来，我国一般公共预算收入增长与国内生产总值的增速大体上是匹配的，有的年份一般公共预算收入增幅大于或小于国内生产总值增速，主要与税收制度改革及大幅减税降费有关，整体上我国的宏观税负基本保持稳定。

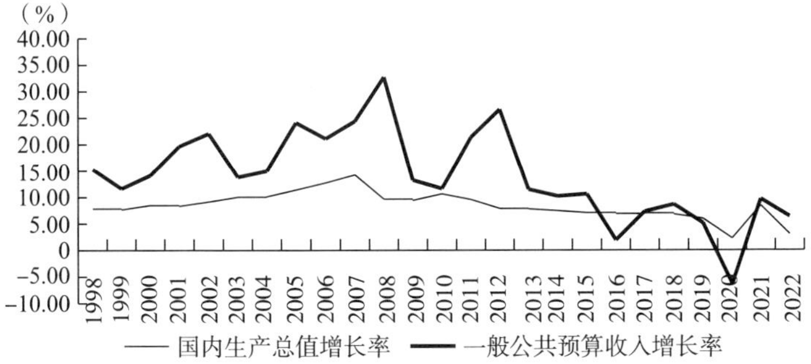

图9-2　1998—2022年我国国内生产总值和一般公共预算收入增长率

资料来源：国家统计局网站。

公共风险也会像国内生产总值或一般公共预算收入那样，保持一种稳定的增长速度吗？显然不会。1997年的东南亚金融危机是在突然间爆发的，2008年的美国次贷危机虽有征兆但也出乎了绝大部分经济学家的预料，2020年新冠疫情的爆发则根本无法预判。公共风险的变化并不遵循一些经济指标增长的线性法则，它的影响因素更为复杂，既受自然、经济、政治、社会等因素影响，也与个体及共同体的行为有关。它可以在社会资源丰裕时不知所踪，也可以在社会资源紧缺时集聚而来。正因如此，现代社会的政府也在构建越来越完善的社会资源储备机制，粮食、能源、应急救灾用品等重要民生性和战略性物资，均形成了规范的储备管理体系。

（三）防范化解公共风险的资源缺口

防范化解公共风险社会资源的稳定性与公共风险的不确定性，意味着社会资源与公共风险之间的缺口是现实存在的。现代社会，尽管个别年份也会出现社会资源大于公共风险进而出现财政盈余的现象，但由于风险社会的到来，这种现象越来越少了，财政赤字成为一种常态。财政赤字形式上是财政支出大于财政收入，花的比收的多，背后其实是公共风险变化，即防范化解公共风险的社会资源出现了缺口。根据以支定收的程序，政府应根据防范化解公共风险的支出来确定财政收入，但财政收入的制度是大体稳定的，公共风险却是不确定的，以支定收只能根据公共风险的变化确定财政支出的规模与结构，并不能完全决定财政收入的规模与结构。因此，以支定收虽是财政管理的基本思维与程序，并不意味着花多少就能收多少，只要公共风险的变化无法预判，公共风险与防范化解公共风险的社会资源间必不能对等，不是剩余，便是缺口。

三、弥补防范化解公共风险资源缺口的政府债务

经济持续下行条件下，当一个人预期未来他失业的可能性大大提高时，他会怎么办？正常逻辑下，他应该减少当下的支出为未来的无收入提前做好打算，同时紧密关注劳动力市场，看有什么机会重新走上工作岗位。这个人的行为就是在对冲风险。如果市场主体对经济下行的预期趋向一致，则大部分市场主体都会收缩当下的开

支，大家一起收缩就会导致经济下行的压力更大，进而导致社会整体公共风险水平提升，这时政府就要采取反向操作，以扩大开支对冲公共性的风险。个体基于未来的对冲操作是收缩，政府基于未来的对冲操作是扩张，体现了市场主体与公共主体责任之差别。政府对冲公共风险的操作需要财政支出的扩张，但作为财政收入主体的税收收入增长是稳定的，此时政府财政收支便面临缺口，政府债务就是现代社会弥补防范化解公共风险资源缺口的基本手段。

（一）公共资源与公共风险的时空不对称

1. 公共资源配置与公共风险分布

第五章曾讲道，公共风险分布决定财政支出结构，即财政支出安排是根据公共风险在时间和空间上的布局做出的。财政支出安排实际上是一种公共资源配置的机制，公共风险分布决定公共资源配置。假如公共资源的配置与公共风险的分布是大致平衡的，有多大的公共风险便有多少公共资源应对，不管公共风险分布如何变化，总有相应的公共资源来应对，便不存在公共风险的权衡与对冲。如果所有的风险都有资源覆盖，兵来有将挡、水来有土掩，那么风险便不再是风险，而是确定性的事件。现实中不存在这种情况，公共风险本身是不确定的，其变化和分布也是不确定的，但与之对应的公共资源却是确定的、有限的。以确定的、有限的公共资源对应不确定的公共风险，我们就需要权衡风险大小与分布，根据轻重缓急对冲风险。

2. 公共资源与公共风险的空间错配

2022年，我国中央对地方转移支付规模9.71万亿元，占我国一般公共预算支出的37.26%，有近四成的财政支出是从中央转移到地方的。为什么会有这种机制？各地方各收各的、各花各的不行吗？我国地域广大，各地方自然地理条件、经济社会发展水平差异很大，意味着公共风险在区域间的分布是不平衡的，有的地方人多地少，有的地方自然环境恶劣，有的地方已达到中等发达国家的发展水平，有的地方刚刚迈过基本生存线。如果中央政府不能从全国整体出发来统筹防范化解公共风险，必然导致公共风险的区域失衡，并通过公共风险的传导与转移转化，演化成全国性的公共风险。从空间看，公共资源的先天布局是极不均衡的，我国南方拥有全国水资源量的80%以上，仅黑龙江和河南两省粮食产量就占了全国的20%以上；公共风险受自然、经济、社会等因素影响，其分布也极不均衡。这种空间的不均衡导致公共资源与公共风险的空间错配极其严重，区域间各种、各类公共风险千差万别。

3. 公共资源与公共风险的期限错配

前文已提到，风险是面向未来的，它是损失在未来发生的可能性，过去的、现在的都是确定性，不存在风险。而资源只能是当下的，只有当下的资源我们才能够把握，过去的已经过去，未来的属于预期。公共资源在当下，公共风险在未来，必然使二者出现时间或者期限上的错配。现代财政的年度收支平衡要求，更加强化了公共资源与公共风险的期限错配，财政追求平衡，但公共风险是不稳定和不平衡的。正因如此，中期财政规划和跨期调节才纳入了财政管理的视野。中期财政规划是在预判未来三年财政收支情况的基础上，合理确定财政收支政策和重大项目资金安排，逐年滚动管理，实现规划期内跨年度平衡的预算收支框架；跨年度预算平衡机制是指根据经济形势发展变化和财政政策逆周期调节的需要，建立跨年度的、合理的预算平衡机制。关于跨年度预算平衡，我国目前实行的是预算稳定调节基金制度，预算法规定："各级一般公共预算按照国务院的规定可以设置预算稳定调节基金，用于弥补以后年度预算资金的不足。”预算稳定调节基金主要来源于一般公共预算年度执行中的超收收入及结余资金。俄罗斯则是利用石油超额收入构建了国家财政储备体系，形成了一般情况下占GDP7%的国家福利基金，该基金常规可用于发展经济、保障民生、弥补赤字，极端情形下便可用于应对重大风险冲击，实际上是一种国家风险储备基金。

（二）政府债务弥补防范化解公共风险的资源缺口

税收制度具有稳定性，其他渠道的财政收入来源依赖于各种因素，非极端条件下，征用、大幅增税、大幅增加其他渠道财政收入来源等短期增加财政收入的措施难以运用。现代市场经济条件下，政府可通过在金融市场上进行融资，以“借钱”的形式满足短期应对公共风险资源投入的需要。税收是强制性的社会资源动员机制，依据法律法规及相关税收制度，每个社会个体及市场主体都有依法依规缴纳税收的义务。强制性的优势在于稳定性和约束性，它的来源是稳定的，它不仅对纳税人，对政府也具有约束力，纳税人不能不纳税，政府也不能乱征税。稳定的税收意味着它只能够保障政府防范和化解一般性的公共风险，周期性的、偶发性的重大公共风险出现时，基于税收收入的财政支出便存在缺口。举借债务本质上不是一种社会资源动员机制，有借就须还，当下举借的债务未来是必须偿还的，实际上是资源在期限上的优化安排，具有契约的性质。债务的契约性而非强制性，意味着它并不具有稳定性，可多借也可少借，这种弹性空间使其与税收收入一道，成为政府防范化解公共风险而筹集社会资源的“双保险”。试想，如果政府仅以稳定的税收收入来防范化解不确定性极强的公共风险，会有多少公共风险游离于管控之外。

公共风险的不可预测性意味着政府的举债行为是不确定的。举债行为的不确定性也就意味着公共债务的规模、结构与使用方向是难以准确预知和测度的。不确定性是风险的基本特征，我们不仅无法预知私人风险，更无法预知公共风险。在无法预知风险的情况下，用于应对公共风险的举债行为也具有不可预知性。政府无法预知何时会发生自然灾害，进而无法预知自然灾害的损失程度及政府需要救助的支出；政府也无法预知何时经济和社会风险会爆发，进而产生经济和社会危机，进而也无法预知需要多少支出用来救助经济和社会危机。近年来各国政府债务的快速增长，就与金融危机的突然爆发有关。2008年之前，没有哪个国家的政府能够预知危机的发生及对本国经济社会发展的影响，也无法预测应对危机需要多少财政支出。我国政府债务的快速增长主要源于2008年后的一揽子经济刺激计划，虽然存在许多遗留问题，但它的确是政府在履行应对金融危机带来的公共风险的责任；危机爆发之前，没有人能够预测到它对中国经济社会的影响程度如何，政府应当因此增加多少支出。

政府在以公共主体身份应对公共风险的过程中，面临着两个方面的不确定性：公共资源的不确定性和支出责任及义务的不确定性。[①]这两个方面的不确定性是不对称的，前者在法律范围之内，而后者却超出了法律的范围，即包括法律规定的支出责任的不确定性和社会道义支出责任的不确定性。因此，公共资源的不确定性在一定程度上是可以预测的，可以大致计算其变动的可能范围；而支出

① 刘尚希：“论政府的公共主体身份与财政风险的两个层次”，《现代财经——天津财经学院学报》2005年第6期。

责任的不确定性是不可预测且无法计算的，所以政府在编制支出预算时往往要安排一笔不指定用途的“预备费”或“机动费”。但“预备费”或“机动费”只能应对小规模的公共风险，当大面积或大规模的公共风险暴露时，用举债的方式来应对是政府难以回避的责任。

政府债务本质上是政府弥补防范化解公共风险之公共资源缺口的手段，但随着市场经济的发展演变，其内涵与功能已远超出这一范围，前述关于国债作为金融基础设施的分析便是印证。根据现代货币理论，政府赤字（财政收支缺口）实际上是由私人部门盈余（社会储蓄）决定的。现代社会私人部门盈余常态化存在，意味着政府财政赤字也成为一种常态。现代市场经济条件下，总需求与总供给的不平衡也是一种风险，即总需求=投资+消费+出口=总供给。要实现总需求与总供给的平衡，理论上生产的物质财富要么用来投资，要么用来消费，不能有剩余，有剩余就意味着不平衡。但实践中，总需求与总供给不可能相等，总需求大于总供给时出现短缺，总供给大于总需求时就出现了社会剩余，社会剩余=总供给-总需求=总供给-投资需求-消费需求-净出口=社会储蓄。在净出口既定情况下，社会剩余的存在意味着投资需求或消费需求不足，此时通过财政赤字扩大政府投资与消费，就能够增加投资需求或消费需求。当财政赤字所增加的政府投资与消费等于社会储蓄时，总供给便与总需求相等了。

因此，财政赤字在国民经济总量平衡中也发挥着极其重要的作用。这实际上也是在防范化解风险，防范化解因总供给与总需求不平衡而导致的经济总量失衡风险。

（三）政府公共责任过度与财政风险

在古代社会，执政者也会提供一系列公共产品来应对公共风险，比如根据河流的定期泛滥规律来治理河道，根据对未来饥荒的预期来兴建粮仓。但古代社会的执政者无法预测天气变化、瘟疫流行等现象，更多情况下，执政者不得不运用财政手段来被动地应对从风险转化而来的现实危机。资本主义时代的到来与现代化元素的出现，使得人类社会风险形态发生了转变，执政者要面对的公共风险也发生了深刻变化。在资本主义社会初期，代表资本家利益的政府奉行“守夜人”角色，采取了斯密式“小政府”的财政形态，没有承担起为社会中下阶层防范风险的责任。公共风险的自然色彩淡化，社会色彩越来越浓厚，经济危机这种“人造风险”及其带来的社会动荡，成为有可能颠覆资本主义制度的重大风险。

作为斯密主义革命者的凯恩斯主义的产生，为政府干预社会和市场提供了理论支持，“全能政府”应运而生。凯恩斯主义基于菲利普斯曲线、价格黏性等假设，认为财政支出具有乘数效应，是有效调节宏观经济运行的重要工具。与传统社会和资本主义社会初期被动应对危机的财政形态相比，凯恩斯主义注重运用财政手段把可能的经济危机消灭在萌芽状态。资本主义的经济危机，可以理解为生产相对过剩造成的社会危机。经济波动本身不可怕，可怕的是经济大起大落造成的大量失业以及食不果腹、无家可归等社会惨状。所以，政府一方面为劳工阶层提供社会福利保障，使其即使处于失业状态仍能够维持基本生活需要；另一方面，通过扩张的财政政策来人为熨平经济波动，防止经济衰退，减少失业现象。凯恩斯式财政最大的问题是，政府对经济危机及其造成的社会动荡存在一种“风声鹤唳”的恐惧心态。这反映出政府在判断经济危机风险时的困境。经济危机固然与经济波动密切相关，但并非所有的经济波动必然发展成经济危机。可是，又没有人能够准确预测某一次经济波动会不会演变成为经济危机。所以，政府为保险起见，不得不运用同样的手段把所有的经济波动一并防范。在现代社会中，财政支出的增长快于经济增长成为常态，对任何一个群体削减社会福利支出都会引发激烈的抗议浪潮。在人们心目中，财政不再仅仅是风险的“保护伞”或“保险基金”，而是政府必须定期派发的“蛋糕”或“红利”。财政已经远离了其防范公共风险的本质，政府对某个领域是否“高度重视”，一个重要标准就是财政拨款是不是每年递增，递增幅度是不是快于其他领域。财政工作的主要任务一定程度上成为在各个部门、领域之间划分预算蛋糕，至于这些部门、领域中究竟存在哪些风险，这些风险有多大概率会转化为公共风险，则考虑得相对较少。

20世纪80年代后，为应对凯恩斯主义和“全能政府”所导致的“滞胀”，英美等西方发达国家纷纷开始了“新公共管理运动”。政府在不推卸公共责任的同时，改变提供公共产品的方式，由过去的“划桨”改为“掌舵”，在公共服务中大量引入社会组织和市场主体，运用市场竞争手段提高公共服务效率，试图形成既跨越“小政府”局限又防止“大政府”后遗症的“企业家政府”。[①]但这种有限改良型的财政形态不可能从根本上扭转财政制度所面临的困境，近些年来西方主要国家政府债务占GDP的比重不断攀升的事实证明了这一点。

当前各国财政所面临的困境，其实是政府职能定位面临的困境，也是资本主义政治和经济制度面临的困境。在后现代社会或风

① 〔美〕戴维·奥斯本、特德·盖布勒：《改革政府：企业家精神如何改革着公共部门》，上海市政协编译组等译，上海译文出版社1996年版。

险社会，以信息化和全球化为特质的社会化进程和以核心家庭、邻里关系、农业社区消弭为特质的个体化进程同步进行且相互强化，使得当代社会呈现出巨大的张力。与此同时，政府在财政工作中的理念还停留在工业社会时期，以防范传统意义上的经济危机为己任，试图用财政手段对所有风险承担“兜底”责任，对导致私人风险大量转化为公共风险的社会机制是否存在问题考虑较少，对已露苗头甚至已十分严重的劳动力减少、老龄化等社会风险，以及生态危机、重大传染病危机、信息安全危机等非传统安全威胁带来的风险尚未做好充分准备。可以说，当代财政面临的主要困境，是通过财政手段，不但没有有效化解公共风险，反倒使政府背上沉重债务，使得政府财政自身成为一种风险。因此，“新公共管理”式财政最大的问题在于，虽然政府供给公共产品的方式改变了，但政府干预市场和社会事务的逻辑并没有改变。当社会风险从工业社会时期向后工业社会时期转化时，政府职能调整相对滞后，作为政府干预市场和社会重要手段的财政作用方向的调整也未同步，这是包括我国在内的世界各国财政所要面对的重大课题。

四、政府债务的风险

既然政府举债是用未来的公共资源对冲当下的公共风险，实际上是公共资源的期限配置，不是消除了风险，而是通过公共资源配置转移转化了风险，这种手段本身也存在风险。正如我们在股票、期货市场上进行对冲操作，在保险市场上购买保险，都不是在消除风险，而是通过特定的机制把风险转移了，而这种转移风险的机制本身也蕴含着风险。传统财政理论中，对政府债务的风险主要是从市场的角度解释的，即政府债务存在流动性风险、期限错配风险、市场波动风险、资不抵债风险等。但财政是国家治理的基础和重要支出，举债是政府对冲公共风险的重要工具，认识政府债务自身的风险也需提升至国家治理的视角。仅就市场论市场，我们不仅无法深入政府债务的本质，对于政府债务风险防范的思考也存在局限。

（一）公共风险、债务风险与财政风险

我们从现实生活中能够深刻地体会到，似乎经济社会越发展，我们面临的风险反而越多。仅进入21世纪的这20多年，人类社会就经历了2007年美国次贷危机和2020年新冠疫情导致的全球性经济社会危机。百年未有之大变局下，我们面临的不稳定性不确定性显著上升，传统安全威胁和非传统安全威胁相互交织，各种“黑天鹅”“灰犀牛”事件时有发生，以致党和国家把安全问题上升到与发展并重的位置，强调要统筹发展和安全。时下的公共风险，也不像以前一样条线相对清晰，而是相互交织、相互渗透。特别是世界主要经济体均面临的“公共风险—债务风险—财政风险”的“风险怪圈”。公共风险水平上升了，政府财政收支存在缺口，便以举债来弥补；随着政府债务水平的不断提升，政府债务风险也日益严峻，以致构成越来越大的财政风险；财政风险的上升，又使得政府不得不控制财政风险；控制财政风险意味着政府弥补防范化解公共风险之能力受到限制，进而影响政府对公共风险的管控，使得一些公共风险不得不游离于管控之外，这也在特定的领域导致了公共风险水平升高（见图9–3）。

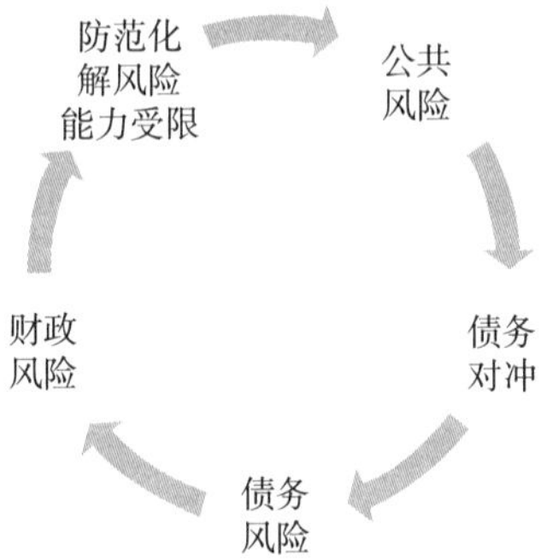

图9-3　公共风险—债务风险—财政风险的“风险怪圈”

1.“风险怪圈”的形成归根到底是由公共风险变异导致的

按照前述“公共风险—政府职能—财政收支”的逻辑，政府不会无缘无故举债，政府债务不可能无根据地扩大，其根源还是在于整体公共风险水平大幅提高了。而公共风险变异与水平提高则源于私人事务的社会化与风险公共化。生老病死、吃穿住行本是私人事务，但在现代社会越来越社会化，以致一些高福利国家构建了从摇篮到坟墓的社会福利体系。私人事务社会化，私人风险就成为社会风险，这种社会风险由政府承担责任，便变成了公共风险。政府有钱要防范化解，没钱情况下借钱也要防范化解，否则就构成国家治理的重大公共风险。

2. 以举债对冲公共化的风险导致财政风险扩大

风险对冲不是消除了风险，它只是在时间与空间上转移转化了风险。政府举债对冲公共风险，所对冲的公共风险水平降低了，但债务是要偿还的，当债务规模达到一定限度，对政府的偿还能力构成挑战时，它也就变成了一种风险。政府债务风险是财政风险，但财政风险不止债务风险。除债务风险外，财政风险还包括与之关联的经济、政治、社会等风险、财政收支结构风险和体制风险等。如前所述，财政风险实际上由公共风险转化而来，而公共风险涉及经济、政治、社会、生态等国家治理的所有领域，国家治理的所有风险都多多少少与财政风险关联。比如金融风险，当它大到一定程度构成了系统性风险时，财政往往就需要承担兜底责任。结构风险则是指财政收入与支出结构不平衡导致的财政运行中的风险，财政收支结构往往反映了公共风险在不同风险主体之间的转移与转化，当这种转移转化超过了公共风险主体的承受能力，导致结构性失衡时，财政风险暴露的程度就会变大。体制风险是指因监管机构或市场对政府违规、违约预期判断导致政府责任与义务履行和融资能力受损的可能性。财政风险构成的这种复杂性，也是其与公共风险、债务风险构成“风险怪圈”的重要基础。各种风险间相互关联，顾此则失彼，对管理者权衡能力与水平的要求相当之高。

3. 财政风险也可转化为公共风险

财政风险从形式上看是在“风险”之前加了“财政”的前缀，但由于财政是国家治理的基础与重要支柱，财政风险实际上是国家和政府的风险，是政府兜底政治、经济、社会等领域风险的基本手段，是国家治理中各类风险的综合反映。公共风险包括经济风险、社会风险、政治风险、生态风险等，财政作为政府应对公共风险的基本手段，具有兜底的功能，因此所有公共风险都能够转化为财政风险。而财政风险的爆发又会影响到经济、社会与政治的运行，进而产生新的公共风险。财政风险的爆发，往往意味着政府应对公共风险的能力崩塌，比一般性公共风险危害更大，可以说是公共风险的总爆发。回顾世界历史，因财政问题而导致的社会动荡、政府垮台、经济瘫痪的例子不胜枚举。财政风险的直接表现是公共债务水平的提升，而债务风险背后政府应对公共风险能力的弱化才是财政风险的更大危害。扩张性财政政策透支了财政支出，实际上弱化了公共财政应对潜在公共风险的能力，或者把政府应对结构性风险与利益冲突风险的能力转嫁到了应对总量波动风险上，虽然减缓了经济总量的波动，但却缩小了应对结构性风险与利益冲突风险的空间，即使经济总量平稳了，经济增长的效率与社会的稳定性也可能受到影响。

4.“风险怪圈”下的财富分配与风险分配逻辑

“风险怪圈”形成的主要原因是公共风险在变化、在变异，认识到这一逻辑，也就为我们打破“风险怪圈”提供了思路。风险在变，防范化解风险的方式方法也要变。如果风险发生了重大变化，但我们防范化解风险的方式方法还在因循守旧，结果只能是风险越来越大。随着经济社会运行越来越复杂，公共风险已然不再完全遵守传统工业社会的运行模式，但我们防范化解公共风险的方式方法并没有相应升级，还在遵守着工业社会下传统的财富分配逻辑。商品经济时代，公共风险主要是与商品的生产、流通、消费相伴随的，而在社会日益数字化、绿色化、金融化的条件下，基于商品经济时代按照财富分配逻辑所形成的公共风险应对模式显然落伍了。我们的政府只要能够跟上时代的变化，适时适度地更新优化防范化解公共风险的模式，就能够在一定程度上打破这种“风险怪圈”。

（二）政府债务违约风险及其引发的风险

从民事法律的角度看，违约是指债务人不能偿还其到期债务或自己的行为表明不能偿还其债务的行为。政府债务违约，是指政府作为债务人或债务偿还保证人，在债务偿还期限到期时无力偿还其债务的行为。政府债务违约风险则是政府债务无法按期偿还的可能性。一般情况下，政府以债务人的身份对外举债时，其违约风险比较低，债权人不用像市场上的举债那样担心能否按期收回本金和利息，这也是政府债券利率低于资本市场上其他类别债券（如企业债、金融债、信用债等）的主要原因，因为所有市场主体中，政府的信用是最高的。但纵观世界经济发展史，政府债务违约的情形却时有发生，当政府的财政收入减少，或者由于其他情形导致财政紧张时，政府可能直接或间接违约。政府债务违约风险本身危害并不大，但由于政府是极其重要的市场主体和公共主体，其债务违约风险所导致的公共风险，如市场风险、信用风险等，对经济社会运行的杀伤力极大。

1. 政府信用风险

“信用”是现代社会的“名片”和“通行证”。一个人或企业一旦失信，其发展能力将只退不进，甚至导致破产，政府也是如此。一般来说，信用是指人与人之间、机构与机构之间、政府与政府之间形成的一种相互信任的社会关系。基于这种信用关系，交易可低成本进行，甚至先行开展。当一个人或企业的信用风险升高时，其他人或企业与其开展交易的成本便提高，甚至导致交易无法开展。如前所述，举债是政府弥补防范化解公共风险资源缺口的一种手段，如果政府信用风险较大，政府举债变得困难甚至无法举债，防范化解公共风险资源的缺口就无法得以弥补，从而导致公共风险游离、扩散，甚至酿成重大经济社会危机。现代市场经济条件下，信用风险主要是指交易方不履行到期债务的风险，又称违约风险。一些专业化的市场机构甚至把特定国家的债务违约风险量化为信用级别，能够相对直观地体现一个国家的信用风险水平。如国际三大信用评级机构之一的穆迪，就把长期主权信用等级表示为从AAA到C共21级。

2. 金融市场风险

金融是现代经济的血液。政府作为公共主体和市场主体，既对金融体系具有监管职能，同时也是现代金融体系的一部分，现代政府的国债甚至成为金融体系中不可或缺的基础设施。金融风险是指特定金融资产在未来时期内预期收入遭受损失的可能性，一般可分为金融市场风险、金融产品风险、金融机构风险等。普通的市场主体违约会对金融体系造成冲击，甚至个别“大而不能倒”的重要市场主体违约会进一步演变成系统性金融风险，但政府债务违约往往是金融体系的“不可承受之重”，不仅会导致所在国家的系统性金融风险，甚至还会构成全球性金融风险。2008年的美国次级抵押贷款违约就引发了全球性的金融海啸，后续几个欧洲国家政府债务违约又形成了影响全球的欧洲主权债务危机。

不管是对个人、企业，还是对政府来说，适当的债务都是必要的。债务可以使政府、企业和个人获得从事各种经济活动所需的资金，使政府为社会公众提供相应的社会福利，使企业实现扩大再生产，使普通的消费者购买当前收入所不能覆盖的消费品，进而提高生活水平。但债务负担超过了一定的限度，对个人、企业和政府都会造成重大的风险与危机。

自1825年英国爆发世界上第一次经济危机以来，经济便在繁荣与萧条中交替运行，由此而产生了各种解释经济危机成因的理论。其中，凯恩斯主义经济危机理论对西方各国的宏观经济调控政策的影响更为深远。其突出贡献是运用有效需求不足理论解释了自由市场调节下的均衡为什么在通常情况下是小于充分就业的均衡。

在《资本论》中，马克思也对经济危机的成因进行了系统、全面的分析。马克思认为，资本主义经济危机的根源在于生产的社会性和生产资料的资本主义占有形式之间的矛盾。我们今天所看到的“经济危机”在形式上已经与马克思、凯恩斯等描述的大为不同，现代经济危机大多表现为金融危机，金融危机又大多发端于债务危机。

3. 经济衰退风险

债务危机会对经济衰退产生显著的影响，主要表现在以下几个方面：一是市场失灵。债务危机会导致市场失灵，因为银行和金融机构将更多的精力投入到了保护它们自己的利益，而不是为经济发展创造条件。二是投资减少。债务危机会导致投资减少，企业和个人都更倾向于储蓄和还债，而不是进行投资。三是失业率上升。债务危机会导致企业裁员和倒闭，从而使得失业率上升。四是政府财政压力增加。政府通常会采取措施来应对债务危机，如通过减税和增加支出来刺激经济。这些措施会导致政府的财政压力增加，进而影响政府的借贷能力和信用评级。2008年的全球金融危机是一个很好的案例，它是由于大量不良贷款、房地产泡沫、金融衍生品等多种因素导致的债务危机，引发了全球范围内的经济衰退。在美国，很多大型金融机构破产，房价和股价大幅下跌，失业率和贫困率上升。在欧洲，希腊债务危机也是一个典型的案例。在2009—2011年期间，希腊政府无法偿还其债务，导致其信用评级降低，随后希腊陷入了一场经济危机——失业率上升，政府无法偿还其债务，政府财政压力增加，从而导致了经济衰退。

（三）政府债务的财富分配风险

政府本身不具有营利性质，其收入来自市场主体和社会主体，其支出用于为市场和社会主体防范化解公共风险，其收入的筹集与支出的运用，是一种重要的资源配置机制，也是一种重要的财富再分配机制。政府具有促进社会公平正义的职能，特别是以税收为主体的财政收入、以社会性支出为主导的财政支出，都具有一定的缩小收入分配差距的作用。但政府债务与税收不同，它是向特定群体特别是富裕阶层筹集的、有特定用途的且主要以税收收入还本付息的，高收入群体更能够通过获取政府债务付息收入实现财富增值，但其本息的偿还却需要全体居民承担。

1. 加剧收入不平等

政府债务规模的增加，会进一步导致社会贫富差距的扩大，产生“劫贫济富”的效果，进而加重中下阶层民众的负担，将这部分国民的储蓄转移给富人阶层。一方面，富人阶层作为既得利益群体，其对于政策的影响能力显著高于普通民众，他们可通过利益团体的游说对政府决策产生影响；另一方面，就金融杠杆的应用来说，由于市场门槛的存在，也将会导致富人运用金融杠杆的能力及获利收益高于普通群众。市场经济的特征就是优胜劣汰，它会天然地形成收入分配的两极分化。政府的重要职能之一就是履行再分配职能，通过向收入较高的群体征收更多的税收，以在全社会进行再分配的方式，弥补收入分配差距。但当举债成为政府的重要财政汲取形式时，一方面，税收作为再分配手段的作用会弱化，另一方面，债务本身的“市场化”特征会使其逆再分配的作用逐步强化，此消彼减之间，政府本身的再分配职能就会受到影响。

2. 助推阶层固化

债务是一种撬动财富的杠杆，具有放大效应，既能够放大富裕，也能够放大贫困，国家债务连带企业、家庭债务的过度增长，会打破既有的社会格局，不利于社会公平的实现。政府负债主要来源于居民储蓄，而社会储蓄的主要来源则是中下等收入群体，基础设施建设虽然能够普惠大众，但基础设施建设中的投资机会对中下等收入群体并不友好。因此，政府过度举债一定程度上是有利于富人而不利于穷人的，它在一定程度上进一步固化了社会阶层的分布，加剧了收入分配的两极分化。

3. 代际外部性

要想满足人们的生活需要，一个最直截了当的方法是不顾财政能否承受，构建一个全民“福利国家”。这也是很多西方国家曾经走过的道路。用福利换选票看似取得了多赢结果，其恶果也是显而易见的：在导致赤字财政的同时，还对人们的劳动创造行为产生负面影响。按照布坎南在《赤字中的民主》中的观点，凯恩斯主义带来的最大危害，就是破坏了人们曾经长期坚持的财政审慎原则。人们对预算平衡的坚持，从最初的年度平衡，发展到个别年份赤字、长期平衡，后来发展到“结构性平衡”，近十几年又发展到只要债务不超过某警戒线就算安全，警戒线的标准也被迫一再放宽。在既定条件下，财政赤字的演化是一个不可逆的过程，一旦放松警戒线，就很难再朝相反的方向束紧它。现行政治制度下，为各个群体派发福利很容易，增税却很困难。对小纳税人增税有可能引起抗议，冲击社会稳定；对大纳税人增税有可能导致资本和人才外流，削弱经济竞争力。算来算去，所有人都发现向不会抗议的“未来人”征税阻力最小，这其实就是世界各国财政赤字越来越严重的动因。

所谓代际外部性，是指当代人的行为成本在当代、收益却留给了后代，或者收益在当代、成本却留给了后代；前者是正外部性，后者是负外部性。政府举债是典型具有代际外部性的行为，它既会把收益（债务支出所形成的固定资产）留给后代，也会把成本（需要未来支付本金与利息）留给后代，其代际外部性的大小，就看它留给后代的收益和成本谁大谁小。显然，适度举债，前瞻性地投入基础设施建设或人力资源开发，对后代是有利的；但过度举债，给后代留下难以承受的债务负担，就会挤压后代人的基础设施建设或人力资源开发支出，压缩后代人的发展空间，对后代便是弊大于利了。

4. 对私人投资的挤出效应

根据新古典经济学理论，公共投资与私人投资的关系取决于两种相反的力量。一方面，公共投资对私人投资具有“挤出效应”，也称为“替代效应”，更高的公共投资挤占了私人部门投资空间，并且，导致资本积累率超过私人部门决定的最佳水平，为保持经济中最佳的投资水平，公共投资增加可能挤出私人资本。另一方面，公共投资对私人投资具有“挤入效应”，也称为“互补效应”，公共资本尤其是基础设施投资如高速公路、水利设施和机场等，与私人资本具有互补性关系，更高的公共投资可以提高私人资本的边际生产率，从而带动私人投资增加。通常情况下，这两种作用相反的力量在经济中同时存在，若“挤出效应”占主导地位，那么，公共投资的增加将可能无法补偿私人投资的减少，而净效应则是全社会总投资下降；反之，若“挤入效应”占主导地位，公共投资的增加将带动私人投资的增加，全社会总投资也将增长，从而推动经济增长和就业增长。

政府的固定资产投资主要来源于税收，且主要投向基础设施领域，其挤入效应占主导地位。但基于债务的政府投资尤其是地方政府性投资，虽然也具有一定的挤入效应，但也不能忽视其挤出效应。一方面，地方政府债务支出通过投资于基础设施建设，提高了公共资本存量，能够降低私人资本边际成本；另一方面，我国地方政府债务融资来源主要是商业银行，地方政府债务规模的扩大势必会占用商业银行的流动性，导致社会融资占比下降，挤占民间投资的份额。

（四）政府债务分配风险引发的风险

当政府以税收作为主要的财政汲取形式时，由于税收是向全体公民征收的，政府在向公民征收税款的同时，也赋予了公民相应的权利，一定程度上体现了以税收换权利的理念。现代国家治理中，公民越来越多地参与到公共事务之中。税收取之于民、用之于民，公民有义务缴纳税收，政府就有义务把税收用于满足公民公共需求。但当举债成为政府的重要财政汲取形式时，传统的以税收换权利的国家治理格局便被打破了，政府要尊重纳税人的权利，那么基于市场契约所形成的债权债务关系下，政府要不要尊重债权人的权利呢？如果政府不尊重债权人的权利，政府的信用便受到影响，再次举债就存在难度；如果政府尊重债权人的权利，那么当债权人的权利与纳税人的权利存在冲突时怎么办？这些以往不存在的问题与疑虑在现代社会正越来越明显地成为现实，纳税人与债务人权利的冲突、债务人对国家的干预正成为国家的新的不稳定因素。

1. 纳税人与债权人的利益冲突

2011年9月17日，上千名示威者聚集在美国纽约曼哈顿，试图占领华尔街；10月8日，“占领华尔街”抗议活动呈现升级趋势，千余名示威者在首都华盛顿游行，进而逐渐成为席卷全美的群众性社会运动。随后抗议活动扩展到美国上下，120多个城市卷入到抗议活动中来。自2008年华尔街因自身不负责任的行为酿成国际金融危机以来，美国社会对华尔街的非议和责难就从未平息。许多美国民众认为，政府的救助让华尔街并未因自身的贪婪而受到惩罚。在华尔街恢复元气后，却未能和普通民众共度时艰，反而热衷于内部分红，这使得积蓄已久的民怨最终爆发。“占领华尔街”的直接导火索正是华尔街大银行要向消费者收取更高的账户费用，从而转嫁去年通过的金融监管改革法给银行带来的成本负担。

“占领华尔街”运动表面上是因社会公众厌恶金融机构的贪婪而起，实际上反映了美国国家治理格局的变化，美国联邦政府过度维护华尔街金融机构的利益而损害了普通民众的利益。在国家债务越来越庞大的条件下，这种纳税人与债务人的冲突将不会是个案。在以税收为主要财政汲取形式的条件下，政府征税、公民纳税，政府提供公共服务，公民消费公共服务，政府与公民间权利与义务分明。但在债务成为重要财政汲取形式的条件下，政府不仅要提供公共服务，还要维护自身的信用、维持金融机构的正常运转，这就需要政府更加关注债权人的需求。国家的债权人分为两种：一种是国内债权人，现代金融体系下，金融机构通过吸纳民众储蓄购买国债，金融机构是国家的债权人，民众是金融机构的债权人；另一种是国外债权人，包括外国政府和国际组织。无论是国内债权人还是国外债权人，其诉求和利益是与纳税人不完全一致的，这种不一致性在金融危机时期更加凸显。一方面，金融危机冲击之下，经济增长滑坡、失业率增加，纳税人希望政府把更多的财政支出用于保障和改善民生；另一方面，金融危机时期也是金融机构流动性最为紧张的时期，虽然市场化的金融机构可以破产，但金融机构的破产对实体经济也会产生巨大冲击，金融机构也希望政府在危机时期给予流动性的救助。这种情况下，政府偏向谁的利益，都会招致另一方的不满。更多地投入民生支出，得不到救助的金融机构破产将会冲击实体经济，使得危机蔓延；更多地救助金融机构，民生领域的投入不足必然招来民众的不满。于是，纳税人与债权人的利益冲突便出现了。

2. 债权人对政府的干预

希腊主权债务危机爆发后，欧盟与国际货币基金组织达成了救援贷款协议要求，希腊政府要实施新的紧缩措施，包括将私营部门的最低工资标准降低22%，当年减少32亿欧元政府开支并裁减1.5万名公务员等。这引发了希腊国内民众的示威和骚乱。长期以来，一些国际金融机构被批评者视为发达国家约束不发达国家财政的工具，如国际货币基金组织的借款普遍附加政治条件。相关统计表明，2008年金融危机后，至少九个国家在使用IMF贷款中均附带着不同程度的减少政府开支和收紧货币政策的措施；在对巴基斯坦的贷款中，国际货币基金组织要求该国减少公共开支；在对匈牙利的贷款中，要求该国停止给公务员涨工资和限制社保支付以及延迟社会福利。

不仅政府在向外国或国际组织举债时会被附加条件，国内贷款也是如此。在我国加强地方政府性债务管理的情况下，一些地方为了稳增长，在人大批准发行的债务之外，仍然以各种名义、方式举借债务。有的地方在运用政府与社会资本合作（PPP）模式过程中，明面上邀请社会资本入股，但又对社会资本承诺每年有固定回报或在规定时限内全额回购；有的金融机构参与项目投资，要求地方政府和基层地方人大出具保函，或将相关补贴长期固定纳入预算。这些做法时下看不是政府债务，但未来就很可能变成政府债务。也就是说，地方政府为了绕过地方政府债务管理的相关要求变相举债，需要向金融机构或企业承诺一些附加条件，这无疑会对政府施政带来一些干扰。

事实上，债权人对债务人提出附加要求，也在情理之中。债权人要确保债务人能够按照偿付本息，就要对债务人的行为施加一些必要的约束，这在家庭和企业举债中十分常见。但金融机构对贷款家庭或企业的行为约束的影响只局限于个体，债权人对政府的行为约束却会影响政府的公共政策。有的国际金融机构提出的贷款国家在特定期限内不得涨工资、不得增加社会福利支出的要求，是对整个国际公共政策的干预，其影响无疑是巨大和深远的。

五、公共风险导向的政府债务管理

2005年，全世界最权威的学术期刊之一的美国《科学》杂志公布了125个最具挑战性的科学问题，其中第117个为"政府高额赤字对国家利益和经济增长速度有什么影响？"可见，政府债务绝不是一个简单的问题，也不是就债务论债务能够解决的问题。政府举债的目标是防范化解公共风险，但由于这种机制只是通过风险对冲实现了风险的转移转化，一旦转移转化机制出现阻滞，或者对冲操作出现了过度或不足，就会导致风险的天平失衡，或者出现公共风险对冲失效，或者出现政府债务扩张失控，进而导致整体公共风险水平不降反升的结果。基于此，政府债务风险的认识、防范与化解都需要上升至国家治理层面，在国家治理层面上来权衡公共风险，一边是经济、社会等风险，一边是政府债务风险，它们又都与公共风险紧密关联；在诸多风险中做好权衡，才是应对政府债务风险的治本之道。

（一）公共风险与财政风险的有效权衡

1. 对冲风险的前提是权衡风险

如前所述，基于公共风险的转移转化原理，政府可以以举债的方式来对冲时间和空间上错配的公共风险，实现公共风险时空上的转移转化，使得各类公共风险大体处于合理水平之内；同时还需要在公共风险、债务风险与财政风险之间进行权衡，使得这三类风险的转移转化控制在合理水平之内，不致顾此失彼，造成“防范风险的风险”。我们在资本市场上采取对冲操作，通常需要大体计算出风险和收益的大小，然后选择合适的对冲工具，明确对冲的期限和力度。公共风险虽然难以计算大小，其对冲也需要先识别，做出一定的计算，然后才能考虑如何对冲、以什么方式对冲、以多大的力度对冲等。也就是说，政府对冲公共风险，需要在各类公共风险之间做出权衡。

2. 权衡公共风险与财政风险

政府防范化解公共风险面临着资源约束，需要基于公共风险水平与公共风险分布优化配置相关公共资源，这是一种权衡，基于防范化解公共风险资源的权衡。当政府防范化解公共风险的资源全部货币化了，防范化解公共风险的活动就基本体现为财政收支，防范化解公共风险的资源约束实际上就变成了财政约束。一方面考虑公共风险水平与分布，另一方面考虑财政收支缺口，并根据财政收支缺口决定举债的规模和期限，这就是公共风险与财政风险之间的权衡。因此，政府债务管理本质是公共风险与财政风险之间的权衡。

3. 防止过度权衡、权衡不足与权衡滞后

我们每个人都会犯错，都不可能在每时每刻都做出最为理性的决定。政府作为我们的代表，它也是由人组成的，政府有其行为优势，也有其行为弊端，因此也才有了“政府失灵”的说法。因此，政府在权衡公共风险与财政风险时，不一定总是有效、合理的，也会出现权衡无效或低效的情况，具体表现为过度权衡、权衡不足与权衡滞后。过度权衡主要体现为政府对公共风险的水平和分布判断出现正向偏差，认为公共风险过大，进而在公共风险与财政风险权衡中过于向公共风险倾斜，进而导致财政风险不合理地放大。例如，当平常的经济增长回落发生时，决策者可能会判定为经济衰退，这就会使财政政策反应过度，导致财政政策过于宽松；即使真的面临经济衰退，出于对经济社会动荡的恐惧，决策者所采取的财政政策宽松度也可能过大；而在经济繁荣或过热时期，决策者的判断也不一定完全准确，受制于各种因素，也很难实施紧缩性财政政策。权衡不足则主要是政府对公共风险的水平和分布判断出现负向偏差，认为公共风险过小，进而在公共风险与财政风险权衡中过于向财政风险倾斜，进而导致公共风险游离，甚至导致更大的公共风险。权衡不足的现象经常在基层治理中出现。由于人力和财力受限，加之基层政府认为上级政府对公共风险具有兜底责任，基层政府往往对公共风险预判过轻，导致投入的资源不足，有时会酿成更大的公共风险。权衡滞后，是指政府在识别和预警公共风险时出现了时间偏差，导致公共资源投入在节奏上与公共风险的演化不匹配，错过了最佳时机，导致部分风险暴露。在重大自然灾害和公共卫生危机中都有着“黄金72小时”之说，意为只要在灾害或疾病发生后的三天内采取得当措施，就能够最大程度地降低损失和挽救生命。

（二）政府债务的行为主义管理

现代社会，来自自然界的风险，在技术与治理进步条件下越来越少，风险越来越具有“人化”的特征，即“人”的行为越来越成为风险的源头，公共风险来源于个体风险的叠加、转移与转化。政府债务风险也是来源于政府的行为。出于应对辖区公共风险的需要，在现行公共风险责任不十分清晰的情况下，政府不仅承担了法律上规定的职能，一些道义上的、推定的职能实际上也由政府承担了。在财政收入不足以弥补政府应对公共风险能力的条件下，举债便是唯一的选择。地方政府的这种行为，不是只靠制度约束就能解决的，应当在国家治理现代化的目标追求下，探索基于行为主义的政府治理模式。

1. 从危机管理到风险管理

世界各国各地无时无处不在风险之中。2008年以来的全球性金融危机涉及世界各国，经济增长率的下滑、就业的减少，使得各国社会稳定性受到影响，社会矛盾加剧，区域性军事冲突频发。风险管理是国家治理的重要工具，风险管理理念与国家治理体系和治理能力的现代化不谋而合。国家治理的现代化也意味着需要从传统的危机管理转向风险管理。危机管理其实是一种事后管理，危机发生了才去应对；风险管理才是一种事前管理，在危机到来之前就介入其中。现代社会危机的代价越来越大，重大危机已成为国家治理不可承受之重，危机管理方式对国家治理的冲击需要付出越来越大的资源来化解与应对。

政府应对公共风险的手段有很多。一是法律手段，即政府通过立法禁止或允许个体的行为，把私人风险约束在可控范围内，防止私人风险向公共风险转化；二是行政手段，即政府通过制度或政策安排，约束或激励个体，使个体按照风险最小化的目标行动；三是市场手段，即政府通过设计市场交易框架，对私人风险进行再分配，以达到均衡、化解风险的目标。但无论采取什么手段，政府都要通过财政收支的安排来实现。

风险是损失，也是机会。缺少风险管理不仅意味着风险会转化为危机，也意味着会错失发展机会，甚至不能保障即有的发展成果。风险管理本身是一种治理能力。对一个国家来说，国家治理的核心之是就是及时地识别各种风险，有效地管理各类风险，不断地创新风险管理机制，特别是应对那些极不确定性的重大风险。2003年的“非典”，就促进了中国应急管理体系的完善；2006年国务院发布了《国家突发公共事件总体应急预案》；2018年的党和国家机构改革中，专门成立了应急管理部，标志着风险管理成为中国公共管理的重要形式。风险管理，不是要求政府消除风险，而是与风险共舞，通过积极主动作为，分散、转移和转化风险，通过政策设计，平衡风险。

2. 从对立到合作

传统财政学以市场失灵理论作为起点，把政府与市场看作是一种非此即彼的关系。无论是从历史的角度看，还是从逻辑的角度看，这种以市场失灵为财政的起点的观点都难以成立。马克思、恩格斯的国家起源理论，卢梭的“契约论”，都没有得出由于出现“市场失灵”问题才需要国家、需要政府以及需要财政的结论。另一方面，政府财政行为准则与市场上私人企业的行为准则是完全不同的：前者以社会共同需要为主要目的，后者则以私人的经济利益为主要目标。作为现代公共财政学的理论源头，盎格鲁-撒克逊学派的根本缺陷是把政府和市场对立起来。这种把政府与市场对立起来的理论，其解释和指导现实的力度越来越薄弱，而对立的思维与国家治理的“协同”“合作”也存在不一致性。

一个国家的政府，如果是以终极的善治为目标，以国民的全面自由发展为目标，那么它最需要做的，就是为人们的自由选择创造条件，其实就是为了合作的自发形成创造条件。在一定条件下政府可以直接管理所有公共事务，但最终目的还是要使人们能够自主决定公共事务。所以一个负责任的政府应该把促进合作，或者把创造合作赖以发展的条件作为重大责任来加以践行。由此，我们可以对公共领域的合作进行一个概念化阐述。首先，合作是一种演化的、交换的、渐进的博弈方式，它与革命的、强制的、暴风骤雨式的社会秩序相对应。其次，合作秩序在手段上意味着承认、关注和尊重各个主体间的利益需求，用契约、承诺的方式来解决和防止问题。这对政府的“创造合作”的行为提出了要求，要求政府有意识地在制度层面加以设计。最后，合作秩序意味着在经济上使人们认识到，通过长期反复博弈，能够形成节约交易成本的思维习惯。总之，对于政府来说，合作是一种比传统社会控制更加科学、全面、合理的成本收益计算方式。长期的历史经验教训已经得出了比较稳定的结论：通过合作分工而不是通过人为建构、行政强制的手段来从事公共事务，界定公共责任，才更能够形成多赢局面。

政府与市场合作的目的是什么？很多人会从提高效率的视角来解释——通过合作，取长补短，提高资源配置效率。但提高效率不一定只有通过合作来实现，特定情况下，合作不一定带来效率的提高。如果从更深层次来考察政府与市场乃至人与人之间的合作，从分散风险的视角会更加贴近实际。当个体无法应对生产生活中所面对的风险时，就有必要结合起来共同抵御风险，这种人与人之间的合作在原始社会就出现了，原始部落就是人类以共同体的形式开展合作。国家是共同体的高级形式，它以汲取公共资源的形式满足公共需求，实际上是为全体国民抵御共同的公共风险。市场经济条件下，企业与企业之间的合作，也是基于共担、分散风险的目的，政府与市场之间的合作，也可以从分散风险的角度进行解释。企业在生产经营中面临着诸多不确定性与风险，通过遵守政府规制、响应政府政策、接受政府资助等形式，有助于化解这些不确定性与风险；政府在防范化解公共风险的过程中，也存在着很多不确定性与风险，如需求信息不明确、技术水平不达标等，这些对政府来说是不确定性与风险，对市场来说就是其优势。当前，世界各国公共债务高企，财政收支的可持续性成为影响各国经济运行的最大不确定性之一。要缓解财政收支矛盾，无非开源与节流两项措施。但无论是开源还是节流，都需要市场与社会的参与与合作。

3. 从社会福利最大到公共风险最小

社会福利最大化的目标追求，其实是为防范公共风险而设计的，社会保障制度的设计初衷就是防范私人风险及其向公共风险的转化，但过度的社会福利却又带来了新的风险。因此，社会福利是防范公共风险的手段，不宜把社会福利最大化当作经济社会发展的目标。作为手段的社会福利是与公共风险最小化目标一致的，而作为目标的社会福利最大化则忽视了公共风险的因素，最后形成了“防范风险的风险”和“应对危机的危机”。

要避免现代福利国家的危机，必须纠正社会福利最大化的国家治理目标，把社会福利当作国家治理的手段，把公共风险最小化当作国家治理的目标。[①]社会福利一旦提高，便成为刚性需求，正所谓“由贫入富易，由富入贫难”。对社会福利的依赖所造成的政府与人民的矛盾、财政收支的矛盾使得不能减少的社会福利与日益沉重的财政负担成为不可调和的矛盾。一是过度社会福利使社会生产成本上升，弱化了国家的经济竞争力。社会福利投入主要来源于税收，过度社会福利对应的是过度的税收，过度的税收提升了企业成本，会弱化整个国家的经济竞争力。二是社会福利政策往往难以考虑长期的人口结构变迁因素。社会福利政策一旦形成，只能上升不能下降，但人口结构却不是持续优化的。有些社会福利政策是在劳动力占比较大时出台的，当人口结构发生变化，劳动力占比迅速下降时，福利政策就变成了财政压力。三是社会福利会催生出新的福利需求。社会福利实际上是一种自我强化的机制，一种福利需求被满足会产生新的福利需求，基本生存的福利需求被满足反而会激发个体的冒险精神。四是社会福利体系中隐含着道德风险。如果仅靠社会福利就能谋得一定的生活水平，就会使一部分人丧失劳动的积极性，且这种生活水平越高，道德风险就越大。

公共风险最小化目标是兼容社会福利，又避免社会福利最大化目标缺陷的，更加符合国家治理现代化要求的目标。一定程度上，公共风险最小化与社会福利最大化不仅是兼容的，还是一个硬币的正反面，公共风险最小实际上就是社会福利最大，追求社会福利最大就要求把公共风险控制在最小程度。公共风险最小化所追求的社会福利最大化，是自然与社会资源所能承受的社会福利，而不是不加限制的社会福利，既有助于社会福利的实现，也能够避免过度追

① 刘尚希：“财政改革、财政治理与国家治理”，《理论视野》2014年第1期。

求社会福利带来的风险。另一方面，公共风险最小化目标下的社会福利，也要求最大程度地规避道德风险，避免追求社会福利带来的社会资源浪费。因此，如果说社会福利最大化强调公平，公共风险最小化则是追求公平与效率的统一。

（三）政府债务的宏观治理

政府债务不仅仅是一个经济问题，它的产生与扩张也蕴含了政府与公民的社会需求与政治稳定的诉求。由政府债务引发的经济不稳定，本质上也是经济体内部失衡所致，经济增长与社会发展的失衡、中央与地方政府目标与责任分配的失衡、公共需求与财政收入的失衡等都会导致公共债务的扩张。治理政府债务不能就事论事，局限在政府债务的范畴内解决问题；政府债务管理也不应是财政部门一个部门的责任，财政部门作为政府的一个组成部门，无法全面、有效地平衡各地区、各部门之间的需求。政府债务的治理，不仅要求我们在理念上认同财政是国家治理的基础与重要支柱，更要在实践中把财政的地位进一步拔高，使得财政能够在国家治理层面真正发挥其“权衡”功能。

1. 完善统计方法

风险管理的前提是识别风险，识别公共债务风险的前提是摸清公共债务的底数。目前，我国政府性债务的统计体系仍不健全。国家审计署及财政部公布的政府性债务统计结果，主要是纳入预算管理之内的政府债务，或者说是政府直接负有偿还责任的债务，而我们通常所说的或有、隐性债务未包括在内。近年来，一些国际机构在研究中国的政府性债务过程中，试图把或有、隐性债务纳入其中，但也存在口径重叠的问题，如有的国际组织在把2015年之后的地方政府融资平台债务纳入非金融企业负债的同时，也把其归入地方政府或有、隐性债务统计之中，造成了重复统计问题。完善我国的公共债务统计方法，关键在于或有、隐性债务的统计。可在优化预算内公共债务统计的同时，进一步拓展公共债务统计体系，研究国有企业的债务统计口径与方法。

2. 理顺风险责任分配

对于地方政府债务，地方政府由于风险责任主体不明确，实际上重视度并不是太高。而中央政府由于承担着“事实上”的兜底责任，对地方政府债务的风险相当关注。虽然相关政策文件中明确不兜底，“谁家的孩子谁抱走”，但尚缺少相应的机制，如美国的地方政府破产制度。发挥财政的宏观管理能力，意味着财政管理不能只关注“分钱”，也要关注分责任、分风险；“分钱”是手段，责任与风险的分配才是结果与目标。忽视地方政府举债的动机与需求，而就债务论债务，以债务指标及制度约束地方政府举债的行为，可能会导致地方举债行为更加隐蔽化或地方政府责任履行不到位的现象。通过制度优化设计，分散地方政府基于应对公共风险的支出责任，并从考核机制上引导地方政府量力而行，才可能触及地方债务问题的根本。应通过进一步理顺政府与市场的关系，把一部分政府负担的市场风险还给市场；通过推进PPP模式，分散地方政府在公共产品提供中的风险；通过社会治理的多中心化，分散地方政府在社会公共管理中的风险；通过部分事权的上收，分散地方政府在公共服务提供中的风险；通过地方政府自身的改革，分散来自政府内部的风险。减少了风险，才能减少为应对风险的支出压力，也就弱化了举债的动机与需求。

3. 强化财政政策与公共政策协同

财政收支的背后是政策，任何一项公共政策都涉及财政收支，任何一笔财政收支背景都有政策依据。如果忽视政策协调，只集中于收支管理，“钱”与“事”就会脱节，必然带来额外的不确定性与风险。财政部门既然管财政收支，就应当具备以财政收支协调公共政策的能力，否则，财政收支被分散、冲突的公共政策扯着走，政策失灵必然也会导致财政收支管理的失灵。为此，可成立财政政策管理机构，把分散于各部门的财政政策管理统一起来；必要时成立公共政策协调机构，以财政收支为线条，平衡和协调部门间的公共政策。

第十章　全球风险治理与大国财政

当今时代，全球风险社会形成并不断发展。受全球化与逆全球化的变化、大国行为和全球格局的变化，以及人类对全球环境和资源的破坏加速等因素的影响，全球公共风险加速变异。尤其是由工业时代的商品全球化向金融全球化、数字全球化转变，风险全球化出现新的特征，促使人类社会逐渐向命运共同体演化。风险共同体是利益共同体与命运共同体的基石，命运共同体实质上是风险共同体。构筑风险共同体是应对全球不确定和风险的必然选择，大国财政不仅是全球治理的基础和重要支柱，而且是推进风险共同体的重要支撑。

一、风险全球化

风险全球化是当代社会的一个特征。随着人类文明的进步和全球化的发展，区域性风险逐渐演化为全球性公共风险，进而出现风险全球化。当前，受一些因素的影响，风险全球化出现了一些新的特征，全球性公共风险加速变异，对人类的生产和生活带来的危害不断增大。

（一）全球公共风险的分类

根据风险产生的原因，可以将全球公共风险分为自然性全球公共风险与社会性全球公共风险。前者是由自然界引发的全球公共风险；后者则是由人与人关系以及人类社会活动引发的全球公共风险。

一般而言，人类社会的风险主要有自然风险与社会风险两大类。前者是由于自然因素、自然原因等给人类人身和生命安全带来的风险，如因疾病、地震、洪涝、干旱等自然原因造成的风险；后者是人类社会运行中由于人类自身行为所产生的风险，如战争、地区冲突、经济和社会危机等。同样，根据风险产生的原因，可以将全球公共风险分为自然性全球公共风险与社会性全球公共风险。前者是由自然界引发的；后者则是由人与人关系以及人类社会活动引发的，而这又与资本的全球运动密切相关。资本的全球化所带来的全球性公共风险的变化，是资本逻辑在全球化中的体现。人类社会不断发展，面临的自然性全球公共风险与社会性全球公共风险是不同的。受人类行为和市场经济的影响，自然性全球公共风险与社会性全球公共风险也在不断变化，尤其在全球化条件下，无论是内容还是形式，都必然会有很大的差异。

1.自然性全球公共风险及其变化。

在工业社会之前，自然性风险具有“单纯”性，即它主要是由自然因素引起的，与人类的行为关联不大，或者没有直接关联，如海啸、地震等一些大的自然灾害。随着人类认识自然与改造自然的能力不断增强，人类的行为对自然界的影响也越来越大，加重了自然界本身具有的风险。这虽然没有改变自然性风险的“单纯”性，但却在其上烙下了人类行为的痕迹，如土壤和空气污染、温室效应等问题，从而对人类自身造成伤害，形成风险。

随着全球化的发展，自然性区域公共风险逐渐演化为自然性全球公共风险。社会越是发展，全球化越是深入，人类社会的流动性就越强，自然性全球公共风险演变也就越复杂、危害性也越大，并且风险的转移和扩散也会大大加快。总体而言，货物、资本、人力资源以及其他各种生产要素等都在全球范围内加速流动，这加速了自然性全球公共风险的变化，更容易造成全球性大规模风险。

2.社会性全球公共风险及其变化

社会性全球公共风险，是指“社会领域”的全球公共风险。“社会领域”有广义和狭义之分。狭义的社会领域，是指与经济、政治等领域相对应的。而广义的社会领域，是政治、经济、文化和意识形态等诸多方面的总和。社会性公共风险，是以分工为前提和基础的。有分工必然要求有协作，如果协作不到位，就会产生社会性公共风险。社会领域的公共风险，集中地表现为分化与失序两种类型。

社会性公共风险，由区域性公共风险逐渐向全球性公共风险演化。演化的根本原因在于全球化的发展。随着资本主义的产生，资本在全球追逐利润，推动了全球化的发展。全球化的发展，又使风险跨区域，进而演化为社会性全球公共风险。随着全球化不同程度的发展，以及全球生产生活方式的演化，社会性全球公共风险也在不断变化。尤其是，当代国际经济生活凸现了生产全球化、市场全球化和金融全球化的基本特征，并织就了覆盖全球的经济密网，社会性全球公共风险呈现出了隐蔽性和传递性更强、成因更复杂、危害更大等特征。

（二）风险全球化的含义及其形成的原因

风险全球化是指一个国家的风险传递给另一个国家，使风险在全球范围演化。风险全球化是一个动态的、历史的概念。全球具有不确定性，但这一不确定性因时代的不同而不同。生产力的发展，尤其是进入工业社会之后，全球的不确定性问题变得更加突出。在工业社会之前，风险全球化更多是由自然性全球公共风险引起，而进入工业社会之后，风险全球化更多是由社会性全球公共风险引起，并有时叠加自然性全球公共风险。

进入工业社会之后，全球分工和全球化的发展则是风险全球化形成的直接原因。全球化进程开始于15—17世纪的地理大发现。欧洲人探寻财富之旅，促进了众多贸易路线的开发以及贸易和金融规则的建立，世界各国经济交流增加。随着西方工业革命爆发，西方成为世界工厂，世界市场重要性凸显，全球化进一步发展。由于我们生活在一个全球化的时代，世界各民族都是地球村中的一员，并且日益融合，联系愈加密切。现代社会公共风险和“全球化”有着密不可分的联系。随着人类用与技术发展相同的速度创造出无法测算的不确定性，我们就进入了“全球风险社会”。因而，人类社会进入风险社会，全球公共风险问题日益凸显。全球化和风险社会的叠加，使风险的性质发生了变化，世界进入到一个新的不确定性更大、传递更迅速、危害更大的风险社会之中。“20 世纪末以来爆发的灾难性事件，在空间、时间和社会层面上所带来的安全丧失感和危机感是长远的、根深蒂固的。一切边界及内与外的区分，在全球迅速扩展和相互影响的危险面前，都土崩瓦解了。原来建筑在民族观念上的安全与自信，已经让位于对灾难的无所不在性和不可控制性的恐惧。”[①]由于公共风险伴随着全球化进程，进而演化为风险全球化，加之商品、资本、人员、信息流动日益加速，世界联系更为密切，全球公共风险的不确定性、不可预测性和不可控制性也在不断加强，并衍生出诸多新的风险。随着信息技术的推广应用，尤其是人类社会逐渐进入数字化时代，跨越地域的互联世界进一步发展，人被符号化。数字时代中的虚拟世界正在成为一个全球公共风险的策源地。对于个人而言，在数字时代，单个人面对全球公共风险更是难以独善其身。

风险全球化与资本的全球运动密切相关。资本的全球化所带来的全球性公共风险的变化，是资本逻辑在全球化中的体现。随着资本主义的产生，资本在全球追逐利润，推动了全球化的发展。资本逻辑主导着当今世界市场经济，产业资本、商业资本、金融资本已成为市场经济演进过程中三大主要资本形态。全球化的发展，又使风险跨区域，进而演化为社会性全球公共风险。随着全球化不同程度的发展，以及全球生产生活方式的演化，社会性全球公共风险也在不断变化。

（三）风险全球化的变化

当今社会，风险全球化出现了新变化，全球性风险加速变异，主要原因在于：全球化与逆全球化的变化加剧了全球公共风险；大国行为和全球格局的变化带来的风险加速变异；人类对全球环境和资源的破坏加速，导致自然灾害、疾病等对全球风险的影响加大。

---

① 〔德〕乌尔里希·贝克：《风险社会》，何博闻译，译林出版社2004年版，第78页。

1. 全球化与逆全球化的变化加剧了全球风险

当今世界，风云变幻，“全球化”是人类发展不可阻挡的历史潮流，它不仅改变了人类生产、生活的方式，而且使全球格局发生深刻变化。全球化在促进人类社会发展的同时，也使全球风险不断加剧。回溯历史，以葡萄牙恩里克王子、哥伦布、达·伽马、麦哲伦等为代表的一批航海家开始新航路开辟和地理大发现后，世界各地逐步联为一个整体，这成为全球化的发端。全球化创造了西方现代文明，改变了人类生产生活方式。全球化促使传统的国际性分工演变为世界性分工，拓宽了贸易自由化的广度和深度，并给各国的经济、政治、社会以及文化等发展带来了深刻影响。

在全球化下，世界各国各种往来更为频繁，联系更为紧密，信赖度也日趋增强，“地球村”正在逐渐形成。全球化的纵深发展，既给各国带来了一些发展机遇，也增加了一些风险和危机，特别是对国内金融体系还不完善的发展中国家容易造成较大冲击。全球经济的不稳定因素增加，全球治理面临新的挑战。

2. 大国行为和全球格局的变化带来的全球公共风险加速变异

当前全球公共风险加速变异，一个重要原因就是大国之间的实力变化，全球格局重塑，对原有秩序的冲破，风险加速变化；一些大国向外转移风险，加剧了全球风险。

“全球化”使各国之间形成了既相互依存合作，同时又相互激烈竞争的格局。“你方唱罢我登场”，大国格局在不断发生变化。葡萄牙与西班牙抓住“15—17世纪的地理大发现”的机遇，发挥航海优势，率先获得发展与崛起的机会，可谓是全球化的第一波受益者。其后，荷兰、英国相继崛起，特别是英国经过“工业革命”的洗礼，一跃成为世界霸主，而且使西欧第一次确立了世界经济领跑者的地位。19世纪70年代之后，美、德、日三国抓住“二次科技革命”的机遇，先后崛起，成为世界经济强国。随着全球化的进一步发展，特别是两次世界大战，美国成为世界头号强国。从现状来看，以美国为代表的发达国家正在主导全球风险分配。美国等发达国家抓住先行完成工业化的契机，占据技术和产业链上端，对全球生产链条进行重组，将低端产业移至发展中国家，利用产业和技术优势，收割发展中国家利益，并把风险留给发展中国家，让其承担污染等发展成本。尤其是美国，在二战后形成的国际政治经济格局中占主导地位，牢牢掌控了全球风险分配和利益分配，凭借国际金融制度和体系、美元霸权，利用货币政策“一收一放”等措施和手段，收割全球利益。这不仅造成了全球利益分配失衡，更是给全球经济运行、发展中国家经济发展带来巨大的不确定性和风险。例如，自上世纪末以来全球出现的影响较大的两次金融危机——1997年亚洲金融危机和2008年全球金融危机就是这种状况的生动体现。

然而，中国和新兴国家的崛起，使全球政治经济格局不断发生深刻变化，并对美国等发达国家主导的全球治理体系形成了挑战。当今世界处于百年未有之大变局，正是由于这一变化引起。尤其是中国的崛起，迅速改变了全球政治经济权力格局。中国占全球GDP的比重由2000年的3.6%上升到2022年的18%，而美国占全球GDP的比重由2000年的30.9%下降到2022年的25%，中国成为世界经济发展的重要主导力量。

总之，随着全球化向纵深发展，世界各国的经济增长呈现两种不同的发展速度，导致了全球政治经济格局的重大变化：一方面，西方工业化国家经济增长步履维艰，一些国家甚至陷入经济衰退；另一方面，新兴经济体继续保持快速增长，在国际经济中的地位有所增强。全球政治经济格局发生重大变化，从而使各国的实力、影响力都随之而变化，全球格局又进入一个重塑时期。但这一重塑时期必然也是风险和不确定增加的时期。正如党的二十大报告所指出的，世界百年未有之大变局加速演进，新一轮科技革命和产业变革深入发展，国际力量对比深刻调整，我国发展面临新的战略机遇。同时，世纪疫情影响深远，逆全球化思潮抬头，单边主义、保护主义明显上升，世界经济复苏乏力，局部冲突和动荡频发，全球性问题加剧，世界进入新的动荡变革期。我国改革发展稳定面临不少深层次矛盾躲不开、绕不过，党的建设特别是党风廉政建设和反腐败斗争面临不少顽固性、多发性问题，来自外部的打压遏制随时可能升级。我国发展进入战略机遇和风险挑战并存、不确定难预料因素增多的时期，各种“黑天鹅”“灰犀牛”事件随时可能发生。

3. 人类对全球环境和资源的破坏加速，导致自然灾害、疾病等对全球公共风险的影响加大

随着科学和技术进步，我们认识大自然的能力得以很大提升，但同时我们也应看到，世界具有不确定性，大自然也存在诸多未知之谜，人类对大自然的认识与把握也许还只是停留在一些“确定性的特例”表象之上，对更具一般性的不确定性的认识还未真正起步，其中蕴含的巨大风险与破坏力，是人类的想象力所不能及的，即使是物理、化学这些严密的自然科学，有时也只能望洋兴叹。

自然界是人类及其社会赖以生存和发展的外部环境，“自然界是不依赖任何哲学而存在的；它是我们人类（本身就是自然界的产物）赖以生长的基础”[①]，人类及其社会存在和发展所必需的一切物

① 《马克思恩格斯选集》第4卷，人民出版社1972年版，第222页。

质和能量，最终都来源于自然界。随着科技进步和社会生产力的发展，人对自然的认识、改造的能力不断增加的同时，也破坏了人类赖以生存的基础，使人与自然的关系逐步走向失衡，二者发展不协调的问题日益凸显出来。正如恩格斯所说，“不要过分陶醉于我们对自然界的胜利。对于每一次这样的胜利，自然界都报复了我们”①。当然，人类也在努力协调人与自然的关系，矫正环境问题，如可持续发展理论的产生。1972年，罗马俱乐部发表了著名的研究报告《增长的极限》，批判了单纯强调经济增长的观点，指出了资源和生态环境问题的严重性，揭示了工业文明的不可持续性，主张同自然协调发展，明确提出“持续增长”和“合理的持久的均衡发展”的概念，以及“经济+自然=发展”的思想。1972年6月，联合国在瑞典的斯德哥尔摩召开了人类环境会议，提出了“只有一个地球”的口号，通过了《人类环境宣言》。20世纪80年代初，国际自然保护联盟在《世界自然资源保护大纲》中，首次使用了“可持续发展”的概念。1987年，联合国世界与环境发展委员会在发表的题为《我们共同的未来》的报告中，第一次明确提出可持续发展问题。

随着人类社会进入工业化后期和数字经济的到来，全球化进入一个新的阶段，人类认识和改造自然的能力也得到进一步提升，但在提升人类治理自然能力的同时，也产生了一些新的不确定性和风险。某种意义上说，在开拓更多新的活动领域的同时，人类在不断创造出新类型的风险，尤其是人类对全球环境和资源的破坏加速，导致自然灾害、疾病等对全球风险的影响加大。

① 《马克思恩格斯全集》第3卷，人民出版社1979年版，第517页。

二、人类风险共同体与全球风险治理

风险全球化，不仅给单个国家，而且给许多国家，甚至全球都带了不确定性，风险全球化使人类社会逐渐向风险共同体演化。从逻辑上而言，应对风险全球化，为世界注入确定性，单个国家的力量是有限的，需要构建风险共同体，世界各国采取一致有效行动。财政国际合作是全球风险治理的有效方式，也是构建风险共同体、为世界注入确定性的必然举措。

（一）人类命运共同体的实质是风险共同体

全球化时代，世界各国的命运共同体特征更为明显。这一特征突出表现为风险共同体。一国的风险更易演化为全球的风险。可以说，在风险全球化的背景下，命运共同体的另一面就是风险共同体。

1. 什么是风险共同体

风险共同体是指基于防范和化解全球公共风险而形成的人类共同体，它是人类命运共同体的另一面。全球风险的演化使世界各国因防范全球风险而更加紧密地连接在一起，要靠全球国家集体行动来共同应对公共风险，各国应相互合作、相互协调。可以说，风险全球化，使命运共同体演化成风险共同体。

全球化正进入新的阶段，在以利润最大化为目标的资本全球化之外，人的全球化有了更为强烈的体现，全球化呈现出更为多样、复杂的状况，这也导致了全球公共风险的复杂性、传递性和危害性，全球风险将人类的命运联系在一起。正如突如其来的新冠疫情冲击了全球公共卫生安全，风险在无形之中发生着巨大的变化。新冠疫情是对整个人类的挑战，在这一全球性挑战之中任何一国都无法独善其身，各国关系不能再局限于国家、地区之间的博弈，与病毒的对抗将人类凝聚到统一战线，只有携手共进才能战胜病毒。而对于突发公共卫生风险蔓延带来的世界经济衰退更需要各国协调配合，维护全球产业链、供应链稳定以提振世界经济。全球性挑战需要全球性协调，世界各国的联系进一步加强并呈现出“你中有我，我中有你”的利益联结体、命运共同体的特征。人类命运共同体理念是习近平总书记对“建设一个什么样的世界、如何建设这个世界”这一重大战略问题提出的深刻解决方案，是习近平新时代中国特色社会主义思想的重要组成部分。2013年3月，习近平总书记首次提出构建人类命运共同体的倡议。此后，习近平总书记多次强调构建人类命运共同体的战略意义，倡导“世界各国要回应时代呼唤，携手共克疫情，加强全球治理，朝着构建人类命运共同体方向不断迈进”。

2. 风险全球化使人类社会逐渐向风险共同体演化

在现代社会，公共风险发生着质的变化。现代公共风险呈现出各种各样的表现形式，如环境和自然风险、社会风险、经济风险、政治风险等，相互交织、相互联系，形成了网状结构，具有高度不确定性和不可预测性。这些风险网络以一种震荡波的形式影响着全人类、全社会。不管是穷人还是富人，也不管身处庙堂还是江湖，社会中每一个成员都无法幸免。公共风险一旦转化为实际的危机和灾难，它的涉及面和影响程度都将大大超过传统社会的灾难，有的风险甚至是毁灭性的。公共风险引发的危机和灾难，以及由此所产生的社会恐慌，将通过高度发达的现代信息技术迅速传播到全社会，并将引发更大的恐慌，造成社会动荡。随着现代科技的迅猛发展，国际分工逐渐细化，国际交往日益紧密，一国风险极易传导至全球其他国家，各国风险牵一发而动全身。推动构建人类命运共同体，也就需要构建风险共同体，这顺应了世界发展趋势和世界人民的普遍要求。

具体而言，风险全球化使人类社会逐渐向风险共同体演化，主要由于以下两个因素：

一是全球公共风险呈现出了结构性特征，不平衡性问题更加突出。随着经济社会的不断进步，全球风险已经由一种偶然现象变为一种社会常态。交通的快速发展，致使交通事故日益上升为人类的头号杀手；经济的快速成长，总是伴随着失业、破产等问题；农业种植技术的迅猛发展，使食物产量成倍增长，但带来了新的营养不良和食品安全问题。这些全球风险表现出的突出的结构性特征，绝不是依靠单一国家政策调节就能够达成合意目标的。此外，大国博弈、地区冲突，加剧了地缘政治风险和经济风险，出现了区域、行业、产业等分化现象，不平衡性问题更加突出。

二是全球公共风险广度和深度不断加大，蔓延速度不断加快，呈现出系统性特征。随全球化不断演化，全球公共风险呈现出突出的系统性特征，需要世界各国通盘协调，相互配合。纵观全球经济社会发展史，从规模特征、区域性特征到全球一体化特征，各经济体之间的联系更加紧密，这使得相关风险之间的联系也呈现出系统化特征。1997年东南亚金融危机、2007年美国次贷危机以及2020年以来在全球蔓延的新冠疫情都体现了风险传导牵一发而动全身的特征。全球风险传播的速度正在随信息技术和大数据时代的来临而不断提升。如果说第一次和第二次工业革命启动和推进了全球经济一体化进程，那么信息技术和大数据的兴起及广泛应用则将这一进程大大提速。此外，还有全球分工的日益细化，社会再生产过程中的产业链条越来越长，每一个环节面对的不确定性实际上都在增加，加之信息技术和大数据的兴起和应用，这些本就易在局部形成的风险随信息处理的加速而势必呈现更加快速、更加繁多、更易堆叠、更脆弱的特点。例如，某一环节的问题，可能将导致整个系统瘫痪，局部性风险演变为全局性风险的速度在加快。

总之，全球公共风险呈现出了结构性、系统性特征，风险全球化使联结为命运共同体的各国，变成了风险共担的风险共同体。

（二）有效的风险治理机制是应对全球不确定和风险的必然选择

构筑风险共同体，是为了采取集体行动，应对风险全球化。防范和化解全球公共风险的全球治理需要全世界各个国家共同参与。全球公共风险威胁整个人类的安全，公共风险的防范和化解突破了单一国家所能控制的界限和范围。面对国际事务与国内事务、内部风险与全球风险相互交错和难以区分的现实，必须跨越有形的国界，借助国际社会共同的力量，提高人类对全球化过程中不确定性的认知能力（知识）、集体行动的能力以及制度的有效性，构筑风险共同体，形成全球治理有效的制度安排。

人类社会进入风险社会，不确定性因素剧增。全球化过程中的不确定性是全球公共风险的根源。不确定性本身并不一定带来公共风险，只有当公共风险理性缺失，或者公共风险理性并不足以预见或应对不确定性时，才会产生公共风险。公共风险理性的缺失反映的是自身的脆弱性，表现为应对不确定性的知识缺乏和制度缺陷。

全球化一方面使得不确定性增加，另一方面又使得知识缺乏和制度缺陷更加突显，公共风险理性水平下降。在这种背景下，全球公共风险水平就会大大提升。

从金融危机到各种疫情，从全球气候变化到地震、海啸，无论是在自然灾害面前，还是面对社会突发的各种“黑天鹅”事件，即便是依靠现代技术构筑的各种网络，人类都显得十分脆弱。人们常说的全球化是一把双刃剑，实际上就是指人们在享受全球化带来的各种便利以及各种廉价商品的同时，还要忍受全球公共风险带来的挑战与问题。后者也成为有些国家和人群反对全球化的主要原因。

在经济全球化过程中，各国经济的相互依赖性空前加强。不少国家的对外贸易依存度已超过30%，个别国家甚至达到了50%—60%。在这种情况下，金融和经济的危机在国际上传播便成为家常便饭。任何一个国家的内部失衡都会反映为外部失衡，进而很快影响到与其具有紧密贸易和投资关系的国家，最后极有可能将所有国家都不同程度地引入失衡与危机的境地。当这些失衡与危机超出现行的知识和制度所能应对的范畴，全球公共风险就会爆发。

建立有效的全球风险治理机制，不仅是构筑风险共同体的主要目标，而且是应对全球不确定性和风险的必然选择。风险全球化，使人类共同生存与发展具有巨大的不确定性，人类的命运前途孕育着巨大的潜在风险。当前，经济安全、生态环境、生命安全等全球性问题挑战频出，且不受国家与民族制约，威胁着全人类共同利益。人类相互依存和风险共担的特征，决定了地球上每一个国家和民族都应担负起全球风险的治理责任，成为风险治理的主体，共同参与、相互合作，实行有效的治理机制。同时，风险全球化中全球风险形成机理复杂、传播速度快、危害范围广和程度深等性质，也决定了单凭某个国家或民族，或者某一项措施，难以防范全球公共风险，须采取共同行动，相互协调，形成治理合力。

目前来看，全球霸权的存在是影响形成有效的全球风险治理机制的主要因素。目前全球治理体系很不完善，个别大国以全球霸权替代全球治理，这种模式无法应对全球风险。冷战结束后，美国是目前世界上唯一的超级大国，奉行单边主义的战略，给全球治理体系造成了严重而直接的损害。全球的大部分国际组织在很大程度上受美国为首的西方发达国家所左右，但这些西方发达国家奉行的并非同舟共济的思路，而是推行全球霸权主义。美国等西方发达国家通过操纵全球制度、规制和机制，体现自身的国家意图和价值。西方发达国家推行的全球霸权主义，不但无法有效防范和化解全球公共风险，反而加剧了全球公共风险。因此，西方发达国家放弃全球霸权主义，与发展中国家一道在全球治理的理念下形成风险共同体，建立有效的全球风险治理机制，才能应对各种不确定性及防范和化解全球风险。越来越多的人意识到，在日益增多和复杂的全球风险面前，必须致力于推动全球治理变革，建立全球共同参与的全球治理体系，在全球风险共担、利益共享的基础上，最终达到全球风险共治的最高境界。

（三）财政国际合作是全球风险治理的有效方式

财政国际合作源于风险全球化，应对全球风险挑战需要全球各国共同合作、加强政策协调。作为全球治理体系和全球化过程中的制度安排，财政国际合作是有效的全球风险治理机制的主要组成部分，在防范化解全球公共风险中具有特殊地位和作用。

加强财政国际合作，可以有效地识别全球公共风险。风险识别，是有效防范化解风险的前提和基础。对于国际社会来说，全球公共治理的重要任务乃是通过建立和完善多渠道、多层次的国际协调与合作机制，有效预防、减少、治理全球风险，共同应对那些由单个国家无法应对的、极具不确定性的重大风险。为此，首先需要及时识别各种风险。加强财政国际合作，推行财经信息共享和情报交换，消除信息障碍，便于及时发现可能的风险点，研判全球公共风险点和可能的演化路径及影响，做到防患于未然，降低不确定性，增强防范的前瞻性，从而有效地规避或防范全球风险。

加强财政国际合作，可以协调各国宏观政策，有利于采取有效的集体行动，提升防控全球风险的能力。全球公共风险的复杂化和传递性增强，应对全球公共风险，依赖于世界各国的集体行动。在风险识别的基础上，加强财政国际合作，通过各国政策协调，形成全球风险治理的集体责任，建立联动机制，增强应对各种风险的能力。2009年12月希腊主权债务危机爆发以后，问题不仅迟迟没有得到解决，危机还传染至更多国家。究其原因，就在于欧元区国家之间缺乏有效的经济与货币政策的统一协调。因此，面对日益复杂的全球风险，需要在各国或地区充分交流的基础上，传播公共风险防范与治理的理念，广泛推介管控公共风险的经验，协商制定推进全球风险防范与合作的规划和措施，构建公平、高效的筹资机制，动员必要的财力治理全球风险，增强协同抵御风险的能力。

加强财政国际合作，有利于协调、平衡国家利益与全球利益的关系，消除引发全球公共风险的深层因素。全球公共风险的演化，意味着世界各国不仅要维护本国利益，还要担负起防范全球风险的责任与义务，维护和推进全球共同利益。同时，我们也应看到，如果协调不好国家利益与全球利益的关系，就可能引发新的全球公共风险。例如，2008年全球金融危机的爆发，一个重要的原因就在于美国转嫁次贷危机，将风险转移给了其他国家。协调、平衡国家利益与全球利益的关系，不仅要克服狭隘的“国家主义”，也要克服泛化的“全球主义”。狭隘的“国家主义”，在国际政治经济交往中一般只考虑本国利益，而不考虑全球利益，要求全球利益服从本国利益，甚至质疑全球利益是否存在。这种狭隘的“国家主义”一切以本国利益为国际政治经济活动的出发点和最终归宿，而不顾其他国家的利益，在具体的行动中表现为“单边主义”，有时为了本国利益，将风险和成本转嫁给其他国家。而泛化的“全球主义”，则只考虑全球利益，要求本国利益服从全球利益，其中一种极端的观点认为应该让渡国家主权，甚至认为应该取消国家和政府，成立全球政府。加强财政国际合作，需要摒弃这两种极端理念，坚持“共享、共治”理念，协调、平衡国家利益与全球利益的关系，在税收、金融、投资、产能、结构调整、应对气候变化和低碳发展等领域或项目进行深入协调与合作，实现利益共享、风险共担，消除引发全球公共风险的深层因素。

随着经济实力和全球地位的上升，我国参与财政国际协调与合作也发生了重大变化，进入了快速发展的时期，协调与合作的方式趋向多元化，内容大为丰富。尤其是自党的十八大以来，我国统筹国内与国际，深化国际财政领域务实合作，服务中国特色大国外交，不断开拓合作共赢新局面。例如，利用好二十国集团、金砖国家、“1+6”圆桌对话会、APEC、“10+3”财金合作等重要平台，加强多双边财经对话，在宏观政策协调、贸易与投资、国际税收等领域合作取得积极进展；倡议设立亚洲基础设施投资银行，推动成立新开发银行，主导倡建中亚区域经济合作学院，统筹多边开发融资合作中心，深化与世界银行、亚洲开发银行、国际农业发展基金等传统多边机构全方位合作，稳步推进传统机构治理改革，促进人类命运共同体实践走深走实。

【专栏】成立亚洲基础设施投资银行

进入新世纪以来，全球化纵深发展，各国发展不平衡问题更加突出，一些国家铁路、公路、桥梁、港口、机场和通信等基础建设严重不足，这不仅给其发展造成了严重的障碍，也加大了世界的不确定性。为了构筑有效的多边合作机制，更好地发挥新兴国家在世界经济和全球金融治理中的作用，促进亚洲经济持续稳定发展，中国提议成立亚洲基础设施投资银行。

2014年10月24日，包括中国、印度、新加坡等在内21个首批意向创始成员国的财长和授权代表在北京正式签署《筹建亚投行备忘录》，共同决定成立亚洲基础设施投资银行，标志着这一中国倡议设立的亚洲区域新多边开发机构的筹建工作将进入新阶段。2015年12月25日，亚洲基础设施投资银行正式成立。2016年1月16日至18日，亚投行开业仪式暨理事会和董事会成立大会在北京举行。

亚洲基础设施投资银行（Asian Infrastructure Investment Bank，简称亚投行，AIIB）是一个政府间性质的亚洲区域多边开发机构。重点支持基础设施建设，成立宗旨是促进亚洲区域的建设互联互通化和经济一体化的进程，并且加强中国及其他亚洲国家和地区的合作，是首个由中国倡议设立的多边金融机构，总部设在北京，法定资本1000亿美元。截止到2021年10月，亚投行有104个成员国。

在风险全球化背景下，亚投行的成立，在国际经济治理体系改革进程中具有里程碑意义，不仅可以促进区域合作和伙伴关系，推动亚洲经济体持续增长及经济和社会发展，而且有助于提升亚洲应对未来金融危机和其他突发事件的能力，防范全球公共风险。

当今世界，全球政治经济形势发生深刻变化，世界经济再次来到十字路口。保护主义、单边主义持续蔓延，贸易和投资争端加剧，全球产业格局和金融稳定受到冲击，世界经济运行风险和不确定性显著上升，世界各国加强国际财经协调与合作显得更为迫切和重要。为此，推动人类命运共同体，对优化国际财经协调与合作机制提出了新的挑战和要求。

三、全球风险治理中的大国财政

大国财政是全球治理的基础和重要支柱，主导全球风险分配和全球利益分配。同时，大国财政承担化解风险的制度成本，并且通过提升国际财经协调与合作，推进风险共同体。在全球风险异化和不确定性加大的情况下，需要加快大国财政建设，提升全球治理水平。

（一）大国财政与全球治理

何为大国财政？当前，一种经典的解释是："大国财政是建立在大国实力基础上的，通过参与全球资源配置，承担全球风险治理责任，实现全球利益分配，进而化解全球公共风险，引领人类文明进程。财政的本质是以国家为主体的分配关系，大国财政的本质是大国为主体的全球利益分配关系。……大国财政的职能相应是全球资源配置、全球利益分配、承担全球风险治理责任和化解全球公共风险，这四个方面既是大国财政的核心内涵，也是大国财政的基本定位。”[①]

就字面语义而言，大国财政包含“大国”和“财政”两方面内涵。“大国”不仅体现在国土面积、人口、经济等因素上，而且体现在国际经济政治秩序建构和国际交往中的影响力和主导力上。大国的实力、大国的制度、大国自身的治理能力是全球治理的重要基础。因此，大国一旦出现问题，全球治理也必然出现问题，甚至在全球会出现灾难性的后果。例如，美国作为一个大国，其次贷危机于2008年引发全球金融危机，严重影响到了全球经济的发展。“财政”是国家治理的基础和重要支柱，防范化解公共风险是其基本职能。在一个国家之内，社会的制度结构是一个系统，由多种制度组合而成。不同的制度在这个系统中对公共风险的防范具有不同的作用。各种制度从不同的侧面来应对不确定性和防范公共风险，起着保护社会稳定和发展的作用。财政作为化解公共风险的一种手段，在整个制度结构中具有更为特殊的地位，即财政承担制度成本和最终风险。

从根本上而言，国家治理的目的就是要降低国家的公共风险，全球治理就是要降低全球风险，为全球发展注入确定性。从整体上而言，大国财政是应对全球公共风险的财政，主导全球公共风险分配，支撑起防范化解全球公共风险的共同责任和治理成本，因而大国财政是全球治理的基础和重要支柱。具体而言，主要表现为以下

① 刘尚希等:《大国财政》，人民出版社2016年版，第31页。

两个方面：

1. 大国财政主导全球风险分配，利益、资源分配最终体现的是风险分配

利益和风险之间存在着辩证关系：一方面，利益与风险其实是一枚硬币的两面，而并非割裂的，只不过前者侧重于现在，后者主要是面向未来。利益分配的背面就是风险的分配，在全球范围内，谁在利益分配中占有更多优势，则势必拥有更强的风险承载能力；另一方面，利益分配的极度不公势必将导致世界范围内穷国数量的增多和程度的加深，而穷国所引发的风险必不可能仅仅停留在本国范围内，这些各个方面的潜在风险将随全球化不断蔓延。比如，埃博拉病毒可能来源于非洲一些极度落后的国家，但它却已然成为一个全球范围内需要共同防范的风险之一。当然，利益分配的不合理也会导致风险的发生。比如，植根于全球两极分化的极端恐怖主义，其所造成的风险显然具有全球性，并且其目标多集中于发达国家，或者说，是在全球利益分配中颇具优势的经济体。

在全球化纵深发展的情况下，全球日益表现为一个整体，全球公共风险的传递性和复杂性增强，对全球的影响程度也加深，呈现出“牵一发而动全身”的多面特征。一国的公共风险，特别是大国的公共风险，很容易扩散到其他国家，引发全球性的公共风险。大国财政之所以主导全球风险分配，主要在于以下四个方面原因：其一，大国财政是大国实力的重要体现，为大国活动提供支撑和保障，增强其在资源配置规则制定以及资源价格决定中的话语权。大国财政能够通过话语权为经济体在资源分配中争取更多份额。其二，大国财政以其税收、财政支出等政策设计和相关制度，直接影响全球资源配置。其三，大国财政还可以通过对本国企业的支持，提高其在全球资源配置中的地位和能力，提升资源配置的效率。其四，大国财政之间的财经合作与协商，促进资源在全球流动，提升配置效率和公平性。总之，大国财政通过主导全球资源和全球利益分配，实现了主导全球风险分配。

大国财政主导全球风险分配是一个不可改变的态势，其关系到风险全球化的变化趋势以及全球公共风险的变化，关键问题是由谁来主导，遵循什么原则。主导全球风险分配，需要平衡本国公共风险与全球公共风险。只考虑本国，很可能扩大全球公共风险，最终危及自身。应对风险全球化，需要改变由发达国家制定的全球治理体系和规则，建立更为公平的全球治理规则。

2.大国财政政策产生外溢性，具有回波效应

作为各国经济发展的一个外部变量，全球经济影响着各国经济的发展。每当全球经济这个外部变量发生变化的时候，就会相应传导到相关国家。大国与小国的一个很重要的不同就在于两者与全球经济之间关系不同。小国与全球呈现单向关系，一般是被动地接受全球经济变化的影响，而对全球经济的影响则相对较小。可以说，全球经济感冒了，小国就会打喷嚏。但大国与之不同，由于大国的经济体量较大，大国与全球呈现双向关系，即不仅受全球经济的影响，而且自身的经济状况和政策也对全球经济产生较大的影响，产生外溢性，尤其是这种影响将形成回波效应，进而又将影响传递到国内。

外溢性和回波效应是大国财政的典型特征。从外溢性来看，一国的活动可通过国际市场以及其他渠道影响到全球其他国家。大国财政政策，会使得该国财政政策成本外溢或转移到其他国家，这将影响到其他国家的经济发展和福利状况，产生不公平问题。从回波效应来看，大国财政政策对全球和其他国家的影响，又会传递到国内，进而对大国自身产生影响。一个国家经济体量越大，其回波效应越大。如果一个大国采取以邻为壑的政策，最终会通过回波效应损害本国的利益。

在风险全球化的背景下，大国财政的政策外溢性和回波效应，使全球经济关系日益复杂，给全球发展带来不确定性，加大了全球公共风险。为此，需要加强国际财政合作与协调，防止以邻为壑的政策和减少政策的负外部性，提升应对全球公共风险的能力。

（二）大国财政是构建人类风险共同体的重要支撑

大国财政不仅为防范化解全球公共风险提供物质和制度基础，承担化解风险的全球治理成本，而且支撑全球共同责任和共同行动，提升国际财经协调与合作，推进风险共同体，为全球的稳定与发展注入确定性。

1. 大国财政承担化解风险的全球治理制度成本

在全球化背景下，人类社会的制度结构是一个系统，全球治理体系和制度由多种组织、多种制度组合而成。比如目前的联合国、世界银行、国际货币基金组织、世界贸易组织、亚太经合组织、G20 等等。不同的制度在全球化体系中从不同侧面应对全球各种不确定性，对全球化过程中的公共风险有不同的防范作用。大国财政作为全球治理体系和全球化过程中的制度安排，同样具有特殊地位和作用。大国财政要承担全球治理体系中的各种制度成本。全球治理体系中的各种组织体系和制度实施，都需要相应的运行成本。同时，大国财政在整个制度结构中处于边际位置，是防范全球公共风险的最后一道防线，承担最后兜底责任。例如，应对气候变化的挑战，需要一个促进大规模减排的国际合作机制。否则，减排的公平性、效果和效率都会大打折扣，也会大大增加全球减排成本。虽然一些市场机制可以起到全球节能减排的作用，但需要财政发挥引导作用，作为激励手段，特别是由发达国家向发展中国家提供资金和技术支持，来推动发展中国家的节能减排。

2. 大国财政支撑全球共同责任和共同行动，推进风险共同体

防范风险全球化，需要各国加强合作，承担起共同责任，并采取共同行动。承担共同责任、采取共同行动的一个主要目的，就是承担起全球公共事务，或者说提供全球公共产品。全球公共事务（或公共产品）主要分为两类：一是基本公共事务，具体包括和平与安全、冲突、生态环境、金融稳定、额外财政支持、经济稳定、防止全球经济衰退、创造可持续发展的环境、传染性疾病防控、基础教育与消除贫困等。二是扩展性公共事务，具体包括国际交通运输系统规范与标准、尊重人权与国家主权、多边贸易协定、语言的融合、生活方式及其他社会标准规则的协调等。

是否以及如何承担全球公共事务的责任决定了风险共同体的构建状况。承担全球公共事务，提供全球公共产品，需要相应的财力支持。在国际合作中，各国需要为全球公共事务承担费用。作为国际合作重要平台，国际组织的资金往往来源于会费和成员国的自愿捐款。例如，联合国会费的缴纳是用一个国家的国民生产总值除以联合国所有成员国国民生产总值之和，得出的比例就是这个国家应缴纳的会费。虽然一般是依据各国经济实力承担费用或会费，但大国实际承担费用的份额远高于其按经济实力所承担的份额。

3. 大国财政促进全球资源配置公平与效率融合，提升国际财经协调与合作水平

加强全球合作，推进风险共同体，需要以公平为基本前提，尤其是要在全球资源配置中坚持公平原则，也就是建立公平公正的全球资源配置规则，同时保证在资源的分配和责任的承担上都要做到公正、平等，是形式公平与实质公平的统一。从人类的共同利益角度来看，不公平的资源配置，不仅带来资源配置扭曲问题，使全球经济失衡，也有损于人类的共同利益，从而必然降低资源配置效率。

经济全球化带来了人口全球流动、资本全球化、交易全球化，也带来了税基全球化，随之而来的还有全球效率与公平的一系列问题。从现实来看，现阶段大国财政主导下的利益分配与协调并未实现“一碗水端平”。在本国利益与全球利益存在冲突的前提下，作为全球经济主导力量大国财政在全球利益分配中的立场，直接决定着全球利益分配的结果。全球化，促进了资本、技术、人员等生产要素在全球范围内的流动和配置，把全球经济的“蛋糕”做大，从而增加了世界各国的收益。但是，也带来了全球利益分配不均的问题，利益明显向以美国为主导的发达国家倾斜：其利用技术、产业、资本方面的优势，在全球利益分配中保持主导地位，在一定程度呈现强者愈强的特征。因此，全球化在优化资源配置的同时也造成了利益分配不均衡。

在全球化纵深发展以及风险全球化的情况下，加强国际财经协调与合作，推动全球经济健康发展，显得日益重要和紧迫。一国在国际财经协调与合作中的地位，反映了该国的实力，是该国影响力的具体体现。大国财政有助于提升国际财经协调与合作，应对全球公共风险，推进风险共同体。

全球化的广度和深度在不断拓展，决定了国际财经协调与合作的范围和深度也应随之不断拓展。世界各国在国际财经协调与合作中的主要议题由对外贸易和投资等领域向其他国家的国内财税政策、货币政策、产业政策等经济政策领域拓展。推进风险共同体，需要在双边和多边财税领域的合作方面，发挥大国财政的作用。例如，加强税收信息交换、应对税基侵蚀和利润转移行动计划以及其他国际税收征管方面的协调与合作，共同应对和打击跨境逃避税；加强财政政策、货币政策、债务杠杆调整机制等方面的协调与合作，防范国际金融风险，促进全球经济发展；加强在投资、产能、环境等方面的协调与合作。

（三）构建应对风险全球化的大国财政

大国财政，是全球治理的基础和重要支柱，承担着防范化解全球公共风险的物质成本和制度成本。应对风险全球化，需要加快大国财政建设，发挥大国财政的重要作用。

1. 健全现代财政制度，构建防范全球公共风险的制度基础

大国财政的本质特征是财权完整、体系完备、功能完善的大财政。财权完整统一是大国财政的首要特征。大国由于人口、领域、经济等规模十分庞大，需要强有力的中央集权予以统辖，而完整统一的财权是中央集权的基本手段。从美国来看，尽管是名义上的联邦制，而从其联邦财政收支占比、债务占比、联邦公务员占比，以及事权配置状况来看，美国是一个不折不扣的中央集权制国家。从美国财政部的职责范围来看，美国财政部完整掌控财权，有力支撑了联邦政府的集权。美国财政部的主要职责不仅包括制定和拟定国内、国际金融、经济和税收政策、参与制定广泛的财政政策、管理国家债务，还管辖着海关总署，酒精、烟草和火器局，掌控美国特勤局。美国财政部长是美国总统政策顾问，是美国政府的金融代理人，在内阁官员中位居榜眼，并兼任国际货币基金组织、世界银行、美洲开发银行、亚洲开发银行的美方首脑。因此，大财政是大国财政的本色，大国离不开实至名实归的财权统一。

大国财政的职能要求财权统一。由于大国财政应对的局面极其复杂，面对的矛盾极其尖锐，履行是的使命极其艰巨，因此大国财政天然就是统一财政。尤其对于我们国家而言，应对中等收入陷阱、发展转型、未富先老等国内复杂局面，以及边界纠纷、霸权围堵、环境污染、气候变化、恐怖活动、贸易纠纷等国际复杂局面，需要强大财政支持。大国因其之大，相应存在严重的地区差距、贫富的两极分化、复杂的民族矛盾和央地关系等问题。化解、消除这些矛盾和问题，重要和基本的手段就是通过财政实现利益关系的调整，因为这些矛盾的产生很大程度上也是利益矛盾。更为重要的是，大国要担负起历史赋予的发展经济、缩小差距、工业化、城镇化、巩固边防乃至和平崛起的庄严使命，更离不开的强大的财力支撑。

健全现代财政制度，在统一预算权的基础上，优化预算权责配置，增强行政与预算职权的统筹协调，强化财政部门的预算管理主导权，完善权责内洽机制，提升政府治理能力。同时，立足“建立权责清晰、财力协调、区域均衡的中央和地方财政关系”的要求，必须从适度增强中央财政事权、赋予地方更大自主权以及进一步明确共同事权中的央地责任三个方面，着手进行财政事权改革，方能以促进央地权责相匹配为基础，打破影响两个积极性发挥的体制机制障碍。

2.加快全球治理体系改革，促进全球公共风险分配更加公平

公平合理的全球治理体系，可以使全球公共风险分配更加公平，增加全球发展的确定性。然而，现有全球治理体系中存在的诸多问题，使全球公共风险分配处于失衡状况，这不仅增加了全球发展的不确定性，而且有可能诱发新的全球公共风险。

推动全球治理体系改革，必须坚持“共享、共治”的理念，要求各个国家从长远的利益出发，将本国的价值和利益融入全球整体的价值和利益之中，在致力于本国利益实现的同时还要兼顾全球利益。例如，一个国家在危机面前，首先想到和采取的措施应该是全力应对，加强国际合作，而不是转嫁给他国。改革全球治理体系，需要充分考虑发展中国家的利益，关注其发展诉求，提升其话语权。

对于大国而言，承担国际责任，需坚持权利与责任对等原则。我国既要担负起大国责任，又要符合中国的实力和现实，避免承担一些不对等的责任，从而损害本国利益。我国所承担的责任，应是“共同但有区别的责任”。例如，在节能减排上，我国不能一味迎合西方的要求，仍需立足于发展中国家的身份，坚持“共同但有区别的责任”原则。“共同但有区别的责任”原则，早在1972年第一次世界环保大会——斯德哥尔摩会议上就已萌芽，1992年联合国环境与发展大会里约会议将其确定为国际环境法的一项重要原则，以应对气候变化这一突出的全球性环境问题。“共同但有区别的责任”原则，是按照矫正正义（rectificatory justice）的原则对部分成员给予制度化的照顾。一方面，强调每个成员不论大小、强弱都应该承担力所能及的责任，另一方面，由于每个成员的能力、实力和面临的状况有所不同，可采取一定的差异化原则。对于我国而言，不仅在环保领域，而且在国际税收、国际金融、投资、能源等合作方面，都应按照“共同但有区别的责任”原则，做出力所能及的贡献和责任。

与此同时，我国应积极参与国际规则制定。既要不断增加承担的责任份额，也要不断提升自己相应的权利份额。长期以来，我国深受“权利和义务的不匹配”之苦。为此，需要提升与我国贡献和实力相符的权利份额，既可彰显我国作为负责任大国的正能量，又可维护本国利益。

3. 优化财政政策，平衡国家利益与全球利益

优化大国的财政政策，不仅是基于国内状况，而是面向国外，依据国际形势的发展及时加以调整。当前，我国财政在全球分配方面的能力还比较弱，无法实现协调、平衡国家利益与全球利益的任务，为此，需要重点抓好四个方面：

一是做好总需求管理，平衡内外，相机抉择。美国及发达国家的宏观政策走向，不仅对全球经济产生重要影响，而且事关我国的经济发展和切身利益。为有效应对外部冲击，需要密切关注全球宏观政策变化，并采取有针对性的对策措施。宏观政策不要急转弯，应依据全球经济变化，尤其是依据美国的状况进行调整。如果整体外部需求出现下滑，我国经济出现收缩迹象，则要果断扩大总需求。而扩大总需求，要以基础设施建设作为主要抓手。在保持房地产适度投资的前提下，通过基础设施建设发力，调节总需求。

二是提高中国维护税收权益的能力。在加快税制改革的基础上，推进国际税收信息交换，应对税基侵蚀和利润转移，加强国际税收征管合作，提高中国维护税收权益的能力。同时，动态调整出口退税政策，避免成为其他国家成本转嫁的被动承担者。出口退税政策，会对国外消费、使用我国产品产生补贴效应，并影响其通货膨胀状况。在我国环保压力大、一些铁矿石等资源紧缺的情况下，应结合我国的减排任务和目标，在外部产业链未完全恢复、我国产业链相对强势的情况下，阶段性调整出口退税政策，取消诸如钢铁等“高耗能、高污染、资源进口依赖型”产品的出口退税。这样，一来可以促进产业升级，减少环境污染，二来可以对一些国家形成通胀压力，避免其宏观政策成本转嫁给我国。

三是完善外汇、投资、国际储备等制度和政策，维护我国的权益。首先，改变投资结构和方向，围绕中国主导的“一带一路”“亚投行”等战略，将外汇储备资产投资于相关国家，从而改变储备资产流向发达经济体债券的局面。其次，推进人民币国际化和跨境交易人民币结算的进程，以及推动新兴经济体集团内的主权货币结算制度，允许国家间货币作为结算和投资货币，允许对方货币在境内结汇为本币，形成新的金融货币循环。此外，还应积极推进亚洲债券市场发展。最后，动态稳定汇率，打爆“空头”和“多头”。稳住汇率，不仅是为经济增长提供稳定的环境和条件的需要，而且是防止被国外资本收割利益的迫切需要。为此，要动态稳定汇率，密切关注国际资本动向，强化监控机制和资本流动管理，完善应急机制，避免资本项下短期外汇资金大进大出。

四是形成统一的政策体系，增强在全球利益分配中的主动性。要对我国财政的外溢性进行深入研究和分析，既可以让世界各国充分认识我国发展给各国带来的利益，消除对中国的误解和偏见，又可以争取更多的主动权，提升应对能力。同时，形成统一的政策体系，使政策之间相互衔接和配合，特别是加强财政政策、货币政策和贸易政策之间的协调与配合，提升政策的整体效力，产生应有的影响力。

4. 优化国际财经协调与合作机制，增强全球风险的识别和应对能力

站在全球的角度，承担大国责任，构建全球风险应对机制。在当前“一荣俱荣、一损俱损”的全球风险效应下，单靠某个国家很难防范和化解全球风险，需要各国加强协作，特别是大国更应承担起应有的责任，全面、系统、动态地防御全球风险。大国财政在构建全球风险应对机制中，需要承担以下具体责任：一是推行财经信息共享和情报交换，消除信息障碍，便于及时发现可能的风险点，降低不确定性，增强防范的前瞻性。二是建立国际风险论坛和建立风险预警机制，定期讨论全球风险点和可能的演化路径及影响，并探讨建立风险预警机制。三是加强宏观政策的协调，建立联动机制。积极参与探讨财政政策和金融政策的国际协调方式，通过各国政策协调，形成全球风险治理的集体责任，增强应对各种风险的能力。四是建立区域风险防范与合作机制。区域风险，在区域各国或地区的传递性和影响性更大。在对全球风险监控的基础上，应高度重视防范区域风险，在各国或地区充分交流的基础上，协商制定推进区域风险防范与合作的规划和措施，增强协同抵御风险能力。

近些年来，我国优化国际财经协调与合作机制，在深化对外财经交流合作方面取得重大成就。今后，我国应更加积极地参与全球经济治理，推动多双边财经对话机制，促进全球宏观经济政策协调，提升我国在全球经济治理中的话语权和影响力。

参考文献

《马克思恩格斯全集》第3卷，人民出版社1979年版。

《马克思恩格斯选集》第4卷，人民出版社1972年版。

《毛泽东选集》第三卷，人民出版社1991年版。

《毛泽东文集》第六卷，人民出版社1999年版。

《习近平关于防范风险挑战、应对突发事件论述摘编》，中央文献出版社2020年版，第208页。

习近平："扎实推进共同富裕"，《求是》2021年第20期，第4—8页。

〔法〕埃米尔·涂尔干：《社会分工论》，渠敬东译，生活·读书·新知三联书店2000年版。

彼得·豪尔、罗斯玛丽·泰勒："政治科学与三个新制度主义"，《经济社会体制比较》2003年第5期。

〔美〕布坎南、瓦格纳：《赤字中的民主》，刘廷安译，北京经济学院出版社1988年版。

〔美〕查尔斯·沃尔夫：《市场或政府》，中国发展出版社1994年版。

陈共：《财政学（第九版）》，中国人民大学出版社2017年版，第259页。

陈龙："国家治理"3+1"架构下的财政能力集——基于公共风险视角的分析"，《财政研究》2020年第11期。

程瑜：《政府预算契约论——一种委托代理理论的研究视角》，经济科学出版社2008年版。

程瑜："公共风险的财政行为分析——一个行为主义视角的分析框架"，《财政研究》2020年第11期。

程瑜、张琦："地方财政可持续性的内涵认知及策略优化基于风险对冲的视角"，《地方财政研究》2021年第5期。

〔美〕戴维·奥斯本、特德·盖布勒：《改革政府：企业家精神如何改革着公共部门》，上海市政协编译组等译，上海译文出版社1996年版。
〔美〕丹尼尔·贝尔：《后工业社会的来临》，高铦等译，新华出版社1997年版。
〔美〕道格拉斯·诺思：《西方世界的兴起》，厉以平等译，华夏出版社2009年版。
〔美〕弗兰克·H.奈特：《风险、不确定性与利润》，安佳译，商务印书馆2012年版。
〔英〕霍布斯：《利维坦》，黎思复、黎廷弼译，商务印书馆1985年版。
〔美〕加里·S. 贝克尔：《人类行为的经济分析》，王业宁、陈琪译，格致出版社2008年版。
〔美〕杰弗里·萨克斯、费利普·拉雷恩：《全球视角的宏观经济学》，费方域等译，上海三联书店、上海人民出版社2004年版。
兰德尔·雷、刘新华、贾根良："现代货币理论的核心观点及政策启示"，《学术研究》2022年第8期。
刘尚希："论公共风险"，《财政研究》1999年第9期。
刘尚希："公共支出范围：分析与界定"，《经济研究》2002年第6期。
刘尚希："中国财政制度的特征：'风险大锅饭'"，《管理世界》2004年第5期。
刘尚希："论政府的公共主体身份与财政风险的两个层次"，《现代财经——天津财经学院学报》2005年第6期。
刘尚希："公共化与社会化的逻辑"，《学习与探索》2008年第5期。
刘尚希：《公共风险视角下的公共财政》，经济科学出版社2010年版。
刘尚希等：《大国财政》，人民出版社2016年版。
刘尚希、石英华、武靖州："制度主义公共债务管理模式的失灵——基于公共风险视角的反思"，《管理世界》2017年第1期。
刘尚希、李成威、杨德威："财政与国家治理：基于不确定性与风险社会的逻辑"，《财政研究》2018年第1期。
刘尚希、石英华、武靖州："公共风险视角下中央与地方财政事权划分研究"，《改革》2018年第8期。
刘尚希："财政改革40年：基于公共风险变化的多维观察"，《金融经济》2018年第12期。
刘尚希：《公共风险论》，人民出版社2018年版。
刘尚希："关于预算绩效管理的几点思考"，《财政监督》2019年第1期。

刘尚希等:《中国财政政策报告（2021）》，社会科学文献出版社2021年版。
刘尚希：“风险社会与财政转型”，《财政科学》2021年第9期。
刘尚希、孙喜宁：“论财政政策的有效性——基于公共风险分析框架”，《财政研究》2021年第1期。
刘尚希、武靖州：“风险社会背景下的财政政策转型方向研究”，《经济学动态》2021年第3期。
刘尚希：“基于整体观认识和评估经济风险”，《财政科学》2021年第3期。
刘尚希：“树立以风险为导向的预算理念”，《财政科学》2021年第1期。
刘尚希：“新经济数字化金融化趋势与财税体制改革”，《地方财政研究》2021年第4期。
刘尚希等:《中国财政政策报告（2022）》，社会科学文献出版社2022年版。
刘尚希：“关于现代货币理论的四个观点”，《学术研究》2022年第8期。
刘尚希：“新分析框架下经济形势研判与金融风险防控”，《上海商学院学报》2022年第5期。
刘尚希等：“以风险视角透视新发展阶段的企业成本特征及我们的建议——2021年企业成本调研总报告”，《财政研究》2022年第4期。
刘尚希、李成威：“防范化解重大风险的理论分析”，《经济学动态》2023年第5期。
刘尚希：“构建财政学科自主知识体系的底层逻辑”，《财政研究》2023年第1期。
刘尚希等:《中国财政政策报告（2023）》，社会科学文献出版社2023年版。
〔法〕卢梭:《公共契约论》，何兆武译，商务印书馆1980年版。
〔美〕梅拉妮·米歇尔:《复杂》，唐璐译，湖南科学技术出版社2018年版。
苗庆红：“公共财政框架下中国预算改革：回顾与展望”，《中央财经大学学报》2020年第5期。
聂辉华：“契约理论的起源、发展和分歧”，《经济社会体制比较》2017年第7期。
彭克宏等:《社会科学大词典》，中国国际广播出版社1989年版，第415页。
〔美〕乔·B.史蒂文斯:《集体选择经济学》，杨晓维译，上海三联书店、上海人民出版社1999年版。
秦海：“企业并购中的产权问题”，《经济研究》1995年第3期。
〔法〕让-雅克·卢梭:《公共契约论》，庞珊珊译，光明日报出版社2009年版。
〔瑞典〕T.伯恩斯：“市场与能动主体——市场组织、市场运行和市场动态的社会-经济学”，周长城译，《国外社会科学》1998年第3期。
〔英〕斯蒂芬·霍金：《时间简史》，许明贤、吴忠超译，湖南科学技术出版社2007年版。
宋涛等：《政治经济学教材》，中国人民大学出版社2018年版，第320页。
〔德〕乌尔里希·贝克："从工业社会到风险社会（下篇）——关于人类生存、社会结构和生态启蒙等问题的思考"，王武龙编译，《马克思主义与现实》2003年第3期。
〔德〕乌尔里希·贝克：《风险社会》，张文杰、何博闻译，译林出版社2018年版。
徐钝："社会风险分配失衡的社会资本矫正——以法理型社会资本培育为中心"，《学术论坛》2013年第7期。
〔英〕亚当·斯密：《国民财富的性质和原因的研究》（上卷），郭大力、王亚南译，商务印书馆1988年版。
杨雪冬："风险社会理论述评"，《国家行政学院学报》2005年第1期。
〔比〕伊利亚·普里戈金、〔法〕斯唐热：《从混沌到有序：人与自然的新度化》，陈禹译，上海译文出版社1987年版。
〔比〕伊利亚·普里戈金：《确定性的终结——时间、混沌与新自然法则》，湛敏译，上海科技教育出版社2018年版。
张晒："风险分配何以公正？——基于新冠肺炎疫情的哲学审思"，《北京理工大学学报（社会科学版）》2020年第3期。
Hicks, U.K., *Public Finance*, Macmillan and Company LTD., Bombay, 2ed, 1967.
Keiser, N. F., *Macroeconomics, Fiscal Policy, and Economic Growth* New York: J. Wiley, 1964.
Polackova, H., "Contingent Government Liabilities: A Hidden Risk for Fiscal Stability", The World Bank Policy Research Working Paper, 1998.

后　　记

习近平总书记在2016年哲学社会科学工作座谈会上强调："要按照立足中国、借鉴国外，挖掘历史、把握当代，关怀人类、面向未来的思路，着力构建中国特色哲学社会科学，在指导思想、学科体系、学术体系、话语体系等方面充分体现中国特色、中国风格、中国气派。"这为中国特色社会科学繁荣发展指明了根本方向。2022年，习近平总书记进一步指出："加快构建中国特色哲学社会科学，归根结底是建构中国自主的知识体系。要以中国为观照、以时代为观照，立足中国实际，解决中国问题，不断推动中华优秀传统文化创造性转化、创新性发展，不断推进知识创新、理论创新、方法创新，使中国特色哲学社会科学真正屹立于世界学术之林。"当今财政理论研究者的使命，就是立足我国的国情和制度特点，按照"两个结合"和"六个坚持"的要求，从财政实践中汲取经验，构筑中国自主的财政知识体系，助力财政改革与发展。

世界是不确定的，风险社会是新时代的一个重要特征，这就决定了财政基础理论创新必须转变思维方式，打破传统的确定性世界观，代之以不确定性世界观。在不确定性世界观中，人类生存和发展的前提是防范和化解公共风险，在不确定性中构建确定性。正如乌尔里希·贝克在《风险社会》这本书中所写的，在风险社会里，

“过去”丧失了它决定“现在”的权力，取而代之的是“未来”。也就是说，某些不存在的、设计的、虚构的事物，成了当下经验和行动的“原因”。我们今天积极作为，是为了避免、缓解或预防明后天的问题与危机——或者干脆什么也不做。风险社会的认识意味着我们对世界的认识、对财政的认识以及对财政学的认识要发生颠覆性变化。防范和化解公共风险恰恰是财政的基本职能，因此应以公共风险为逻辑起点，以整体观和行为主义为逻辑线索，实施财政基础理论创新和财政学重构。

我对公共风险问题和风险财政理论的研究由来已久。早在20世纪90年代，学界关于公共财政理论的探索如火如荼进行的时候，我就意识到构建在“二元论”和西方工业文明基础上的传统财政经济理论在解释和指导财政改革和实践方面存在相关逻辑缺陷。人类社会的演进已经进入一个新的风险社会，面对风险社会的来临，需要有新的理论准备和相应的制度安排。在此后的研究过程中，我就结合观察中国及世界各国财政发展和改革的实践，开始了风险财政理论的探索，始终关注如何通过财政制度创新，运用财政政策注入“确定性”来对冲经济系统中的“不确定性”，以防范和化解经济社会运行中的公共风险，避免公共危机。

2018年，我关于公共风险研究的阶段性成果《公共风险论》出版，与此同时中国财政科学研究院和中国财政学会先后成立“重构财政学理论体系研究”和“中国特色社会主义财政基础理论研究”等课题组，试图以公共风险理论为基础构建自主财政知识体系。在中国财政学会组织的新时代财政理论创新探索“廊坊会议”“泰安会议”“长沙会议”“南昌会议”“上海会议”“武汉会议”上，我们提出的关于风险财政学的一些观点和主张，引起了与会学者的共鸣，而课题组对国内相关专家建议的吸收和融合则极大地促进了风险财政理论的发展。另外，我带领的研究团队运用风险财政理论、风险财政实践和风险财政史观出版了一系列成果，包括《大国财政》（人民出版社2016年版）、《中国改革开放的财政逻辑》（人民出版社2018年版）、《新中国70年发展的财政逻辑》（中国财政经济出版社2019年版）、《百年大党的人民财政观》（人民出版社2021年版）、《企业成本：2021年的调查与分析》（中国财政经济出版社2022年版）、《现代财政论纲》（经济科学出版社2019年版）和《全球风险治理专题报告》（中国财政经济出版社2023年版）等。

在上述研究的积淀基础上，经过数年的研究和写作，形成了三部阶段性成果《中国财政学——基于风险逻辑的分析》《风险财政论》和《风险财政观》。这几本书是向财政学、经济学、政治学、社会学等本科生和研究生普及公共风险财政学基本理念、基本框架，引导本科生和研究生运用公共风险财政学基本原理分析财政、经济和社会中的问题。按照这一定位，既强调以理论作为支撑，但同时注重深入浅出、通俗易懂。

理论探索是非常艰难的过程，我对《中国财政学——基于风险逻辑的分析》的写作，从酝酿提纲，到写作初稿，再到多次推倒重来，前后历时五年之久。感谢研究团队成员对本书所做的贡献。傅志华研究员和程北平副研究员参与了课题研究讨论，提出了很多建设性建议；程瑜研究员、李成威研究员、陈龙研究员和武靖州研究员参与了讨论和有关章节资料的搜集整理工作；刘晔教授、马珺研究员、崔惠玉教授和李华教授等参与了相关研讨活动。

时代是思想之母，实践是理论之源。风险财政学研究团队试图回答时代问题，试图站在人类文明发展的高度来看问题。然而，理论创新谈何容易，我们虽然付出了艰辛努力，但也只是刚刚起步，未来之路还很漫长。希望学界一起努力，共同推动中国财政基础理论的创新与繁荣发展。

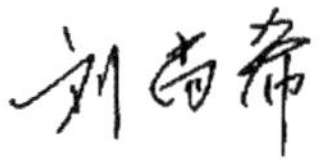

2023年8月